O mundo insone

Stefan Zweig na Zahar
Coordenação: Alberto Dines

Autobiografia: o mundo de ontem
Memórias de um europeu

A cura pelo espírito
Em perfis de Franz Mesmer, Mary Baker Eddy e Sigmund Freud

Joseph Fouché
Retrato de um homem político

Maria Antonieta
Retrato de uma mulher comum

O mundo insone
E outros ensaios

Novelas insólitas
Segredo ardente | Confusão de sentimentos | A coleção invisível
Júpiter | Foi ele? | Xadrez, uma novela

Três novelas femininas
Medo | Carta de uma desconhecida | 24 horas na vida de uma mulher

Alberto Dines foi presidente da Casa Stefan Zweig, inaugurada em 2012 em Petrópolis com o propósito de homenagear e preservar a memória do escritor austríaco. www.casastefanzweig.org

Stefan Zweig

O mundo insone
e outros ensaios

Tradução:
Kristina Michahelles

Organização e textos adicionais:
Alberto Dines

1ª *reimpressão*

ZAHAR

Copyright da organização e textos adicionais © 2013 by Alberto Dines

A tradução desta obra contou com o subsídio do Goethe-Institut, apoiado pelo Ministério das Relações Exteriores alemão.

2013-2014
ALEMANHA+BRASIL
Quando ideias se encontram

Grafia atualizada segundo o Acordo Ortográfico da Língua Portuguesa de 1990, que entrou em vigor no Brasil em 2009.

Título original
Die Schlaflose Welt

Capa
warrakloureiro

Imagem da capa
Gustav Klimt (1862-1918), *Floresta de abetos I*, óleo sobre tela (fotografia p&b), 1903. Coleção particular/The Bridgeman Art Library

Preparação
Laís Kalka

Revisão
Eduardo Farias
Carolina Sampaio

CIP-Brasil. Catalogação na publicação
Sindicato Nacional dos Editores de Livros, RJ

Z96m	Zweig, Stefan, 1881-1942 O mundo insone e outros ensaios / Stefan Zweig; tradução Kristina Michahelles; organização e textos adicionais Alberto Dines. – 1ª ed. – Rio de Janeiro: Zahar, 2013. il. Tradução de: Die Schlaflose Welt. ISBN 978-85-378-1109-2 1. Zweig, Stefan, 1881-1942. 2. Ensaios. 3. Escritores austríacos. I. Dines, Alberto, 1932-2018. II. Título. CDD: 833 CDU: 821.112.2-3
13-02380	

[2021]
Todos os direitos desta edição reservados à
EDITORA SCHWARCZ S.A.
Praça Floriano, 19, sala 3001 – Cinelândia
20031-050 – Rio de Janeiro – RJ
Telefone: (21) 3993-7510
www.companhiadasletras.com.br
www.blogdacompanhia.com.br
facebook.com/editorazahar
instagram.com/editorazahar
twitter.com/editorazahar

Sumário

Um gênero inconfortável, por Alberto Dines   7

Montaigne e a liberdade espiritual   15

Os mestres   75
    I. Émile Verhaeren   75
    II. Romain Rolland   124
    III. Sigmund Freud   140

O mentor, Theodor Herzl   146

Jogo de espelhos: Hermann Hesse   154

Joseph Roth, o superego   162

Assassinatos   175
    I. Jean Jaurès, o socialista   175
    II. Walther Rathenau, o espírito de Weimar   185

O mundo insone   197

A tragédia do esquecimento   204

A monotonização do mundo   211

Revolta contra a lentidão   221

Um protesto na gaveta   227

A questão judaica   232
    I. O que acontecerá com os judeus?   232
    II. Medo e recuo   236

A unidade espiritual do mundo   249

A História como poeta   255

Aos que não podem falar   272

A Viena de ontem   279

Nessa hora sombria   297

Posfácio: O ensaio que faltou escrever, por Alberto Dines   301

Créditos dos textos   303

Um gênero inconfortável

ALBERTO DINES

PARA QUALIFICÁ-LO MENCIONAVA-SE sua fama como biógrafo, ficcionista ou até autor teatral. Para identificar Stefan Zweig sem repetir o nome, escolhia-se o título de um dos seus incontáveis best-sellers: "autor de *Maria Antonieta*", de *Fouché*, "Amok", "Confusão de sentimentos" ou "Carta de uma desconhecida".

A condição de poeta foi raramente aventada; a de ensaísta, só adotou tardiamente, depois de 1937, quando organizou a primeira coletânea de escritos não ficcionais para sua nova editora, Reichner (que substituiu a Insel Verlag). Mesmo assim, nunca a assumiu integralmente porque o ensaísmo pressupõe opiniões, confrontações e ele não conseguia encaixar-se na imagem de polemista. Venerador do "sim", chegou a criar o neologismo *Bejahung* (de *ja*, "sim" em alemão) para cultuar o entendimento.

O escritor que no auge da Primeira Guerra Mundial, em plena Áustria beligerante, ousou publicar uma obra ostensivamente pacifista (*Jeremias*, drama poético) eximia-se quando a causa deixava de ser humanitária. Guardava a veemência para as tramas ficcionais, sempre intensas – um esteta.

O súbito rompimento com a editora que o acolheu durante mais de duas décadas, parceira numa formidável coleção de sucessos, empurrou-o para outros desafios. Preocupado com o futuro da sua obra na Alemanha nazista, tratou de organizá-la: arrumou as grandes biografias no conjunto "Os Construtores do Mundo" e as novelas em outro, "Caleidoscópio".

É possível que a ideia do volume de ensaios tenha partido de Herbert Reichner, já que Zweig era o carro-chefe da recém-criada editora e quanto mais títulos nas estantes, maior o volume de vendas (dizia-se na época que o próprio Zweig seria o seu principal acionista).

Certo é que a organização do volume *Begegnungen*... foi repetida em *Encontros*..., que a Editora Guanabara, do Rio, publicou logo em seguida com título e conteúdo idênticos.* Nas edições em brochura e pequeno formato que antecederam a coleção encadernada de obras completas, nem Zweig ou seu devotado editor brasileiro, Abrahão Koogan, preocuparam-se em incluir textos de um segmento que hoje seria classificado como "não ficção". Indício desta desatenção é a própria numeração do volume de ensaios – o décimo e, aparentemente, colocado às pressas para substituir o perfil biográfico do mestre e amigo, Romain Rolland.

A eliminação do Nobel de literatura (1915), tão apreciado pela *intelligentsia* esquerdista, foi um dos gestos mais drásticos de um ser humano celebrado pela bonomia e delicadeza. Teve o mérito, porém, de forçar a introdução de um gênero menosprezado tanto pelo editor como pelo editado.

O preito a Rolland já fora publicado pouco antes pela Editora Irmãos Pongetti (que então dividia com a Editora Guanabara os direitos de publicação de Zweig no Brasil). As relações entre guru e pupilo foram estremecendo a partir da visita de Zweig à antiga URSS (1928). Quando Hitler tomou o poder em 1933, Rolland cobrou veemência de Zweig enquanto este reclamava contra o silêncio do mestre ante os crimes stalinistas. Em 1938, quando se deu a eliminação da biografia de Rolland das obras completas, as relações entre os dois haviam esfriado sensivelmente graças, inclusive, à afeição de Rolland pela primeira mulher do pupilo, Friderike, e o partido que tomou a favor dela na discórdia relativa à separação.**

Zweig não se considerava ensaísta embora boa parte da sua produção biográfica fosse constituída de perfis e ensaios biográficos.*** Não era um teórico de literatura, escrevia livros, não se preocupava com etiquetagens

---

* *Begegnungen mit Menschen, Buchern, Städten* (1937), lançado no ano seguinte no Brasil como *Encontros com homens, livros e países*.
** O volume suprimido deveria intitular-se *Duas vidas* e incluiria como complemento um relato sobre a poeta maldita Marceline Desbordes-Valmore. Chegou a ser incluído em sobrecapas do volume IX, depois retirado. A obra sobre Rolland jamais voltou a ser editada no Brasil.
*** A editora Acantilado, de Barcelona, que vem publicando a obra completa de Zweig em espanhol, coloca na categoria de ensaio a maioria dos seus perfis, geralmente considerados biografias.

ou a classificação em gêneros ou escolas. Sempre considerou marginal, não literária, a intensa colaboração nos *feuilletons* dos grandes jornais de língua alemã, notadamente o vienense *Neue Freie Presse* no qual estreara.

A negligência com uma parte considerável dos seus escritos resultava da contraditória e irresolvida relação com a imprensa. Zweig precisava dela para dar vazão à sua criatividade, curiosidade e múltiplos interesses, mas detestava os jornalistas, suas simplificações e apressadas avaliações. Não ignorava a opinião de alguns amigos que o consideravam mais jornalista do que prosador. Ao amigo Richard Specht, em lúcida autoavaliação, reputa seu trabalho como mediador tão importante quanto sua produção artística.*

A designação de *Encontros* para o primeiro volume de ensaios contornou com habilidade as exigências do rigor acadêmico (que detestava desde quando fazia o seu doutoramento em história). Nisso foi ajudado pelas imprecisões do rótulo que o próprio Michel de Montaigne adotou para classificar seus escritos, afinal universalmente aceito. Como ensaios, Zweig admitia prefácios, necrológios, resenhas, conferências, perfis, crônicas e relatos de viagem tal como acontecia nos jornais onde a maioria foi originalmente publicada.

A segunda coletânea de ensaios é póstuma, organizada na Inglaterra por Richard Friedenthal (amigo não muito antigo nem íntimo, porém próximo da família de Lotte, sua segunda mulher, os Altmann). Nas instruções deixadas em Petrópolis sobre o destino a ser dado aos inéditos, Zweig não se refere a um eventual segundo volume de ensaios, porém é possível que estas instruções tenham sido dadas verbalmente a Koogan e por ele transmitidas a Manfred Altmann, cunhado, herdeiro do casal Zweig e gestor do espólio.

Fazem parte deste segundo conjunto textos mais recentes, de 1939 a 1942. Alguns ficaram em sua casa em Bath, quando deixou precipitadamente o refúgio britânico assustado com o avanço nazista sobre a França.

---

* Carta de 19 de dezembro de 1926. Em alguns momentos, sobretudo durante o exílio, tentou organizar publicações reunindo os escritores de língua alemã espalhados pelo mundo.

Outros estavam com ele em Petrópolis ou na Editora Guanabara a caminho do prelo.

Em algum momento, Zweig teria percebido o valor testemunhal do seu acervo ensaístico, pois nas primeiras linhas do preâmbulo Friedenthal confirma, sem entrar em detalhes, que o volume foi concebido por Zweig. Título e organização das edições alemã e brasileira são assemelhados – no original *Zeit und Welt* (Tempo e mundo), na versão brasileira *A marcha do tempo*.*

O que chama a atenção é a evolução para um teor ligeiramente mais politizado, contrariando frontalmente a tendência anterior. Ao organizar o primeiro volume, com as tensões dos primeiros anos do nazismo como cenário, Zweig eliminou os textos que pudessem ser entendidos como manifestações partidárias. Foram recuperados no segundo (caso do perfil de Jean Jaurès, o criador do Partido Comunista Francês, pacifista, assassinado por nacionalistas nas primeiras horas da Primeira Guerra Mundial e também do episódio sobre o assassinato de Cícero, veemente hino a favor da liberdade de expressão).**

Friedenthal não ousaria confrontar determinações expressas ou mesmo insinuadas, por isso teve o cuidado de mencionar no preâmbulo o moto de Walt Whitman: "Quem tocar neste livro, tocará num homem", e este era intocável.

Ao longo dos setenta anos que separam a morte de Zweig e a passagem do grosso da sua obra para o domínio público, os dois volumes de ensaios ficaram adormecidos e isolados. Mantidos nas reedições brasileiras da obra completa, jamais incluídos nas coedições parciais da Editora Guanabara com a Civilização Brasileira (anos 1960), Nova Fronteira (anos 1980) e Editora Record (anos 1990).

---

* Edição alemã, impressa em Estocolmo, 1946; a brasileira, 1947. Posteriormente, em 1990, a versão alemã foi renomeada como *Zeiten und Schicksale* (Tempos e destino), com organização de Knut Beck (S. Fischer Verlag).
** A conotação política foi mitigada na edição brasileira, pelo editor Koogan. O texto sobre Jaurès é de 1916, quando Zweig já estava engajado na defesa do pacifismo; o de Cícero foi escrito em 1940, na Inglaterra, e destinava-se a completar as novas edições das miniaturas históricas, *Momento supremo*.

O leitor brasileiro não se fascinava por ensaios nem pela literatura epistolar e, embora afeiçoado ao escritor, distanciou-se involuntariamente de duas riquíssimas e inesgotáveis fontes da zweiguiana. Os poucos ensaios publicados nos dois volumes não se beneficiaram da oxigenação aplicada à obra ficcional e biográfica, constantemente lembrada e interpretada. A constante reedição e releitura das novelas produziu uma rara combinação de nostalgia e intensidade, razão do forte interesse que despertaram em produtores, diretores de cinema e encenadores teatrais do pós-guerra.

A entonação dos ensaios revela um autor em busca do entendimento que, no entanto, se abstém de proclamá-lo. Devidamente *remasterizada*, ganha um teor confessional e torna-se complemento essencial para os indispensáveis ajustes biográficos. Adendos para serem recortados e colados a uma biografia que, como todas, jamais será definitiva.

O organizador da presente coletânea, desobrigado de obedecer a estritos paradigmas literários e amparado na flexibilidade adotada pelo próprio Zweig na definição do que é ensaio, pretende preencher uma lacuna de 66 anos trazendo de volta, intacto, o desassossego que tanto o marcou. O título *O mundo insone* (adotado em edições alemãs recentes) vem de um texto de 18 de agosto de 1914, quando Zweig dividia-se entre os impulsos patrióticos e o horror à grande guerra que começara duas semanas antes. Inquietação em estado bruto, a mesma que trinta anos depois o levaria à exaustão e à morte.

Nos *Encontros* convivem o artista protegido pela rede de amigos – Rilke, Rodin, Hermann Bahr, Maxim Gorki –, o pupilo agradecido aos mestres – Verhaeren, Theodor Herzl, Goethe, Balzac, Joyce –, o melômano apaixonado – por Mahler, Toscanini, Bruno Walter, Busoni, Albert Schweitzer –, o viajante deslumbrado pelo inesperado – no Brasil, Nova York, Índia – e também o observador do seu tempo, geralmente incomodado com os fenômenos que detecta. "A monotonização do mundo" (1925) é uma brilhante antecipação do universo digital, da globalização e do intenso bombardeio das tecnologias da comunicação, claro repúdio aos modismos. Atualizada com menções ao Facebook e à internet, poderia ter sido escrita neste início do século XXI.

Antigas venerações pulsam na *Marcha do tempo*: Tolstói, de quem absorveu a intransigência idealista, e Freud, o racionalista que lhe forneceu as ferramentas para explorar os mistérios da psique. Também reverencia o novo amigo francês, Roger Martin du Gard, a quem reserva o papel de substituir Rolland.* Resgata duas viagens políticas: na Rússia comunista encontra os intelectuais na faina de construir o paraíso e, na Áustria envilecida pela submissão ao nazismo, flagra a sua Viena no momento mesmo em que evapora.

Nos dois volumes apenas dois textos com temática judaica: o carinhoso relato do encontro com o seu mentor na vida literária e criador do sionismo político, Theodor Herzl, e o apelo em benefício do Jewish Shelter, instituição filantrópica inglesa para amparo das massas de refugiados judeus que perambulavam pela Europa entre as duas guerras.

Zweig não era o "escritor judeu", mas o judeu escritor – cosmopolita, internacionalista, preocupado com a sorte da humanidade. A aceleração e intensificação do furor nazista o assustaram, escreveu outros textos que não poderiam ser ignorados. Só nas memórias envergou plenamente a identidade judaica.

Na hora decisiva soube lutar: o texto "Para os que não podem falar", lido numa rádio francesa na última visita a Paris, três meses antes da sua queda, é o seu texto mais indignado e eloquente, panfleto escancarado, execração da censura que naquele momento silenciava Alemanha, Polônia e Tchecoslováquia (Escandinávia e Países Baixos ainda não haviam sido invadidos, muito menos a França). "A história como poeta", "A história do amanhã" e "Desenvolvimento histórico do pensamento europeu" parecem divagações, porém logo se inflamam com a condenação ao ódio e à intolerância.

Nos 61 ensaios publicados no Brasil, Zweig revela-se um intelectual dominado pela curiosidade, ágil, inesperado – polígrafo autêntico. Mas

---

* Uma carta de Du Gard recebida duas semanas antes de morrer tocou-o intensamente e segundo os primeiros biógrafos (Donald Prater e Robert Dummond) teria contribuído para a decisão de capitular.

com um acervo que chega a 841 itens (segundo o bibliógrafo Randolph Klawiter), fica o pesquisador atônito diante da portentosa oferta de inéditos em português e mesmo em alemão.* A tentação de oferecer peças absolutamente originais ou a alternativa oposta – a repetição dos títulos publicados – excluiria as novas gerações de leitores do fascinante exercício de compor o retrato de corpo inteiro de alguém que passou grande parte da vida tentando se preservar.

Prevaleceu a intenção de armar uma segunda autobiografia, autônoma, colagem de fragmentos na voz do próprio Zweig. Só ele tem autoridade para esclarecer seus enigmas – como a escolha de Michel de Montaigne como parceiro do derradeiro texto antes de compor as 21 linhas de adeus, intituladas "Declaração".

São Paulo, julho de 2013

---

* Randolph J. Klawiter, *Stefan Zweig, an International Bibliography*, volumes I e II, Ariadne Press, 1991.

Montaigne e a liberdade espiritual

STEFAN ZWEIG NÃO O ESCOLHEU pelo gênero que inventou – os ensaios –, mas pelos valores que encarna. Última parada na galeria de humanistas iniciada com Erasmo de Roterdã, continuada com Castélio e completada com este que simboliza a liberdade de ser.

Esbarrou em Michel de Montaigne (1533-1592) enquanto buscava referências para o clássico *Brasil, um país do futuro*. Converteu-o em projeto quando já estava recolhido em Petrópolis e buscava um novo *alter ego*. Preferiu-o a Balzac porque neste novo surto de fanatismos o protoensaísta significava a inviolabilidade da liberdade individual, cidadela sitiada que não pode capitular.*

À medida que a guerra se aproximava do Brasil, o pacifista intransigente mais se assustava ao prever o "efeito-manada", as inevitáveis convocações para pronunciar-se a favor do esforço bélico. Deixou de lado a farta bibliografia que Afonso Arinos de Melo Franco e Fortunat Strowski lhe emprestaram sobre a vida e ideias do fascinante estoico e, num movimento inusitado, preferiu escrever o prefácio antes de iniciar a obra que previa inacabável.

Com a novela *Uma partida de xadrez* e este ensaio sobre Montaigne Zweig exala o suspiro final como autor. Concebidas e completadas em Petrópolis entre setembro de 1941 e fevereiro de 1942, embora diferentes em estilo compõem o par de obras mais intenso que escreveu, verdadeiramente vitais não fosse o pulsar da morte em ambas. Uma ficção libertária, antifascista e antiguerreira, acopla-se ao patético apelo contra a loucura coletiva inserido no ensaio biográfico. Zweig pretendia explicar Montaigne – e o fez com tal maestria que ele acabou convertido em seu porta-voz.

---

* Ao que tudo indica, a primeira referência ao "Projeto Montaigne" data de 27 de outubro de 1941, em carta à primeira mulher, Friderike Zweig.

Capítulo 1

Há alguns raros escritores que se abrem para qualquer pessoa de qualquer idade e em qualquer momento da vida – Homero, Shakespeare, Goethe, Balzac, Tolstói. E há outros que somente em um determinado momento se revelam em todo o seu significado. Montaigne é um deles. Não se pode ser muito jovem, virgem de experiências e decepções, para reconhecer adequadamente seus méritos, e o seu pensamento livre e imperturbável será de especial valia para uma geração que, como a nossa, foi lançada pelo destino em um alvoroço turbilhonante do mundo. Somente quem precisa viver na própria alma abalada uma época que, com guerra, violência e ideologias tirânicas, ameaça a vida do indivíduo e, dentro de sua vida, a substância mais valiosa, a liberdade individual, pode saber quanta coragem, quanta retidão e determinação são necessárias para continuar fiel ao eu mais profundo nesses tempos de manadas ensandecidas. Só ele pode saber que nada no mundo é mais difícil e problemático do que conservar imaculada a própria independência espiritual e moral em meio a uma catástrofe de massa. É preciso haver duvidado e desesperado até da razão, da dignidade do homem, para poder tecer loas a quem se mantém exemplarmente ereto em meio ao caos do mundo.

Que só um homem maduro, depois de ter passado por provas, pode fazer jus à sabedoria e à grandeza de Montaigne, isso eu descobri na própria pele. Confesso que não sabia bem o que fazer com os *Ensaios*, esse único livro em que ele se legou a nós, quando o folheei pela primeira vez aos vinte anos de idade. É verdade que eu dispunha de suficiente conhecimento estético literário para reconhecer respeitosamente que ali se revelava uma personalidade interessante, alguém com especial dom visionário e clarividente, um homem digno de ser amado e, acima de tudo, um artista que imprimia um cunho próprio a cada frase, cada expressão. Mas meu prazer foi apenas literário, como o prazer de um antiquário diante de um objeto antigo; faltou a centelha interior do entusiasmo apaixonado, a eletricidade que salta de uma alma à outra. A mera temática dos *Ensaios* me pareceu bastante despropositada e, em sua maior parte, sem a possibilidade de se conectar com a minha própria alma. Por que um jovem do século XX haveria de se interessar pelos prolixos discursos do *sieur* de Montaigne sobre a *Cerimônia de encontro dos reis* ou suas *Considerações sobre Cícero*? Pareceu-me tão escolar e anacrônico o seu francês já bastante amarelado pelo tempo e ademais recheado de citações em latim. Nem sequer consegui aproximar-me de sua suave e temperada sabedoria. Ela viera cedo demais. Pois de que adiantavam os sábios conselhos de Montaigne de não nos esforçarmos com tanta ambição, não nos enredarmos com tanta paixão no mundo exterior? Que sentido podia ter a sua insistência cândida em favor da temperança e da tolerância para uma juventude destemperada que não quer perder as ilusões, não quer ser tranquilizada, mas, inconscientemente, só quer ver confirmado seu ímpeto vital? É próprio da juventude não desejar conselhos para ser suave e cética. Qualquer dúvida torna-se, para ela, uma barreira, pois ela precisa de fé e de ideais para liberar o seu ímpeto interior. E mesmo a ilusão mais radical, mais absurda, ainda que apenas sirva para inflamá-los, será mais importante para os jovens do que a sabedoria mais sublime, que enfraquece a sua força de vontade.

E mais: aquela liberdade individual, da qual Montaigne se tornou o defensor mais decidido de todos os tempos – será que, por volta de 1900, ela realmente requeria tanta defesa intransigente? Tudo isso já não se tornara há muito tempo natural, um bem garantido por lei e pela tradição de uma humanidade há muito emancipada de ditadura e servidão? O que parecia ser tão naturalmente nosso, como a respiração da nossa boca, a batida do nosso coração, era o direito à própria vida, aos próprios pensamentos, e o direito de poder expressá-los livremente através da palavra e da escrita.

O mundo se abria diante de nós, país por país, não éramos prisioneiros do Estado, não éramos escravos a serviço da guerra, não estávamos sujeitos ao arbítrio de ideologias tirânicas. Ninguém corria o perigo de ser banido, exilado, encarcerado ou escorraçado. Assim, para nossa geração, Montaigne parecia sacudir inutilmente amarras que pensávamos estarem rompidas, sem imaginar que o destino já estava prestes a forjá-las novamente, mais duras e cruéis do que nunca. Assim, honrávamos e respeitávamos a sua luta pela liberdade da alma enquanto luta histórica, para nós há muito tempo supérflua e fútil. Pois é uma das leis mais misteriosas da vida que só nos damos conta de seus valores verdadeiros e essenciais quando já é tarde demais: da juventude, quando ela foge, da saúde, quando nos abandona, e da liberdade, essa essência mais preciosa da nossa alma, no instante em que ela está para nos ser tomada ou já foi tomada.

Para entender a arte de vida e a sabedoria de vida de Montaigne, para compreender a necessidade da sua luta pelo *"soi-même"*, pelo eu mais profundo, enquanto conflito mais necessário de nosso mundo espiritual, foi preciso, portanto, que surgisse uma situação semelhante à de sua vida. Foi preciso que, assim como ele, também tivéssemos que experimentar uma daquelas terríveis recaídas do mundo depois de um dos mais maravilhosos períodos de apogeu. Também nós tivemos de ser arrancados a golpes de chicote das nossas esperanças, experiências, expectativas e euforias, até o ponto em que não havia nada mais a defender senão a existência nua e crua, única e irrecuperável. Foi só nessa fraternidade do destino que Montaigne se tornou, para mim, o amigo indispensável, que consola e ajuda, pois o seu destino é desesperadoramente semelhante ao nosso! Quando Michel de Montaigne inicia sua vida, uma grande esperança começa a se apagar, a mesma que nós vivenciamos no princípio do nosso século: a da humanização do mundo. No espaço de uma só geração, a Renascença presenteara a humanidade, através dos seus artistas, seus pintores, poetas, sábios, com uma nova beleza, inesperada em tanta perfeição. Parecia estar despontando um século – melhor, vários séculos – em que a força criadora iria conduzir a existência obscura e caótica, degrau por degrau, onda a onda, rumo ao divino. De uma vez, o mundo se tornara vasto, pleno e rico. Com as línguas latina e grega, os eruditos iam buscar na Antiguidade as sabedorias de Platão e Aristóteles, devolvendo-as aos homens. Sob a liderança de Erasmo, o humanismo prometia uma cultura unificada, cosmopolita; a Reforma parecia fundar uma nova liberdade da fé ao lado da nova amplidão do conhecimento. O espaço e as fronteiras entre os povos se rompiam, pois a recém-inventada arte da imprensa permitia que toda palavra, toda opinião fosse disseminada; aquilo que era dado a um só povo parecia ser de todos, acreditava-se que o espírito havia criado uma unidade para além dos conflitos sangrentos dos reis, dos príncipes e das armas. Milagre renovado: junto com o mundo espiritual, o mundo terreno se ampliava em dimensões nunca imaginadas. Do oceano, até então nunca atravessado, surgiam novas costas, novos países, um continente gigantesco prometia um lar para gerações e gerações. A circulação do comércio pulsava mais rápido, a riqueza propagava-se por todo o velho solo europeu, criando luxo, e o luxo, por sua vez, criava construções, imagens e estátuas – um mundo embelezado, um mundo espiritualizado. Mas sempre que o espaço se amplia, a alma se abre. Como em nossa própria virada de século, quando o espaço voltou a se alargar de forma grandiosa graças à conquista do éter pelo avião e pela palavra que flui, invisível, através dos países, quando a física e a química, a técnica e a ciência arrancaram os mistérios da natureza e fizeram suas forças servir às pessoas, uma esperança indizível animou a humanidade tantas vezes decepcionada, e mil almas responderam à exclamação de Ulrich von Hutten: "Viver é um prazer!"

Mas sempre que a onda sobe muito vertiginosa e veloz, a queda é tanto mais retumbante. Assim como em nosso tempo são precisamente as novas conquistas, os milagres da tecnologia que se transformam nos fatores mais terríveis da destruição, os elementos da Renascença e do humanismo, que pareciam trazer a cura, transformam-se em veneno mortal. A Reforma, que sonhava em trazer à Europa um novo espírito de cristandade, provoca a barbárie sem igual das guerras religiosas; a imprensa não dissemina a cultura, e sim o *furor theologicus*; no lugar do humanismo, triunfa a intolerância. Em toda a Europa, guerras civis assassinas dilaceram os países, enquanto no Novo Mundo a bestialidade dos conquistadores desencadeia uma crueldade insuperável. A era de um Rafael e um Michelangelo, de um Leonardo da Vinci, um Dürer e um Erasmo retrocede às atrocidades de um Átila, de um Gengis Khan, de um Timur o Coxo.

Ter que assistir impotente, apesar da acuidade mental inquebrantável e do abalo de comoção na alma, a essa pavorosa recaída do humanismo na bestialidade, uma dessas esporádicas explosões de loucura da humanidade, tal qual voltamos a vivenciar hoje: eis a verdadeira tragédia na vida de Montaigne. Em nenhum momento de sua vida ele viu efetivamente em seu país, em seu mundo, a paz, a razão, a conciliação, todas essas elevadas forças espirituais às quais entregara a sua alma. Ao olhar para a sua época pela primeira vez, qual numa despedida ele volta as costas – como nós – cheio de horror, para o pandemônio da ira e do ódio que desonra e transtorna a sua pátria, a humanidade. Ainda menino, aos quinze anos, diante de seus olhos, em Bordeaux, o levante popular contra o imposto sobre o sal, a *"gabelle"*, é reprimido com uma desumanidade que o transforma em inimigo mortal de qualquer crueldade para o resto da vida. O menino vê centenas de pessoas torturadas até a morte, enforcadas, empaladas, esquartejadas, decapitadas; ainda vê durante dias os corvos voando ao redor do tribunal para se nutrir da carne carbonizada e meio apodrecida das vítimas. Escuta os gritos dos torturados e não escapa ao odor da carne carbonizada que se espalha pelas vielas. Mal se torna adulto, começa a guerra civil, que, com suas fanáticas oposições das ideologias, assola a França da mesma forma que hoje fazem os fanatismos sociais e nacionais, destruindo o mundo de um extremo ao outro. A "câmara ardente" queima os protestantes, a Noite de São Bartolomeu extermina oito mil pessoas em poucas horas. Já os huguenotes pagam um crime com outro: assaltam as igrejas, estraçalham as estátuas; a insensatez não deixa nem os mortos em paz: os túmulos de Ricardo Coração de Leão e Guilherme o Conquistador são abertos e saqueados. As tropas passam de uma aldeia a outra, de uma cidade a outra, ora são católicos, ora huguenotes, mas sempre franceses contra franceses, cidadãos contra cidadãos, e nenhuma das partes cede à outra em sua bestialidade exaltada. Guarnições inteiras são presas e assassinadas do primeiro ao último homem, os rios empesteados pelos defuntos; estima-se que cento e vinte mil aldeias tenham sido destruídas e saqueadas, e o assassinato em massa logo se dissocia de sua justificativa ideal. Bandos armados assaltam os castelos e os viajantes, não importa se protestantes ou católicos. Uma cavalgada pela floresta perto de casa não é menos perigosa do que uma viagem às novas Índias ou à terra dos canibais. Ninguém sabe se sua casa e seus bens ainda lhe pertencem, se amanhã ainda estará vivo ou morto, preso ou livre, e, já idoso, no fim de sua vida, em 1588, escreve Montaigne: "Nessa confusão em que nos encontramos há trinta anos, cada francês se vê a todo momento diante de uma situação que pode significar a reviravolta completa de seu destino." Não existe mais segurança na Terra, e esse sentimento fundamental se refletirá necessariamente na concepção espiritual de Montaigne. Daí a necessidade de tentar buscar tal segurança fora desse mundo, fora da pátria; de se recusar a participar do coro dos possessos e criar, para além do tempo, uma pátria própria, um mundo próprio.

O que as pessoas verdadeiramente humanas sentiam naquele tempo – e é terrivelmente parecido com a nossa própria percepção – atesta o poema dirigido por La Boétie em 1560 a Montaigne, seu amigo de vinte e sete anos de idade: "Que destino nos fez nascer logo nesses tempos! A ruína do meu país está diante dos meus olhos, e eu não vejo outro caminho senão emigrar, deixar a minha casa e ir para onde o destino me leve. Já faz tempo que a ira dos deuses me exorta a fugir, indicando-me as terras vastas e livres do outro lado do oceano. Se, no umbral do nosso século, surgiu um novo mundo a partir das ondas, foi porque os deuses o destinaram a ser um refúgio onde as pessoas pudessem arar seu campo livremente sob um céu melhor, enquanto a espada cruel e uma praga ignominiosa condenam a Europa ao ocaso."

Nessas épocas em que os valores nobres da vida, nossa paz, nossa autonomia, nosso direito nato, tudo o que torna a nossa existência mais pura, bela, justificada, são sacrificados à insensatez de uma dezena de fanáticos e ideólogos, para o homem que não quer perder a sua humanidade todos os problemas desembocam em uma única questão: como manter-me livre? Como, apesar de todas as ameaças e de todos os perigos em meio à fúria dos partidos, manter a clareza incorruptível do espírito, manter a humanidade do coração sem transtorno em meio à bestialidade? Como escapar às demandas tirânicas que o Estado ou a Igreja ou a política me querem impor contra a minha vontade? Como me defender de não ir além, nas minhas informações ou ações, daquilo que o meu eu mais profundo quer interiormente? Como proteger essa parcela única e singular do meu eu contra a obediência às regras e a medidas decretadas a partir de fora? Como livrar minha alma e a sua matéria que pertence só a mim, o meu corpo, a minha saúde, meus pensamentos, meus sentimentos, do perigo de ser sacrificados à selvageria alheia e aos interesses alheios?

Foi para essa questão, só para ela, que Montaigne voltou a sua vida e a sua energia. Por amor a essa liberdade, ele se observou, supervisionou, pôs-se à prova e se criticou em cada movimento e cada sentimento. E essa busca da salvação moral, da salvação da liberdade em um tempo da servidão geral a ideologias e partidos, aproxima-o hoje fraternalmente de nós, mais do que qualquer outro artista. Se o honramos e amamos antes de todos os outros, isso acontece porque ele, como nenhum outro, entregou-se à arte mais elevada da vida: *"rester soi-même"*, seguir sendo ele próprio.

Outras épocas mais calmas viram o legado literário, moral, psicológico de Montaigne a partir de outra perspectiva: debateram com erudição se ele foi cético ou cristão, epicurista ou estoico, filósofo ou alguém que entretém os outros, escritor ou mero diletante genial. Suas ideias sobre educação e religião foram cuidadosamente dissecadas em teses de doutorado e trabalhos científicos. A mim, no entanto, uma única questão interessa e me toca em Montaigne: como ele conseguiu se libertar interiormente em um tempo semelhante ao nosso e como nós, ao lermos suas obras, podemos nos fortalecer com o seu exemplo. Considero-o o patriarca, patrono e amigo de qualquer *"homme libre"* na Terra, o melhor professor dessa ciência nova e eterna de se conservar autêntico contra todos e contra tudo. Poucos nesse mundo lutaram de maneira mais sincera e ferrenha para manter seu eu mais profundo, a sua "essência", sem misturá-lo ou deixá-lo ser influenciado pela espuma turva e tóxica das tribulações do tempo, e poucos conseguiram salvar de sua época para sempre o eu profundo.

Essa luta de Montaigne pela manutenção da liberdade interior, a luta talvez mais consciente e tenaz que jamais foi levada adiante por um homem de espírito, não tem exteriormente o menor traço de patético ou heroísmo. Somente forçados poderíamos pôr Montaigne na fileira dos poetas e pensadores que lutaram com a sua palavra pela "liberdade da humanidade". Ele não tem nada das tiradas fluentes e do belo ímpeto de um Schiller ou um Lord Byron, nada da agressividade de um Voltaire. Teria sorrido com a mera ideia de querer transferir algo tão pessoal como a liberdade interior para outras pessoas ou mesmo para as massas, e odiava nas profundezas de sua alma os "melhoradores de mundo" profissionais, os teóricos e esbanjadores de convicções. Sabia muito bem a gigantesca tarefa que é preservar sua autonomia interior. Assim, sua luta se limita exclusivamente à defesa, à proteção daquela barreira interior que Goethe chamou de "cidadela", na qual ninguém permite o ingresso de outrem. Sua tática era manter-se o mais discreto e insignificante possível por fora e passar pelo mundo com uma espécie de capuz mágico, a fim de encontrar o caminho para si próprio.

Portanto, Montaigne não tem o que se chama de uma biografia. Nunca chamou a atenção, porque nunca se pôs em destaque na vida e não tentou angariar seguidores e ouvintes. Para fora era um burguês, um funcionário, um marido, um católico, um homem que cumpria discretamente as tarefas que lhe pediam. Assumia a cor da insignificância para o mundo externo, a fim de poder desabrochar para dentro e observar em todas as nuanças o jogo de cores da sua alma. Estava sempre disposto a se emprestar, mas jamais a se doar. Em cada forma de sua vida, sempre retinha o que havia de melhor e mais genuíno em seu ser. Deixava que os outros falassem e se juntassem em bandos, se batessem por alguma ideia, pregassem e marchassem em paradas; deixava que o mundo andasse pelos seus caminhos confusos e insensatos e só se preocupava com uma coisa: ser sensato para si mesmo, humano em um tempo de desumanidade, livre em meio à selvageria de massa. Que os outros zombassem dele, chamassem-no de indiferente, indeciso e covarde; que os outros se espantassem porque ele não se lançava à conquista de cargos e honrarias. Nem mesmo os mais próximos imaginavam com que tenacidade, sabedoria e maleabilidade ele trabalhava, à sombra, naquela única tarefa que se impusera: em vez de viver qualquer vida, viver a sua própria vida.

Com isso, esse homem aparentemente passivo fez uma ação incomparável. Ao se preservar e descrever, manteve em si o homem *in nuce*, o homem nu e atemporal. Enquanto todo o resto, os tratados teológicos e as divagações filosóficas de seu século nos parecem estranhos e datados, ele é nosso contemporâneo, um homem de hoje e sempre, e sua luta, a mais atual do mundo. Centenas de vezes, quando se folheia Montaigne, temos a sensação *nostra res agitur*, trata-se de nós; a sensação de que ali se pensou muito melhor do que eu próprio poderia dizer sobre o que é a preocupação mais íntima da minha alma nesse tempo. Ali há um tu em que o meu eu se espelha, ali se neutralizou qualquer distância que separa nossa época de outros tempos. Não é um livro que está na minha mão, não é literatura nem filosofia, e sim um homem de quem sou irmão, um homem que me aconselha e consola, um homem que eu entendo e que me entende. Quando folheio os *Ensaios*, o papel impresso desaparece no cômodo à meia-luz. Alguém respira ali, alguém vive comigo, um estranho entrou e deixou de ser estranho, tornou-se alguém de quem me sinto próximo como de um amigo. Quatrocentos anos se dissiparam como fumaça, não é o *seigneur* de Montaigne, o *gentilhomme de la chambre* de um rei desaparecido da França, não é o senhor do castelo de Périgord que fala comigo; ele tirou a vestimenta branca pregueada, o chapéu pontudo, o sabre, o colar imponente com a Ordem de São Miguel. Não é o burgomestre de Bordeaux que veio me visitar, não é o escritor. Um amigo chegou para me aconselhar e para falar de si. Às vezes, há em sua voz uma leve tristeza com a fragilidade de nossa natureza humana, a imperfeição de nossa razão, a estreiteza de nossos líderes, o absurdo e a crueldade do nosso tempo, aquela tristeza nobre que o seu discípulo Shakespeare concedeu de maneira tão inesquecível aos prediletos entre seus personagens, a um Hamlet, um Brutus ou um Próspero. Mas em seguida vejo de novo o seu sorriso: por que levas tudo tão a sério? Por que te deixas importunar e abater pela insensatez e pela bestialidade de teu tempo? Tudo isso só toca a tua pele, não o teu eu interior. O mundo exterior não pode te roubar nada e nem te importunar, se não te deixas perturbar. *"L'homme d'entendement n'a rien à perdre."* Um homem de entendimento não tem nada a perder. Os acontecimentos temporais não têm poder sobre ti enquanto te recusares a deles participar, a selvageria do tempo não é uma aflição verdadeira enquanto preservas a tua clareza. E mesmo tuas experiências mais terríveis, as aparentes humilhações, os golpes do destino – tu somente os sentirás se fores fraco diante deles, pois quem além de ti pode conferir a eles valor e peso, prazer e dor? Nada poderá elevar ou humilhar o teu eu, só tu – mesmo a pressão externa mais pesada se neutraliza com facilidade para quem permanece firme e livre por dentro. Sempre – e em especial quando o indivíduo se sente acossado em sua paz e liberdade interior – a palavra de Montaigne significa uma bênção, pois nada nos protege mais em tempos de confusão e divisão do que a honestidade e a humanidade. Sempre e a cada vez, o que ele disse séculos atrás continua válido e verdadeiro para quem está preocupado com a própria autonomia. Não há ninguém a quem possamos agradecer tanto quanto àqueles que, em um tempo desumano como o nosso, reforçam dentro de nós a dimensão humana, que nos advertem a não entregar o único e imperdível que possuímos, o nosso eu mais profundo. Pois só quem se mantém livre contra tudo e todos multiplica e preserva a paz na Terra.

Capítulo 2

Que o autor dos *Ensaios* pudesse assinar o seu livro com o imponente nome de Michel *sieur* de Montaigne e usar um brasão nobre: isso custou, originalmente, a modesta soma de novecentos francos. Pois antes de seu bisavô comprar dos arcebispos de Bordeaux o castelo de Montaigne, por essa quantia, em 10 de outubro de 1477, e antes de o seu neto, pai de Montaigne, conseguir a autorização para acrescentar o nome dessa propriedade ao seu próprio como título de nobreza, os antepassados de Michel respondiam pelo nome simples e burguês de Eyquem. Michel de Montaigne, sábio e cético conhecedor do mundo, sabia a vantagem de se ter neste mundo um nome que soe bem, "um belo nome, que possa ser confortavelmente pronunciado e retido", e foi ele que apagou, depois da morte do pai, o antigo nome de família de todos os pergaminhos e documentos. Somente a isso se deve o fato de que, quando buscamos o autor dos *Ensaios* no alfabeto da história da literatura mundial, devemos procurar não na letra "E", de Michel Eyquem, e sim no "M", de Michel de Montaigne.

Há séculos, o nome da família Eyquem tem, em Bordeaux, um belo som de prata e de ouro e, sem dúvida, também um leve odor de peixe defumado. De que parte esses Eyquem vieram originalmente para Bordeaux, se foi da Inglaterra, onde Montaigne – sempre pouco confiável em se tratando de sua genealogia – afirma ter descoberto "relações de parentesco com uma conhecida e grande família", ou apenas das proximidades da cidade, isso é algo que a sábia pesquisa genealógica ainda não descobriu. O que se pode provar apenas é que os Eyquem durante décadas tiveram no bairro portuário de la Rousselle um comércio de onde expediam peixe defumado, vinhos e outras mercadorias. A família começa sua ascensão a partir do comércio com peixe e secos e molhados com Ramon Eyquem, bisavô de Montaigne. Nascido em 1402 em Blanquefort, no Médoc, trabalhara como armador de navios e fundara as bases da fortuna familiar graças à sua natureza prudente e ao casamento com a herdeira mais rica de Bordeaux. Em seu 75º ano de vida, esse Ramon Eyquem faz sua mais inteligente aquisição, comprando a "maison noble", o castelo Montaigne, de seu suserano, o arcebispo de Bordeaux. A tomada de posse de um castelo aristocrático por um simples burguês foi um ato solene, conforme os costumes da época. O comerciante idoso entra sozinho no castelo abandonado, passando pelo grande portão, que é fechado atrás dele com trancas, até que os servos, os arrendadores, os agricultores e os colonos tenham prestado o juramento e as honras ao novo senhor. Seu filho Grimon Eyquem, de índole mais modesta, contenta-se em aproveitar a herança paterna. Aumenta o patrimônio, mas deixa o castelo em ruínas, sem se preocupar mais com ele. É só o neto de Ramon Eyquem, o pai de Montaigne, Pierre Eyquem, quem realiza a transição decisiva da família do mundo burguês para o mundo aristocrático. Diz adeus à atividade de armador e ao comércio de peixes, abraçando o ofício mais cavalheiresco de soldado. Jovem, acompanha o rei Francisco I à guerra italiana, voltando com um diário – que infelizmente se perdeu – e o título de *sieur* de Montaigne, a mais ansiada retribuição aos seus fiéis serviços. Consciente, o novo aristocrata realiza o sonho de seu avô, reformando o velho castelo em ruínas e transformando-o em imponente moradia senhorial. Em meio a um vasto território, que esse homem laborioso e enérgico constitui adquirindo várias terras e através de incontáveis processos, eleva-se o majestoso castelo com seus muros grossos e suas torres. É uma fortaleza, visto de fora, e, ao mesmo tempo, um lugar de formação humanista e de generosa hospitalidade. O jovem soldado vira a Itália da Renascença em seu florescimento artístico mais belo, o que contribuiu para a sua formação interior e o desejo de aumentar sua cultura. A mera cobiça monetária e o apetite por lucros de seus antepassados nele se transformam em uma ambição mais elevada. Ele lança as bases de uma imponente biblioteca, atrai para sua casa homens eruditos, humanistas e professores e, sem negligenciar a administração da grande fortuna e de seus vastos domínios, considera ser o seu dever de aristocrata servir em tempos de paz à sua pátria, assim como antes servira ao rei na guerra. Depois de ter desempenhado, num primeiro momento, as funções de preboste e magistrado municipal, portanto, de simples assessor da municipalidade, acaba sendo eleito vice-burgomestre e depois burgomestre de Bordeaux, onde sua dedicada atividade faz com que se honre a sua memória. Montaigne descreve com palavras emocionadas a devoção do homem já doente e cansado: "Lembro-me de que já na minha infância ele me parecia velho. Sua alma fora cruelmente atingida pelas disputas públicas. Tivera que deixar para trás a suave atmosfera da sua casa. Talvez também a fraqueza dos anos o tenha atingido muito antes do tempo. Parecia afetado tanto no ambiente familiar quanto na saúde, e certamente ele desprezava a vida, que já sentia esvair-se. Mesmo assim, no interesse da cidade, empreendia longas e cansativas viagens. Assim era seu caráter. E no entanto suportava essas circunstâncias com grande bondade natural. Nunca houve pessoa mais caritativa e popular do que ele."

Com o pai de Montaigne, efetua-se o segundo e penúltimo passo na ascensão da família. De pequenos comerciantes que enriquecem apenas a si e às suas famílias, os Eyquem se tornaram os primeiros da cidade, e os Eyquem viraram os *sieurs* de Montaigne. Em toda a região de Périgord e Guyenne, seu nome é pronunciado com respeito. Mas só o filho completará a ascensão, será o mestre de Shakespeare, o conselheiro de reis, a glória da sua língua e o patrono de todos os livres-pensadores do mundo.

Enquanto assim, no decorrer de três gerações, de Ramon a Pierre Eyquem passando por Grimon, a família paterna ascende, a família materna de Michel de Montaigne completa seu caminho para cima no mesmo ritmo, com a mesma tenacidade e a mesma perspicácia. Quando, aos trinta e três anos de idade, o *sieur* Pierre de Montaigne, pai de Michel, escolhe para esposa *demoiselle* Antoinette de Louppes de Villeneuve, à primeira vista parece que uma antiga nobreza se alia a outra antiga família nobre. Mas, quando passamos do sonoro contrato de casamento para os pergaminhos mais antigos e as anotações de arquivo, descobrimos que a nobreza dos Louppes de Villeneuve tem fôlego tão curto quanto a dos Montaigne, e, para usar a expressão de Casanova, foi tirada do alfabeto de maneira tão arbitrária quanto a dos Eyquem. Quase ao mesmo tempo em que o comerciante de peixes Ramon Eyquem, cerca de cem anos antes do nascimento de Montaigne, galga o primeiro degrau do mundo burguês socialmente desprezado rumo ao universo dos cavalheiros, um rico judeu espanhol, Moshe Paçagon, dá o mesmo passo em Saragoça para se libertar de uma comunidade proscrita, fazendo-se batizar. Preocupado, como os Eyquem, em dissimular a própria origem para filhos e vizinhos, adota um nome espanhol e com sonoridade aristocrática no lugar do nome judeu. Depois do batizado, passa a se chamar Garcia Lopez de Villanuova. Sua família, de vasta ramificação, sofre as vicissitudes habituais dos tempos da Inquisição espanhola. Alguns desses cristãos-novos conseguem passar para o outro campo. Tornam-se conselheiros e banqueiros junto à corte; outros, menos habilidosos ou menos bafejados pela sorte, são queimados como marranos. Os prudentes entre eles emigram a tempo da Espanha, antes que a

Inquisição possa examinar com mais detalhes sua condição de nobres cristãos. Uma parte da família Lopez de Villanuova migra para Antuérpia e se torna protestante. Outro ramo – este, católico – transfere os negócios para Bordeaux e Toulouse, onde a família se afrancesa e, para disfarçar mais ainda, passa a se chamar Louppes de Villeneuve. Vários negócios são feitos entre os Villeneuve e os Montaigne, ou melhor, entre os Eyquem e os Paçagon. O último – e mais bem-sucedido para o mundo – são as bodas, em 15 de janeiro de 1528, de Pierre Eyquem com Antoinette de Louppes, a qual aporta um dote de mil escudos de ouro. Pode-se calcular como deviam ser ricos os Eyquem já naquela época, pois mais tarde Michel de Montaigne descreve esse dote como sendo relativamente modesto.

Essa mãe de sangue judeu, com a qual Montaigne convive por mais de meio século na mesma casa e que até sobrevive ao filho ilustre, não é mencionada com uma só palavra por ele em suas obras ou em seus escritos. Não se sabe nada dela além do fato de ter administrado a casa nobre até a morte do marido, ao qual deu cinco filhos, com a *"prudhommie"* que era duplamente própria da família, permitindo-lhe escrever com orgulho em seu testamento: "É notório que, ao longo do espaço de quarenta anos, trabalhei na casa Montaigne ao lado do meu esposo de maneira que, com os meus esforços, minha preocupação e condução do lar, a dita casa aumentou em seu valor, foi melhorada e ampliada." É só o que se sabe dela, e essa ausência da mãe em toda a obra de Montaigne tem sido atribuída à sua intenção de esconder ou encobrir a sua origem judaica. Apesar de toda a sua inteligência, Montaigne era refém de uma desgraçada vaidade aristocrática; em seu testamento, por exemplo, pediu para ser enterrado no "túmulo de seus ancestrais", enquanto, na verdade, só o seu pai fora enterrado em Montaigne. Mas, assim como não mencionou a mãe, Montaigne jamais se referiu em suas obras à sua mulher ou sua filha, com exceção de uma única dedicatória. Sua imagem do mundo era moldada pela Antiguidade, onde não se considerava a mulher no campo intelectual. E assim não sabemos nada sobre uma especial inclinação ou especial aversão entre o neto dos Eyquem e a neta de Moshe Paçagon. São duas correntes ascendentes, ambas fortes e sadias, que se completam e exaurem simultaneamente em Montaigne, a ponta dessa pirâmide de ascensão social. Nele, tudo o que era antagônico entre os mercadores de peixe da região da Gasconha e os corretores judeus se dissolve em uma forma nova, uniforme e criativa. Impossível, sem um artifício especial, distinguir em uma liga tão completa o que ele deve a uma ou à outra linhagem. O que se pode dizer é que essa mistura o predestinou a ser um homem do centro e da união, olhando sem preconceitos para todos os lados, sem limitação alguma, um "livre-pensador" e "cidadão do mundo", espírito livre e tolerante, filho e cidadão não de uma raça ou de uma pátria, mas do mundo, para além dos países e dos séculos.

Capítulo 3

Um nome aristocrático contém involuntariamente o desejo de se preservar e perpetuar de uma geração para outra. Assim, o primeiro portador do título de *seigneur* de Montaigne, Pierre Eyquem de Montaigne, após ter perdido duas filhas logo depois do parto, orgulha-se de se tornar ancestral de uma dinastia famosa no futuro quando, no último dia de fevereiro de 1533, nasce o tão desejado primeiro filho, nosso Michel de Montaigne. Desde a primeira hora, o pai aspira para o filho o mais nobre destino. Da mesma forma que ele superara o próprio pai em erudição, cultura e posição social, quer agora que o filho também o ultrapasse. Em meados do século XVI, duzentos e cinquenta anos antes de Jean-Jacques Rousseau, três séculos antes de Pestalozzi, num castelo distante da Gasconha, um neto de comerciante de peixes e antigo soldado pensa e estrutura a educação do filho. Manda vir seus amigos humanistas eruditos e se aconselha com eles sobre o melhor método para educar o filho desde cedo na dimensão humana e social para se tornar alguém extraordinário, e em alguns pontos esse zelo – deveras surpreendente para a época – mostra analogias com as concepções mais modernas. Já o início é espantoso. Mal saiu do berço e do seio materno, em vez de ser entregue a uma ama de leite, como se fazia em casas aristocráticas, levam o menino embora do castelo de Montaigne e confiam sua guarda a pessoas da camada mais baixa, pobres lenhadores de uma minúscula aldeota que pertence à *seigneurie* dos Montaigne. Com isso, o pai não apenas quer educar a criança para a "frugalidade e austeridade" e forjar sua resistência física, mas também, numa preocupação democrática quase incompreensível para a época, "aproximá-lo do povo e das condições de vida das pessoas que precisam da nossa ajuda". Quem sabe Pierre Eyquem tenha experimentado com amargura a arrogância dos privilegiados em seus tempos de burguês, antes de portar o título nobiliárquico. Por isso, quer tanto evitar que o filho se sinta "superior" e membro de uma classe privilegiada, quanto que ele aprenda logo "a olhar para as pessoas que nos emprestam seus braços, e não tanto para as que nos dão as costas." Fisicamente, o período frugal e espartano no miserável barraco de carvoeiros parece ter sido proveitoso para Montaigne. Ele relata que, na infância, acostumou-se de tal forma à alimentação simples que, em vez de doces, confeitos e biscoitos, sempre preferiu as refeições tradicionais dos camponeses: "Pão preto, toucinho e leite." Pelo resto de sua vida, Montaigne foi grato ao pai por tê-lo livrado de preconceitos, por assim dizer, com o leite materno, e enquanto Balzac até a morte acusará sua mãe de tê-lo entregue a um policial até os quatro anos, em vez de ficar com ele em casa, Montaigne aprova a experiência bem-intencionada, prometendo: "Se me for dado ter filhos homens, desejo para eles de livre vontade o mesmo destino que eu tive."

Tanto mais radical é a reviravolta quando, três anos depois, o pai busca o filho de volta para o castelo de Montaigne. Segundo o conselho dos amigos eruditos, agora que o corpo está firme, a alma deve se tornar maleável. Como do quente para o frio, o jovem Michel é levado do ambiente proletário para o mundo do humanismo. Desde o início, Pierre Eyquem está decidido em sua ambição de não fazer seu filho tornar-se um nobre ocioso que gasta o seu tempo inutilmente com dados, vinho e caça, nem tampouco um simples comerciante ávido por dinheiro. Quer que ele ascenda para as esferas mais elevadas daqueles que, por sua supremacia intelectual, por sua formação e cultura, dirigem os destinos de sua época no conselho dos reis, influenciando com a sua palavra os acontecimentos;

aqueles que, em vez da estreiteza da província, encontram sua pátria nos horizontes mais vastos do mundo. No século do humanismo, a chave para esse reino intelectual é o latim, e assim o pai de Montaigne decide pôr esse instrumento mágico nas mãos do filho o mais cedo possível. No castelo distante da região de Périgord, encena-se a mais curiosa das experiências, que não deixa de ter certo traço de comédia. A um alto custo, o pai manda vir um erudito alemão, deliberadamente escolhido por não saber falar uma única palavra de francês, e dois assistentes não menos eruditos, que recebem ordens expressas de falar só em latim com a criança. Os primeiros e únicos vocábulos e frases que a criança de quatro anos aprende são em latim, e, para evitar que o menino se aproprie simultaneamente da língua materna francesa, conspurcando a pureza e perfeição de sua dicção latina, um cerco invisível é fechado em torno do pequeno Michel. Se o pai, a mãe ou os criados querem comunicar algo à criança, precisam primeiro pedir que os mestres lhes ensinem alguns fragmentos de latim. E assim se cria no castelo de Montaigne uma situação cômica: por causa de um experimento pedagógico com um menino de quatro anos, uma casa inteira com pais e criados precisa aprender latim. A consequência divertida é que palavras isoladas e prenomes latinos começam a circular até nas aldeias vizinhas.

Em todo caso, com isso o resultado desejado é atingido com facilidade; até os seis anos, o futuro grande prosador francês não sabe dizer uma única frase em sua língua materna, mas aprendeu a falar latim na forma mais pura e perfeita sem livros, sem gramática, sem qualquer pressão, sem chicote e sem lágrimas. A antiga língua universal se tornou de tal forma a sua língua original e materna que, durante toda a sua vida, quase lhe é mais prazeroso ler em latim do que em francês. E, em momentos de susto ou de súbitas exclamações, involuntariamente é a expressão latina que vem à sua boca, e não a francesa. Se Montaigne, em sua idade adulta, não tivesse se deparado com o declínio do humanismo, é provável que suas obras, assim como as de Erasmo, tivessem sido escritas exclusivamente nessa língua artificial recuperada, e a França teria perdido um de seus escritores mais magistrais.

Esse método de fazer o filho aprender latim sem esforço, sem livros, quase brincando, é apenas uma consequência da tendência geral e bem refletida do pai de formar o filho sem lhe causar o menor esforço. Contrariamente à severa educação da época, que inculcava regras rígidas a golpes de bastão, o menino devia evoluir e se formar de acordo com suas próprias inclinações internas. Os conselheiros humanistas indicaram expressamente ao pai zeloso que "me fizesse tomar gosto pela ciência e pelo dever não através da força, e sim do meu próprio desejo; e de elevar a minha alma em toda a doçura e liberdade, sem rigor ou pressão".

Um detalhe divertido atesta a que ponto chegou essa preocupação consciente de desenvolver a vontade individual nesse singular castelo de Périgord. Ao que tudo indica, um dos tutores declarou que é prejudicial "ao tenro cérebro da criança despertá-la bruscamente de manhã e arrancá-la do sono". Assim, inventa-se um sistema especial a fim de poupar os nervos do menino até mesmo desse abalo mínimo: todos os dias, Michel de Montaigne é acordado com música em sua caminha. Flautistas ou virtuoses do violino esperam ao redor da cama até receber o sinal para conduzir suavemente Michel com uma melodia do sono para a vigília, e esse costume carinhoso é observado com cuidado e rigor. "Em momento algum fiquei sem serviçais", relata Montaigne. Nenhum filho dos reis Bourbon, nenhum rebento da casa imperial dos Habsburgo jamais foi criado com tantos cuidados como esse neto de um comerciante de peixes da Gasconha e de um corretor judeu.

Essa educação individualista ao extremo, que não proíbe nada à criança e deixa tudo aberto para cada uma das suas inclinações, é um experimento, contudo, não isento de perigo. Pois ser tão mimado, sem jamais encontrar resistência e nem ter que se submeter a nenhuma disciplina, permite à criança desenvolver tanto os seus caprichos quanto os vícios inatos. E o próprio Montaigne admitirá mais tarde que só devia à sorte o fato de, no seu caso, essa educação liberal e protetora ter sido um sucesso.

"Se me tornei virtuoso, quero dizer que isso foi por inocência acidental e fortuita. Se eu tivesse nascido com uma compleição mais descontrolada, temo que meu destino teria sido bem infeliz."

Certos traços dessa educação, para o bem e para o mal, naturalmente foram perceptíveis a vida inteira nele, sobretudo a obstinada resistência a se submeter a qualquer autoridade, a se sujeitar a uma disciplina, bem como uma certa atrofia da vontade. Essa infância fez com que Montaigne em todos os anos seguintes sempre procurasse evitar qualquer esforço grande ou por obrigação, dificuldades, regras e compromissos, cedendo apenas ao próprio desejo, aos próprios humores. Aquela "indolência" e "despreocupação" das quais se queixa com frequência talvez tenham sua origem nesses anos, bem como a sua vontade indomável de se conservar livre e jamais se subordinar a uma opinião alheia. Ao bondoso zelo do pai ele deve o fato de poder dizer com orgulho, mais tarde: "Tenho uma alma totalmente livre, acostumada a se conduzir ao seu modo." Quem, mesmo na infância e de maneira inconsciente, alguma vez reconheceu a volúpia e as benfeitorias da liberdade, jamais as esquecerá ou as perderá.

Essa educação indulgente de criança mimada significa uma sorte decisiva para o desenvolvimento particular da alma de Montaigne. Mas da mesma forma é bom para ele que termine antes que seja tarde. Para apreciar a liberdade, é preciso ter conhecido as amarras, e essa possibilidade é dada fartamente a Montaigne quando ele, aos seis anos de idade, é mandado para o colégio de Bordeaux, onde permanecerá até os treze. Não que o filho do homem mais rico e burgomestre da cidade seja tratado lá de modo especialmente duro e enérgico; a única vez em que recebe uma surra de vara, isso ocorre "de modo bastante suave". Mas lá, de qualquer maneira, reina uma disciplina severa que impõe arbitrariamente suas opiniões ao aluno, sem perguntar pelas suas. Pela primeira vez, é obrigado a estudar com regularidade, e inconscientemente o instinto da criança acostumada a seguir apenas a vontade própria se revolta contra um conhecimento que, formulado e preparado de forma rígida, lhe é imposto. "Os mestres não param de trovejar nas nossas orelhas", queixa-se, "como se jogassem tudo em um funil, e a nossa função é apenas repetir o que nos dizem." Em vez de deixar frutificar nos alunos opiniões próprias, enchem a sua memória com matéria morta, deixando "vazias a compreensão e a consciência". E ele pergunta, amargurado: "De que nos serve ter a pança cheia de carne se não a digerimos, se não a assimilamos, se não nos alimenta e fortifica?" Exaspera-o que os escolásticos do colégio o mandem aprender fatos e números e leis e sistemas – não é por acaso que os reitores se chamavam pedantes, à época – e que lhe queiram impor um mero saber livresco. Indigna-se que considerem melhor aluno aquele que decora com maior bom grado o que eles lhe disseram. Pois é precisamente o excesso de um saber aprendido que mata a capacidade de construir a sua própria imagem do mundo: "Assim como as plantas se atrofiam com o excesso de umidade e as lamparinas com o excesso de azeite, também a nossa atividade intelectual é influenciada pelo excesso de estudos e matéria."

Tal ciência é apenas uma sobrecarga da memória, não uma função da alma: "Saber de cor não significa saber, mas apenas que se guardou algo na memória."

Não é saber a data da batalha de Canas que importa ao ler Tito Lívio e Plutarco, e sim conhecer o caráter de Cipião e Aníbal; para ele, pouco significa o fato histórico frio, e sim o seu conteúdo humano, psicológico. Assim, o homem maduro mais tarde dará aos seus mestres, que apenas lhe queriam inculcar regras, uma nota ruim e, ao mesmo tempo, uma lição.

"Nossos mestres", dirá ele em seus últimos anos, "deveriam julgar apenas aquilo que um discípulo ganhou pela vida, não pela memória. Deixem que o jovem prove e filtre tudo o que ele lê, e que não aceite nada apenas por fidelidade, fé ou autoridade. As mais diferentes opiniões deveriam ser-lhe apresentadas. Se for capaz, fará suas escolhas, se não, permanecerá na dúvida. Quem apenas segue os outros não segue nada, não encontra nada e nem procura nada."

Os bons professores – embora entre eles houvesse excelentes e até famosos humanistas – foram incapazes de dar tal educação liberal ao menino obstinado. Assim, ele se despedirá de sua escola sem gratidão. Deixa-a "sem nenhum fruto que eu ainda pudesse colocar na conta hoje", como disse mais tarde.

Assim como Montaigne não ficou satisfeito com os seus mestres, eles tampouco devem ter ficado muito contentes com o aluno. Pois, além da resistência interior contra qualquer conhecimento de livro, de escola, de saber intelectual, contra qualquer disciplina e ordem, faltava a Montaigne – como ocorre com tantas outras naturezas eminentes, em que a intensidade intelectual somente desperta com todo seu vigor depois da puberdade – a capacidade de absorver o saber de forma rápida e versátil. Esse espírito depois tão vivo, ágil e curioso estava então aprisionado em uma estranha lerdeza. Uma certa indolência pesava sobre ele: "Apesar de ter boa saúde e uma natureza doce e tratável, eu era na época tão lerdo, mole e sonolento que não conseguiam me arrancar do meu ócio nem mesmo para me fazer brincar."

Sua capacidade aguda de observação já estava presente, mas por assim dizer só em estado potencial e em raros momentos: "O que eu via, observava bem, e sob o manto da compleição pesada nasciam em mim pensamentos ousados e opiniões bem adiante da minha idade."

Mas esses momentos felizes só agem para dentro. Para os mestres, mal são perceptíveis, e Montaigne não os acusa de modo algum de tê-lo subestimado, sendo duro no julgamento da sua juventude: "Meu espírito era lento e só se movia para a frente se estimulado; minha capacidade de compreensão só se desenvolveu tarde; minha capacidade de invenção era débil e, principalmente, eu sofria de uma fraqueza incrível da memória."

Para ninguém a escola é mais torturante do que para os talentosos, cujas boas qualidades ela, com seus métodos secos, não consegue revolver e tornar férteis. E se Montaigne escapa incólume a essa prisão de sua juventude, foi apenas porque, como tantos outros – Balzac o descreveu da maneira mais bela em seu *Louis Lambert* –, encontrou o consolo secreto: o livro poético ao lado do livro didático. Assim como Louis Lambert, uma vez que se rendeu a esse encanto da leitura livre, não consegue mais parar. O jovem Montaigne lê entusiasmado as *Metamorfoses* de Ovídio, a *Eneida* de Virgílio, os dramas de Plauto na língua original, que é a sua verdadeira língua materna. E essa compreensão das obras clássicas, bem como a sua maestria no trato da palavra falada em latim, recuperam de maneira singular no colégio a honra do aluno mau e sonolento. Um de seus professores, George Buchanan, que mais tarde terá um importante papel na história da Escócia, é autor de tragédias em latim então de grande reputação, e nessas como em outras peças latinas Montaigne entra em cena como ator com muito sucesso nas apresentações escolares. Supera todos os outros pela capacidade de modulação de sua voz e a maestria prematuramente adquirida na língua latina. Aos treze anos, a educação daquele que é ineducável foi completada, e a partir desse momento Montaigne será seu próprio mestre e discípulo a vida inteira.

Depois do colégio, parece ter sido concedido ao rapaz de treze anos ainda um determinado tempo de repouso na casa paterna, antes de estudar ciências jurídicas na Universidade de Toulouse, ou talvez Paris. Seja como for, aos vinte anos ele considera a sua educação definitivamente terminada: "Quanto a mim, estimo que nossas almas aos vinte anos já se tornaram o que devem ser, e que elas então já demonstram todos os talentos que lhe foram dados... Tenho como certo que, depois dessa idade, tanto meu espírito quanto meu corpo mais se reduziram do que aumentaram, mais recuaram do que avançaram."

Não nos restou retrato algum desse Montaigne da época de vivacidade e energia pela primeira vez reunidas. Mas ele próprio sempre se descreveu com tanto cuidado, prazer e acuidade que, confiando em seu amor à verdade, podemos imaginar suficientemente a sua fisionomia. Montaigne é muito baixo de estatura, como seu pai, circunstância que ele sente como desvantajosa e lamenta, porque as poucas polegadas abaixo da média chamam a atenção, de uma parte, e de outra diminuem a autoridade da sua figura. Mas resta o suficiente para fazer o jovem ter boa aparência. O corpo robusto, sadio, o rosto bem desenhado, um formato oval com nariz delicado, em que cada linha é harmoniosa, a testa clara, sobrancelhas bem arqueadas, a boca carnuda acima e abaixo da pequena barba castanha que a sombreia como que com uma intenção secreta – eis a imagem que o jovem Montaigne oferece ao mundo. Os olhos, que chamam a atenção pela força e acuidade de seu brilho, ainda não deviam ter a leve melancolia que se observa nos retratos posteriores. Segundo seu próprio relato, não tinha o temperamento vivaz e alegre, mas pelo menos tranquilo e equilibrado. Para as virtudes cavalheirescas, para o esporte e o jogo, faltavam-lhe a agilidade física e a vitalidade do pai, que, ainda aos sessenta anos, saltava por cima de uma mesa apoiando-se apenas no polegar e subia as escadarias de seu castelo galgando sempre três degraus de uma vez.

> Nunca fui ágil e habilidoso. Na música, nunca conseguiram me ensinar nada, nem o canto, nem instrumentos; não tinha talento para isso. Na dança, no jogo de bola ou na luta, nunca fui mais do que mediano; no nado, no salto de obstáculos ou à distância e na esgrima, eu era um fracasso. Meus dedos são tão desajeitados que nem eu mesmo consigo ler o que escrevi; não sei nem dobrar uma carta direito. Jamais poderia apontar uma pena ou selar meu cavalo, fazer um falcão voar ou lidar com cães, aves e cavalos.

Sente mais atração pela vida social, e é a ela que se dedica, e ao prazer com mulheres, as quais, segundo suas próprias palavras, desde cedo o seduziram abundantemente. Graças à sua imaginação viva, ele capta tudo com rapidez. Sem ser um dândi – admite que, graças a uma certa negligência para qual a sua natureza tende, faz parte do rol de pessoas em cujos ombros as vestimentas ricas fazem uma triste figura –, sempre busca companhia e camaradagem. Seu grande prazer é a discussão, mas a discussão enquanto jogo de florete, não por ímpeto belicoso ou ressentimento. Por sobre o sangue esquentado da Gasconha, que o leva às vezes a ter breves acessos passionais, desde o início reina a razão clara, temperada por natureza. Montaigne, que fica repugnado com qualquer crueza, qualquer brutalidade, sente-se "fisicamente torturado" à mera visão do sofrimento de outrem. O jovem Montaigne, antes do estágio de sua sabedoria aprendida e concebida, não possui nada além da sabedoria instintiva de amar a vida e a si mesmo nessa vida. Nada nele está decidido ainda, nenhum objetivo que almeje, nenhum talento que se manifeste nitidamente ou de forma imperiosa. Indeciso, o jovem de vinte anos olha para o mundo com seus olhos curiosos para ver o que ele tem para lhe dar – e vice-versa.

Capítulo 4

Uma data decisiva na vida de Montaigne é a morte do pai, Pierre Eyquem, em 1568. Até então, vivera em companhia do pai, da mãe, da esposa, de irmãos e irmãs no castelo que chamava com alguma ênfase de "castelo dos ancestrais", sem se preocupar com a fortuna, a economia doméstica e os negócios. A morte do pai faz dele um herdeiro, e um herdeiro rico. Por ser primogênito, faz jus ao título e a uma pensão de dez mil livres, mas também à pesada responsabilidade pelos domínios. A mãe é indenizada com o dote que levara para o casamento, e Montaigne, enquanto *major domus*, chefe de família, tem o dever de conduzir – ou pelo menos examinar – centenas de pequenos negócios e contas diárias, logo ele, que só muito a contragosto aceita a responsabilidade pelos seus próprios assuntos. E nada repugna mais a Montaigne do que uma ocupação regular que exige comprometimento, persistência, tenacidade, zelo, portanto virtudes metódicas por excelência. Ele admite sem meias palavras quão pouco se preocupou com assuntos do lar até meados de sua vida. O senhor de bens, florestas, campos e vinhedos confessa abertamente:

> Não sei distinguir um grão de outro, nem no campo, nem no celeiro, se a diferença não for muito aparente. Nem sei se é couve ou alface o que cresce na minha horta. Desconheço mesmo os nomes dos principais utensílios domésticos, ou das coisas mais elementares da agricultura, que toda criança conhece... Não se passa um mês sem que eu me surpreenda com minha ignorância, sem saber para que serve o levedo na feitura do pão ou o que acontece quando misturam o vinho no tonel.

Esse novo proprietário é tão incapaz de manejar uma pá quanto de administrar seus bens. "Não consigo obrigar-me a ler os contratos ou a examinar os acordos que necessariamente deveriam passar pelas minhas mãos e pelo meu controle. Não por um desprezo filosófico das coisas transitórias e terrenas; não, na verdade trata-se de preguiça e de uma negligência indesculpável e pueril. Faria qualquer coisa com mais gosto do que ler um contrato."

Na verdade, a herança que lhe coube é bem-vinda, porque ele ama sua fortuna, que lhe garante a independência interior. Mas gostaria de tê-la sem precisar se preocupar: "Prefiro não saber das minhas perdas ou dos aborrecimentos nos meus negócios." Mal nasce sua primeira filha, já sonha que um genro possa assumir seu trabalho e as preocupações. Montaigne gostaria de gerir a administração dos bens como gostaria de fazer política e todo o resto na Terra: de vez em quando, dependendo do seu humor, e com a mão esquerda, sem participar muito. Reconhece que qualquer posse é um presente de grego que precisa ser defendido diariamente, a toda hora. "Continuaria muito satisfeito se pudesse trocar a minha vida atual por uma vida mais simples, não tão cheia de demandas dos negócios."

Para suportar mais facilmente esse peso de ouro nos ombros, Montaigne decide abandonar outra carga. A ambição do pai o pressionara a entrar na vida pública. Durante cerca de quinze anos, foi assessor da câmara baixa do Parlamento, sem progredir na carreira. Agora, depois da morte do pai, interroga o destino. Depois de todos esses anos como décimo assessor da Chambre des Enquêtes, candidata-se a ascender à Grande Câmara. No dia 14 de novembro de 1569, no entanto, decidem não aceitá-lo, sob o pretexto de que o seu sogro é presidente e um cunhado, conselheiro. A decisão é contra ele, mas no sentido mais amplo lhe é favorável, pois com isso Montaigne tem um motivo ou pretexto para dizer adeus ao serviço público. Renuncia ao cargo – ou melhor, vende-o – e, a partir desse dia, passa a servir ao público apenas como gosta: ocasionalmente, ou quando uma tarefa especial o atrai. É difícil dizer se outros motivos secretos contribuíram para determinar sua retirada para a vida privada. Seja como for, Montaigne deve ter percebido que estava na hora de decidir, e ele não amava as decisões. A atmosfera pública novamente ficara envenenada. Os protestantes voltaram a pegar em armas, e a Noite de São Bartolomeu se aproximava. Como seu amigo La Boétie, Montaigne via seu dever político apenas em agir no sentido da conciliação e da tolerância. Por natureza, ele era o mediador nato entre os partidos, e sua verdadeira realização no serviço público sempre consistiu em tais negociações secretas de mediação. Mas esses tempos haviam terminado; agora é hora do ou isto ou aquilo. A França terá de se tornar huguenote ou católica. Os próximos anos irão impor enormes responsabilidades a quem se ocupar com os destinos do país, e Montaigne é um inimigo ferrenho de qualquer responsabilidade. Quer fugir das decisões. Um sábio na época de fanatismos, busca a retirada e a fuga.

Aos trinta e oito anos, Montaigne se retirou. Não quer servir a ninguém além de si próprio. Está farto da política, da vida pública, dos negócios. É um momento de desilusão. Está abaixo do pai no que diz respeito à reputação e à posição social. Foi um funcionário pior, um esposo pior, um administrador pior. O que ele é, na verdade? Tem a sensação de que, até agora, sua vida foi equivocada; quer começar a viver de verdade, refletir, pensar. Espera encontrar nos livros a solução para o problema "viver e morrer".

E como se fosse para cortar o caminho de volta para o mundo, manda gravar a seguinte inscrição em latim na parede de sua biblioteca:

> No ano do Senhor de 1571, aos trinta e sete anos, na véspera das calendas de março, no dia do seu aniversário, Michel de Montaigne, há muito tempo desgostoso com o trabalho escravo na corte e as responsabilidades dos cargos públicos, mas ainda em posse de todas as suas forças, decidiu repousar no seio virgem das musas. Aqui, na calma e na segurança, completará o ciclo descendente de uma vida cuja maior parte já transcorreu – se o destino lhe permitir conservar essa habitação e pacífica sede de seus pais. Consagrou esse espaço à liberdade, à tranquilidade e ao lazer.*

Essa despedida é para ser mais do que uma despedida do cargo. Deve ser uma renúncia ao mundo exterior. Até agora, viveu para os outros – agora, quer viver para si. Até agora fez o que o cargo, a corte, o pai dele exigiam – a partir de agora quer fazer só o que lhe dá alegria. Onde quis ajudar, não pôde fazer nada; onde aspirava a alguma coisa, barraram-lhe o

---

* Embora, como o leitor notará, as contas de idade não confiram, aqui e adiante, a edição optou por ser fiel aos textos de Montaigne e de Zweig. (N.T.)

caminho; onde quis aconselhar, desprezaram o seu conselho. Colecionou experiências, agora quer encontrar o seu sentido e extrair sua essência. Michel de Montaigne viveu trinta e oito anos; agora Michel de Montaigne quer saber quem é, na verdade, esse Michel de Montaigne.

Mas mesmo essa retirada para dentro da própria casa, da vida privada, ainda não basta para Montaigne. Embora a casa lhe pertença por herança e direito, sente que pertence mais à casa do que a si próprio. Há a esposa, a mãe, os filhos que não importam tanto para ele – existe uma passagem estranha em que ele admite não saber direito quantos de seus filhos morreram –, há os empregados, os arrendatários, os camponeses, e tudo precisa ser ponderado. A família nem sempre convive de forma pacífica; é uma casa cheia, e ele quer ficar sozinho. Tudo o repugna, incomoda, é desconfortável, e ele pensa como o seu ídolo La Boétie, de quem elogia a virtude: "A vida inteira, La Boétie deixou atrás de si, com desprezo, as cinzas do fogão doméstico." Montaigne não renunciara ao serviço público para agora enfrentar diariamente as pequenas preocupações de um pai de família. Quer dar a César o que é de César, mas nem uma migalha a mais. Ele quer ler, pensar, fruir; não quer mais que o ocupem, mas sim, ao contrário, se ocupar sozinho. O que Montaigne procura é o seu eu interior, que não pode pertencer ao Estado, à família, ao tempo, às circunstâncias, ao dinheiro, à propriedade, aquele eu interior que Goethe chamou de "cidadela", e onde ninguém tem direito de entrar.

O caminho que o levou dos cargos públicos para sua casa foi a primeira retirada; agora ele se retira pela segunda vez para a cidadela, fugindo da família, das demandas da propriedade, dos negócios.

Essa cidadela, que para Goethe é apenas simbólica, Michel de Montaigne cria e constrói de verdade com pedras, cadeado e tranca. Hoje, é difícil imaginar como era o castelo Montaigne naqueles tempos; foi várias vezes reformado mais tarde e, em 1882, inteiramente destruído por um incêndio, com exceção felizmente da "cidadela" de Michel de Montaigne, sua famosa torre.

Quando Michel de Montaigne toma posse da casa, encontra uma torre redonda, alta e sólida, que seu pai parece ter construído para fortificar o castelo. No escuro nível térreo há uma pequena capela, em que um afresco semiapagado representa são Miguel vencendo o dragão. Uma estreita escada em caracol conduz a um cômodo redondo no primeiro andar, que Montaigne escolhe para seu quarto de dormir, porque permite a reclusão. Mas só o andar acima desse, até então "o cômodo mais inútil da casa inteira", uma espécie de quarto de bagunça, torna-se para ele a peça mais importante. Decide fazer dele um lugar de meditação. De lá, pode observar o seu castelo e seus campos. Quando é tomado pela curiosidade, pode ver o que acontece e supervisionar tudo. Mas ninguém é capaz de supervisioná-lo, ninguém é capaz de incomodá-lo nessa reclusão. O cômodo é grande o suficiente para deambular, e Montaigne conta que só consegue pensar direito com atividade física. Manda instalar ali a biblioteca que herdou de La Boétie e a sua própria. As vigas do teto são pintadas com cinquenta e quatro máximas em latim, a fim de que o seu olhar errante possa encontrar alguma palavra sábia e tranquilizadora. Só a última dessas máximas é em francês e diz: *"Que sais-je?"*, "O que eu sei?". Ao lado, fica mais um pequeno gabinete para o inverno, que Montaigne manda decorar com algumas pinturas, mais tarde cobertas por tinta, porque pareciam algo frívolas ao gosto das épocas posteriores.

Esse isolamento com suas inscrições tem algo de pomposo, de afetado. Tem-se a sensação de que Montaigne quis se impor a disciplina, disciplinar-se para a solidão. Já que não está submetido a uma lei religiosa, um juramento, como um ermitão, quer se obrigar a ficar ali. Talvez nem saiba por que, mas é impulsionado por uma vontade interior. Essa reclusão significa um começo. Agora que deixou de viver para o mundo exterior, começa a vida de ócio criativo. Aqui, em sua torre, Montaigne se torna Montaigne.

Capítulo 5
A década criativa

> A mais bela felicidade do homem que pensa é ter explorado o explorável e venerar serenamente o inexplorável.
>
> Goethe

É nessa torre que, nos dez anos seguintes, Michel de Montaigne passa a maior parte da sua vida. Sobe alguns degraus na escada em caracol e já não escuta mais os ruídos e as conversas da casa, não sabe mais nada dos assuntos que tanto o incomodam. Pois "tenho um coração sensível que se inquieta facilmente. Quando está preocupado com alguma coisa, uma pequena mosca é capaz de assassiná-lo." Quando olha pela janela, vê seu jardim lá embaixo, seu pátio e, nele, os companheiros de casa. À sua volta, no entanto, no cômodo redondo, não há nada além dos seus livros. Uma boa parte foi herdada de La Boétie, os outros ele adquiriu. Não que passe o dia inteiro lendo; só a sua presença já o deixa feliz.

> Como sei que eles podem me dar prazer quando eu quiser, estou contente com a sua mera posse. Jamais saio para viagens sem livros, seja em tempos de guerra ou de paz. Mas frequentemente se passam dias e meses sem que eu olhe para eles. Com o tempo, lerei isso, digo para mim mesmo, ou amanhã, ou quando me aprouver... Livros, isso eu descobri, são o melhor mantimento que se pode levar na viagem da vida.

Os livros, para ele, não são como pessoas que o importunam e impacientam com suas conversas e das quais é difícil se livrar. Se não os chamamos, eles não vêm; assim, ele pode folhear esse ou aquele, dependendo do seu humor. "Minha biblioteca é o meu reino, aqui tento governar como senhor absoluto."

Os livros lhe dizem suas opiniões e ele responde com as suas. Eles expressam os seus pensamentos e suscitam outros nele. Eles não o incomodam quando ele silencia; falam apenas quando ele pergunta. Ali é o seu reino. Eles servem ao seu divertimento.

Montaigne contou de maneira insuperável como ele lê e o que gosta de ler. Sua relação com os livros, como em todas as coisas, é regida pela liberdade. Também nesse particular ele não reconhece nenhum compromisso. Quer ler e aprender, mas só quanto quiser e quando for de seu agrado. Quando era jovem, conta, lia "para ostentar", para exibir seus conhecimentos; mais tarde, para adquirir mais sabedoria; mas agora, somente para se divertir, jamais para tirar algum proveito. Quando um livro o entedia, abre outro. Quando um livro lhe parece muito difícil, "não fico roendo as unhas nos trechos mais difíceis que encontro em um livro. Faço uma investida uma ou duas vezes, mas depois desisto, pois o meu intelecto foi feito para um só salto. Se não compreendo um ponto à primeira vista, os esforços renovados não levam a nada, apenas deixam tudo mais obscuro." No instante em que a leitura dá trabalho, esse leitor indolente abandona o livro: "Não preciso suar com eles, e posso abandoná-los quando quiser." Ele não se instalou naquela torre para se tornar um erudito ou um escolástico; espera dos livros que o estimulem e que esse estímulo o faça aprender. Execra tudo o que é sistemático, tudo o que lhe impõe opiniões alheias e conhecimento alheio. Repudia tudo o que é pedagógico. "Geralmente escolho os livros em que a ciência já foi utilizada, e não aqueles que somente conduzem até ela." É um leitor preguiçoso, um amador da leitura, mas nunca, em todos os tempos, houve leitor melhor, mais perspicaz. Estamos cem por cento dispostos a compartilhar o julgamento de Montaigne sobre livros.

De forma geral, tem duas predileções. Ama a poesia pura, embora nem tenha talento para ela e admita que os versos em latim que tentou escrever nunca passaram de imitações da leitura mais recente. Admira nela a arte da língua, mas se encanta da mesma forma com a poesia simples do povo. Só o que fica no meio disso, o que é literatura e não poesia pura, o deixa insensível.

Se, de um lado, ama a imaginação, por outro lado gosta dos fatos, e por isso a história é "a presa que o atrai". Também nesse campo, como nós, ama os extremos. "Estimo os historiógrafos que sejam muito simples ou então de alto calibre." Montaigne ama cronistas como Froissart, que só ensinam a matéria-prima nua da história, e, por outro lado, os "historiadores capazes e excelentes" que, a partir dessa matéria-prima, sabem separar com verdadeira psicologia o certo do errado – "e isso é um privilégio de alguns poucos". Por isso, diz ele, "os autores que escrevem biografias preparam o prato certo para mim. Pois dão mais valor aos motivos do que aos fatos, preocupam-se mais com o que vem de dentro do que com o que acontece externamente. Por isso, acima de todos, Plutarco é o meu autor."

Todos os outros que não são artistas nem *naïfs* "apenas estragam tudo. Querem pré-mastigar a carne para nós, arvoram-se em juízes da história, distorcendo-a segundo seus próprios preconceitos." Assim, ele ama o mundo das imagens e dos símbolos na poesia e o mundo dos fatos na prosa, a arte mais elevada ou a absoluta falta de arte, o poeta ou o simples cronista. "O resto é literatura", como diz Verlaine.

Montaigne celebra como principal vantagem dos livros o fato de a sua leitura, na sua diversidade, aguçar sobretudo a sua capacidade de julgar. Incita-o a responder, a dizer sua própria opinião. E assim Montaigne se habitua a fazer anotações nos livros, a sublinhar e, no final, inscrever a data em que leu determinado livro ou a impressão que lhe causou naquele momento. Não é uma crítica, não é literatura, apenas um diálogo com o lápis na mão, e no início nada lhe parece mais longínquo do que escrever algo no contexto. Mas aos poucos a solidão do quarto começa a fazer efeito sobre ele, as vozes mudas dos livros passam a exigir respostas cada vez mais urgentes e, a fim de controlar seus próprios pensamentos, tenta fixar alguns por escrito. E, assim, a leitura displicente acaba por se tornar uma atividade. Ele não a procurou – foi ela que o encontrou.

> Quando me retirei para a minha casa, decidi, na medida do possível, não me imiscuir em assunto algum, e sim passar em paz e retiro o pouco tempo que ainda me restasse. Pareceu-me que a melhor maneira de contentar o meu espírito seria permitir-lhe o lazer pleno para poder se dedicar aos seus próprios pensamentos e se entreter com eles. E eu esperava que, com o passar do tempo, tornando-se mais firme e maduro, ele poderia se desincumbir disso com maior leveza. Mas aconteceu o contrário. Como um cavalo em fuga, ele se permitiu criar um espaço cem vezes maior. Dentro de mim, surgiu toda

uma horda de quimeras e figuras fantásticas, uma após a outra, sem ordem e sem relação entre si. A fim de melhor examinar sua estranheza e seu absurdo com a cabeça fria, comecei a colocá-las no papel. Esperava que o meu espírito logo se envergonhasse de si mesmo. Uma razão sem objetivo claro se perde. Quem quer estar em toda parte se perde. Nenhum vento serve ao homem que não ruma para um porto.

Os pensamentos passam pela sua cabeça; ele os anota sem qualquer compromisso, pois nem de longe o senhor do castelo de Montaigne imagina mandar imprimir esses pequenos experimentos – ensaios. "Semeando um pensamento cá, outro acolá – padrões que corto do tecido, costurados sem plano ou projeto –, não me sinto obrigado a defendê-los ou a mantê-los para sempre. Posso abandoná-los quando me aprouver; posso voltar às minhas dúvidas e à minha insegurança e à forma de espírito que reina dentro de mim, que é a ignorância."

Ele não se sente comprometido a ser exato como um sábio, original como um escritor ou sublime na dicção como um poeta. Não tem a presunção dos filósofos profissionais de ter tido os pensamentos antes de outros. Por isso, não tem o menor escrúpulo em transcrever aqui e acolá algo que acabou de ler em textos de Cícero ou Sêneca. "Frequentemente deixo outros dizerem coisas que não sei dizer tão bem. Não conto meus empréstimos, apenas os peso na balança."

Intencionalmente ele omite os nomes. E tudo isso ele admite sem rodeios: compraz-se em poder roubar, modificar e disfarçar alguma coisa, se assim se atingir algo novo, oportuno. Designa-se como *"réfléchisseur"*, alguém que reflete, não como escritor, e não leva muito a sério o que escrevinha: "Minha intenção é passar o resto da minha vida em paz – e não com trabalho duro. Não há nada com que eu gostaria de quebrar minha cabeça, nem a serviço da ciência."

Em seu anseio por liberdade, Montaigne repete incessantemente que não é filósofo, escritor e nem um artista completo. Nem o que diz nem o que cita deve servir de exemplo, autoridade ou modelo. "Eu próprio não gosto das minhas anotações ao relê-las. Elas me desagradam."

Se houvesse uma lei contra escrevinhadores inúteis e impertinentes, como contra vagamundos e vadios, diz, ele e cem outros teriam de ser banidos do reino. Trai um pouco de vaidade quando enfatiza repetidas vezes como escreve mal, como é negligente, como sabe pouca gramática, que não tem memória e é completamente incapaz de expressar aquilo que quer dizer de verdade. "Sou tudo menos um autor de livros. A minha tarefa é dar uma configuração à minha vida. Essa é minha única profissão, minha missão."

Um falso escritor, um senhor distinto que não sabe o que fazer com o seu tempo e que, por isso, de vez em quando anota algumas reflexões sem forma: Montaigne não se cansa de se descrever dessa forma. E esse retrato corresponde aos primeiros anos, quando os ensaios surgiram em sua primeira versão. Mas por que, perguntamo-nos, o senhor de Montaigne resolve depois publicar esses experimentos em dois volumes em Bordeaux, em 1580? Sem saber, Montaigne virou escritor. A publicação do livro fez dele um escritor.

Todo público é um espelho; todo homem tem um outro rosto quando se sente observado. De fato, mal saem publicados esses primeiros volumes, Montaigne começa a escrever para os outros, não mais apenas para si. Começa a rever e ampliar os ensaios; um terceiro volume é acrescentado em 1588 aos dois primeiros, e o famoso exemplar de Bordeaux com suas anotações para uma nova edição mostra de que maneira, até o dia de sua morte, ele poliu cada expressão, modificando até mesmo a pontuação. As edições posteriores contêm inúmeros acréscimos. Estão cheias de citações; Montaigne crê precisar mostrar que leu muito e se coloca cada vez mais no centro. Enquanto, antes, estava apenas preocupado em se conhecer, agora o mundo deve saber quem foi Montaigne. Ele faz um retrato de si que é maravilhosamente fiel, com exceção de alguns traços.

Mas de forma geral podemos afirmar que a primeira versão dos ensaios, que fala menos dele como pessoa, diz mais. Mostra o verdadeiro Montaigne, o Montaigne da torre, o homem em busca de si próprio. Há mais liberdade neles, mais honestidade. Mesmo o homem mais sábio não resiste à tentação; mesmo o homem mais livre tem suas amarras.

Capítulo 6

Montaigne não se cansa de se queixar de sua péssima memória. Junto com uma certa indolência, vê nisso o verdadeiro defeito de sua natureza. Sua razão, sua capacidade de percepção são extraordinárias. Aquilo que vê, compreende, observa, reconhece, isso ele capta com um olhar agudo de falcão. Mas depois tem preguiça – algo de que se repreende com frequência – de ordenar esses conhecimentos sistematicamente, de ampliá-los com lógica, e, uma vez captado, todo pensamento volta a se perder. Esquece os livros que leu, não tem memória para datas, não se lembra de circunstâncias essenciais da sua vida. Tudo passa por ele como um grande rio que não deixa nada para trás, nenhuma convicção profunda, nenhuma opinião sólida, nada firme, nada que perdure.

Essa fraqueza de que Montaigne tanto se queixa é, na verdade, o seu ponto forte. Não se deter em nada o obriga a seguir sempre em frente. Nada, para ele, jamais está acabado. Ele não descansa em suas experiências passadas, não constitui um capital do qual se alimenta, ao contrário, seu espírito precisa sempre conquistá-lo novamente. Assim, sua vida se torna um constante processo de renovação: "Incessantemente recomeçamos a viver." As verdades que encontra um ano mais tarde – às vezes, já um mês depois – deixam de ser verdades. E lá vai ele procurar de novo. Assim nascem muitas contradições. Ora parece ser epicurista, ora estoico, ora cético. Ele é tudo e nada, sempre um outro, mas permanecendo sempre o mesmo, o Montaigne de 1550, 1560, 1570 e 1580, o Montaigne de ontem.

Essa eterna busca é o maior prazer para Montaigne, e não a descoberta. Ele não faz parte dos filósofos que procuram a pedra filosofal, uma fórmula que sirva a um fim. Recusa qualquer dogma, qualquer doutrina, e teme constantemente as afirmações imutáveis: "Não afirmar nada com ousadia, não renegar nada levianamente." Ele não almeja nenhum objetivo. Qualquer caminho serve ao seu "pensamento vagabundo" (*"pensée vagabonde"*). Assim, ele não é nada menos do que um filósofo, a não ser no sentido de Sócrates, que ele ama acima dos outros, porque não legou nada, nenhum dogma, nenhuma doutrina, nenhuma lei, nenhum sistema, nada além do homem que se procura dentro de tudo e procura tudo dentro de si.

O melhor em Montaigne talvez devamos ao seu inesgotável impulso de busca, sua curiosidade, sua péssima memória. A tudo isso devemos também o escritor. Montaigne sabe que esquece as reflexões que lê num livro e até as reflexões que um livro suscita nele. Para retê-las, seus "anseios", seus "sonhos" que, de outra forma, seriam inundados, onda por onda, ele dispõe de um só meio: anotá-los nas margens do livro, na última folha. Depois, aos poucos, em bilhetes esparsos, à medida que o acaso os traz, um "mosaico sem nexo", como ele próprio escreve. São anotações, ajuda para se lembrar, não mais do que isso; somente aos poucos ele tenta encontrar os laços entre elas. Ele se esforça, com o pressentimento de não chegar ao fim; geralmente escreve de uma penada só, e por isso suas frases conservam um caráter de espontaneidade.

Mas ele está sempre convencido de que aquilo não é o essencial. Escrever e anotar, para ele, é apenas um subproduto, um derivado – quase poderíamos dizer, maldosamente, como o sedimento em sua urina, a pérola na ostra. O produto principal é a vida, da qual aquilo é apenas um fragmento, um dejeto: "Meu ofício, minha arte é viver." Escrever e anotar, para ele, é o que uma fotografia pode ser para uma obra de arte, não mais do que isso. O escritor dentro dele é apenas a sombra da pessoa, enquanto geralmente nos surpreendemos mil vezes como, nas pessoas, a arte de escrever é grande e a arte de viver é pequena.

Ele escreve – não é um escritor. Escrever, para ele, é apenas um substituto. Buscar novas palavras lhe parece ser uma "ambição pueril". Ele quer que as suas frases se pareçam com a linguagem falada, que fiquem no papel de forma tão singela e simples como saem da boca, suculentas, nervudas, curtas, e não delicadas ou afetadas. Não devem ser pedantes e "monacais", e sim "soldadescas".

Como cada um desses ensaios surgiu a partir do acaso, de um estado d'alma, de um livro, de uma conversa, de uma anedota, eles parecem ser, à primeira vista, uma mera sequência, e foi assim que Montaigne os viu. Jamais tentou ordená-los, resumi-los. Mas pouco a pouco descobre que todos esses ensaios têm algo em comum, um centro, um nexo, uma direção. Têm um ponto de partida ou de convergência, e é sempre o mesmo: o eu. De início, ele parece estar caçando borboletas, a sombra na parede; pouco a pouco se dá conta de que está buscando algo determinado, para um fim determinado: ele próprio; que o fim é refletir sobre a vida em todas as suas formas para viver direito – mas direito só para ele. O que lhe parecia ser mero capricho gradualmente passa a revelar seu sentido. Não importa o que ele descreve: na verdade, só descreve a reação de seu eu a isso ou aquilo. Os ensaios têm um único objeto, e esse é o mesmo da sua vida: o *"moi"* (eu), ou, melhor: *"mon essence"*.

Ele descobre a si mesmo enquanto dever, pois "a alma sem objetivo firme se perde". A missão que se impôs é ser sincero consigo próprio, conforme a sabedoria de Píndaro que anotou: "Ser sincero é o começo de uma grande virtude." Mal descobriu isso, a atividade antes quase lúdica, o *"amusement"*, começa a se tornar algo novo. Ele se torna psicólogo, ele faz autopsicologia. Quem sou eu? *Qui suis-je?*, pergunta. Três ou quatro pessoas antes dele se puseram essa questão. Ele se assusta diante da tarefa que se impôs. Sua primeira descoberta: é difícil dizer quem somos. Tenta se colocar do lado de fora, ver-se "como um outro". Escuta, observa, se estuda e se torna, como diz, "minha metafísica e física". Não se perde de vista e diz que há anos nada lhe escapou: "Desconheço qualquer movimento que se esconda da minha razão." Não está mais só, ele se tornou duplo. E descobre que esse divertimento, esse *"amusement"*, é infindável, que esse eu não é imutável, que está sempre se transformando em ondas, "ondulante", que o Montaigne de hoje não se parece com o Montaigne de ontem. Constata que só podemos desenvolver fases, estados, detalhes.

Mas cada detalhe importa: é precisamente o pequeno gesto fugidio que ensina mais do que a postura rígida. Ele se observa em câmera lenta. O que parece ser unitário, ele dissolve em uma soma de movimentos, de transformações. Assim, nunca termina de se analisar, permanece eternamente em busca. Mas para se entender não basta se observar. Não vemos o mundo quando olhamos apenas para o próprio umbigo. Por isso, ele lê história, estuda filosofia – não para tirar lições e preceitos, mas para ver o que outros fizeram, para comparar o seu eu com outros.

Ele estuda as "ricas almas do tempo passado" a fim de se comparar a elas. Estuda as virtudes, os vícios, os erros e os méritos, a sabedoria e a infantilidade dos outros. A história é seu grande manual de instrução, pois é nas ações, diz ele, que o homem se revela.

Por isso, não é o eu que Montaigne procura, ele busca também a dimensão humana. Distingue perfeitamente que em cada ser há algo em comum e algo único: a personalidade, uma "essência", uma mistura incomparável com todas as outras, formada já aos vinte anos de idade. E, além disso, a dimensão humana em comum em que todos se assemelham, cada um desses seres frágeis, limitados, exilados entre as grandes leis, encerrados no período entre nascimento e morte. Assim, ele busca duas coisas. Busca o eu, o único, especial, o eu Montaigne que nem percebe como sendo especialmente extraordinário ou interessante, mas que é incomparável e que, inconscientemente, ele quer preservar para o mundo. Busca o eu dentro de nós que quer encontrar suas próprias manifestações, e a outra dimensão, comum a todos.

Assim como Goethe buscou a planta originária, ele busca o homem originário, a forma pura em que nada está gravado, que ainda não foi distorcida por preconceitos e vantagens, por costumes e leis. Não é nenhum acaso que tenha se fascinado de tal forma com aqueles nativos brasileiros que encontra em Rouen, que desconhecem Deus, líder, religião, hábitos, moral. Neles, ele vê, por assim dizer, a imagem do homem ainda não alterado, não corrompido, de um lado a folha em branco e depois a escrita com que cada indivíduo se eterniza nela. O que Goethe diz em suas *Urworte* (*Palavras originárias*) sobre a personalidade é o que Montaigne pensa:

> *Wie an dem Tag, der dich der Welt verliehen,*
> *Die Sonne stand zum Gruße der Planeten,*
> *Bist alsobald und fort und fort gediehen*
> *Nach dem Gesetz, wonach du angetreten.*
> *So musst du sein, dir kannst du nicht entfliehen,*
> *So sagten schon Sibyllen, so Propheten;*

> Und keine Zeit und keine Macht zerstückelt
> Geprägte Form, die lebend sich entwickelt.*

Essa busca de si mesmo, esse hábito de se colocar sempre no início e no fim de cada observação, foi chamada de egoísmo de Montaigne, e Pascal particularmente viu nisso orgulho, arrogância, até mesmo um pecado – um defeito originário. Mas a atitude de Montaigne não significa que não esteja olhando para os outros, não é um exibicionismo como o de Jean-Jacques Rousseau. Nada mais estranho para ele do que a arrogância, o êxtase consigo próprio. Não é um anacoreta, nem um ermitão, não busca para se mostrar, para se gabar, mas busca para si mesmo. Quando diz que se analisa incessantemente, enfatiza, ao mesmo tempo, que se censura sem parar. Age a partir do desejo, correspondendo à sua natureza. E se isso é um erro, admite-o sem rodeios. Se for verdade que é arrogante importunar os homens com o seu próprio eu, ele não nega essa qualidade porque a possui, ainda que seja considerada "doentia". "Não devo esconder essa falta que eu tenho não só por hábito, mas por profissão." É sua função, seu talento e seu prazer, mil vezes mais do que sua vaidade. O olhar para o seu eu não o apartou do mundo. Não é um Diógenes que se enfia no seu tonel nem Rousseau que se enterra em uma monomania de perseguição. Não é nada que o torne amargo ou o afaste do mundo, que ama tanto. "Amo a vida e a cultivo tal como Deus quis para nós." Ter cultivado o seu eu não o tornou solitário, ao contrário, trouxe-lhe milhares de amigos. Quem narra sua própria vida vive para todos os homens, quem expressa seu tempo o faz para todos os tempos.

É verdade – Montaigne não fez outra coisa durante sua vida inteira do que perguntar: como vivo? Mas o que é maravilhoso nele, benéfico, é que jamais tentou transformar essa pergunta em um imperativo, o "como vivo?" em "assim deves viver!". Montaigne, o homem que mandou gravar

---

* Tradução livre: "Como no dia que te emprestou ao mundo/ O sol brilhava para saudar os planetas,/ Tu logo cresceste, e sempre e sempre,/ Segundo a lei, que te fez surgir./ Assim deves ser, não tens como escapar a ti,/ Já disseram as sibilas, os profetas;/ E nenhum tempo, nenhum poder fragmenta/ A forma cunhada, que se desenvolve na vida." (N.T.)

"Que sais-je?" em sua medalha como lema, não execrava nada mais do que afirmações peremptórias. Nunca tentou aconselhar os outros sobre o que não sabia precisar muito bem para si mesmo: "Isso aqui não é a minha doutrina, é meu esforço pelo conhecimento, e não é a sabedoria de outrem, e sim a minha." Outros podem tirar vantagens disso, ele não vê nenhum inconveniente. O que ele diz pode ser insensatez ou equívoco, mas ninguém deve ser prejudicado. "Se eu me comporto como um tolo, pago o preço, sem prejuízo para quem quer que seja, pois é uma insensatez que fica dentro de mim e não tem nenhuma consequência."

O que ele procurou, procurou somente para si próprio. E o que achou vale para os outros à medida que podem tirar daquilo o que quiserem ou puderem. O que foi pensado em liberdade jamais poderá limitar a liberdade de outrem.

Capítulo 7
A defesa da cidadela

Em toda a obra de Montaigne só encontrei uma única fórmula e uma única afirmação peremptória: "A maior coisa do mundo é saber ser si mesmo." Não é a posição social, a vantagem do sangue, o talento que definem a nobreza do homem, e sim o grau em que consegue preservar sua personalidade e viver sua própria vida. Por isso, para ele, a arte suprema entre todas as artes é a da preservação de si mesmo: "Entre as artes liberais, comecemos com a arte que nos liberta", e ninguém a exercitou melhor. De um lado, isso parece ser uma aspiração modesta, pois nada seria mais natural à primeira vista do que o homem se sentir inclinado a continuar sendo ele próprio, conduzindo a vida "conforme sua inclinação natural". Mas, na verdade, olhando de perto, o que é mais difícil do que isso?

Para ser livre, não se pode estar endividado nem enredado, e nós estamos enredados, com o Estado, com a comunidade, com a família; nossos pensamentos são sujeitos à língua que falamos; o homem isolado, absolutamente livre, é um fantasma. É impossível viver no vácuo. Consciente ou inconscientemente, por educação, somos escravos da tradição, da religião, da visão do mundo; respiramos o ar do nosso tempo.

Impossível se libertar de tudo isso. Montaigne sabe disso, um homem que, em sua vida, cumpriu os deveres em relação ao Estado, à família, à sociedade, que foi – ao menos exteriormente – fiel à religião, exercitou os costumes consagrados. O que Montaigne busca para si é só encontrar o limite. Não podemos nos doar, somente podemos nos "emprestar". É necessário "poupar a liberdade da nossa alma e não hipotecá-la, exceto em raras oportunidades justas". Não precisamos nos distanciar do mundo, nos fechar em uma cela. Mas precisamos distinguir: podemos amar isso ou aquilo, mas não nos devemos "unir em casamento" a não ser conosco mesmos. Montaigne não rejeita o que temos de paixões ou desejos. Ao contrário, aconselha-nos a sempre fruir o quanto possível, é um homem daqui, da Terra, que não conhece limitações; quem gosta de política deve fazer política, quem gosta de ler livros deve ler livros, quem ama a caça deve caçar, quem ama sua casa, sua terra, e dinheiro e objetos, deve se consagrar a eles. O mais importante para ele, no entanto, é tomar quanto quisermos e não nos deixarmos tomar pelas coisas. "Em casa, nos estudos, na caça e qualquer outro exercício é preciso ir até os limites do prazer, mas ter cuidado para não ir adiante, onde a dor começa a se imiscuir." Não devemos nos deixar empurrar mais longe do que queremos por um sentimento de dever, pela paixão, pela ambição, devemos sempre sopesar o valor das coisas, sem superestimá-las; devemos parar quando acabar o conforto. É preciso manter a mente lúcida, não se prender, não se tornar escravo, é preciso ser livre.

Mas Montaigne não formula prescrições. Apenas dá um exemplo de como tenta se libertar constantemente de tudo que o impede, incomoda e limita. Poderíamos tentar fazer uma lista:

Libertar-se de vaidade e orgulho, o que talvez seja o mais difícil.

Evitar a presunção.

Ser livre de temor e esperança, de fé e superstição. Livre de convicções e partidos.

Estar livre de costumes: "O hábito nos priva de ver o verdadeiro rosto das coisas."

Estar livre de ambições e de qualquer forma de cobiça: "O vício da reputação é a moeda mais inútil, vã e falsa em circulação."

Livre de família e de companhia. Livre de fanatismo: "Cada país crê possuir a religião mais perfeita", e ser o primeiro em todas as coisas. Estar livre do destino. Nós somos os seus senhores. Nós damos cor e cara às coisas.

E a última liberdade: a da morte. A vida depende da vontade de outrem, a morte, da nossa vontade. *"La plus volontaire mort est la plus belle"* – a morte mais voluntária é a mais bela.

Quiseram ver em Montaigne o homem desprendido de tudo, que não está ligado a nada, que vive no vazio e duvida de tudo. Foi assim que Pascal o descreveu. Nada mais errado. Montaigne ama desmedidamente a vida. O único medo que conheceu foi o da morte. E ele ama na vida tudo como é. "Não existe nada inútil na natureza; nem mesmo a inutilidade; nada existe no universo que não esteja em lugar oportuno." Ama a feiura porque torna o belo visível; o vício, porque faz aparecer a virtude; ama a asneira e o crime. Tudo é bom e Deus abençoa a diversidade. O que o homem mais simples lhe diz pode ser importante, de olhos abertos podemos aprender com o homem mais estúpido, com um analfabeto mais do que com um erudito. Ele aprecia uma alma "em diversos andares", que se sinta bem em qualquer lugar em que o destino a coloque. Ama o homem que "possa conversar com o vizinho sobre sua casa, sua caça e sua querela, e que também se entretenha com prazer com um marceneiro ou um jardineiro".

Há um único erro e crime: querer encerrar esse mundo tão diverso em doutrinas e sistemas, é errado querer desviar outros homens de seu livre julgamento, daquilo que querem verdadeiramente e lhes impor algo que não esteja dentro deles. Só age assim quem não respeita a liberdade, e Montaigne não odiou nada mais do que o frenesi, o delírio furioso dos ditadores intelectuais que, com ousadia e vaidade, querem inculcar ao mundo suas "novidades" como sendo únicas e indiscutíveis verdades, e que não se importam com o sangue de centenas de milhares de pessoas, se apenas a sua razão triunfar.

Assim, a atitude de Montaigne em relação à vida, como sempre acontece com os livres-pensadores, desemboca na tolerância. Quem reivindica para si a liberdade de pensamento dá esse direito para qualquer pessoa, e ninguém respeitou isso mais do que ele. Não se assusta diante dos canibais – aqueles nativos brasileiros, dos quais encontrou um em Rouen – por terem devorado pessoas. Calmo e claro, afirma achar isso muito menos importante do que torturar, martirizar ou fazer sofrer pessoas vivas. Não há fé ou opinião que ele rejeite de antemão, seu julgamento não é turvado por nenhum preconceito. "Não me rendo de forma alguma ao equívoco habitual de julgar os outros de acordo com a minha imagem." Ele adverte que a violência e a força bruta, mais do que tudo, podem estragar e insensibilizar uma alma em si de boa índole.

É importante ver isso, porque é uma prova de que o homem pode ser sempre livre – em qualquer época. Quando Calvino apoia a caça às bruxas e manda matar seus adversários em fogo lento, quando Torquemada envia centenas para a fogueira, seus laudatários os justificam, dizendo que não puderam agir de outra forma, que seria impossível escapar às opiniões da sua época. Mas o humano é imutável. Sempre, mesmo nos tempos do fanatismo, da caça às bruxas, da "câmara ardente" e da Inquisição, viveram pessoas humanas; por nenhum instante isso confundiu a clareza de espírito e a humanidade de um Erasmo, de um Montaigne, de um Castélio. E enquanto os outros, professores da Sorbonne, conselheiros, legados, Zwinglis e Calvinos proclamam "Nós temos a verdade!", seu lema é "O que sei?". Enquanto tentam impor, com roda e exílio, "Assim devemos viver", seu conselho é: "Pensai vossos pensamentos, não os meus! Vivai vossa vida! Não me sigais às cegas, conservai-vos livres!"

Quem pensa livremente por si honra toda liberdade na Terra.

Capítulo 8

Quando, em 1570, aos trinta e oito anos, Michel de Montaigne se retira para a sua torre, acredita ter dado à sua vida a conclusão definitiva. Como mais tarde Shakespeare, reconheceu com seu olhar perscrutador a fragilidade das coisas, "a arrogância dos cargos, a insensatez dos políticos, a humilhação do serviço na corte, o tédio do serviço de magistrado" e, acima de tudo, a sua própria inadaptação para agir no mundo. Esforçou-se por ajudar e não o quiseram, esforçou-se – no entanto sem insistir muito, sempre com o orgulho de um homem que respeita seu próprio valor – por aconselhar os grandes, tranquilizar os fanáticos, mas ninguém fez caso dele. A cada ano que passa, os tempos se tornam mais agitados, o país está em revolta, a Noite de São Bartolomeu provoca novos derramamentos de sangue. A guerra civil avança até a sua casa, até a sua porta. Assim, ele decide não mais se meter, não mais se deixar abalar. Não quer mais ver o mundo, quer apenas espelhar-se em seu gabinete de trabalho, como numa *camera obscura*. Abdicou, resignou-se. Que os outros se esforcem por posições, influência, fama, ele só se esforça por si próprio. Ele se trancou na sua torre, colocou a barricada de mil livros entre si e o tumulto. Às vezes, ainda sai da torre para uma excursão; como cavaleiro da Ordem de São Miguel, viaja para o funeral de Carlos IX; quando lhe pedem, encarrega-se de vez em quando de uma mediação política, mas está decidido a não participar mais com a alma, a superar a atualidade, a ver as batalhas do duque de Guise e Coligny como a de Plateias. Ele cria uma distância artificial da ótica, está disposto a não mais sofrer junto, mantendo-se à parte, o seu mundo é o eu. Quer anotar algumas recordações, juntar algumas reflexões, sonhar mais do que viver e esperar pacientemente a morte, preparando-se para ela.

Ele se diz o mesmo que nós todos nos dizemos tão frequentemente em tempos semelhantes de insensatez: não te preocupes com o mundo. Não podes mudá-lo, não podes melhorá-lo. Preocupa-te contigo, salva em ti o que há para salvar. Constrói, enquanto os outros destroem, tenta ser sensato para ti em meio à loucura. Isola-te. Constrói o teu mundo próprio.

Enquanto isso, chegou o ano de 1580. Montaigne passou dez anos em sua torre, isolado do mundo, e acreditou que fosse o fim. Mas agora reconhece o seu equívoco, ou melhor, os seus equívocos, e Montaigne é sempre o homem que admite seus enganos. O primeiro engano foi acreditar estar velho aos trinta e oito anos, preparando-se muito cedo para a morte e, na verdade, deitando-se no caixão ainda com vida. Agora tem quarenta e oito e descobre, surpreso, que os sentidos não se turvaram, mas antes ficaram mais claros, o pensamento mais lúcido, a alma mais adequada a isso, mais curiosa, mais impaciente. Não conseguimos renunciar tão cedo, fechar o livro da vida como se já estivéssemos na última página. Foi bom ler livros, passar uma hora com Platão na Grécia, fruir uma hora da sabedoria de Sêneca, foi repouso e calma viver com esses companheiros de outros séculos, com os melhores do mundo. Mas, queiramos ou não, vivemos no nosso próprio século, e o ar da nossa época penetra mesmo nos espaços fechados, especialmente quando é um ar carregado, abafado, febril e tormentoso. Todos vivenciamos isso, mesmo na reclusão a alma não pode permanecer tranquila quando o país se subleva. Através da torre e das janelas sentimos a vibração da época; podemos nos permitir uma pausa, mas não podemos escapar totalmente dela.

E, depois, outro engano que Montaigne reconheceu pouco a pouco: ele buscou a liberdade, retirando-se do grande mundo da política, dos cargos e dos negócios para o mundo pequeno da casa e da família, dando-se logo conta de que apenas trocou uma amarra por outra. De nada adiantou enraizar-se em seu próprio solo, a hera e as ervas daninhas sobem pelo tronco, os pequenos roedores dos problemas roem as raízes. Não adiantou nada a torre que ele construiu e em que ninguém pode entrar. Quando olha pela janela, vê o orvalho nos campos e pensa no vinho estragado. Quando abre os livros, escuta as vozes discutindo lá embaixo e sabe que, quando deixar o cômodo, escutará as queixas sobre vizinhos, as preocupações com a administração. Não é a solidão do anacoreta, pois ele tem posses, e posses só servem a quem tiver prazer com elas. Montaigne não é apegado a elas. "Acumular dinheiro é um negócio difícil, do qual não entendo nada." Mas a propriedade é apegada a ele, não o liberta. Montaigne vê lucidamente a sua situação. Sabe que, a partir de uma perspectiva mais elevada, todas essas vexações se tornam problemas pequenos. Pessoalmente, adoraria ver-se livre de tudo: "Seria muito fácil para mim abandonar tudo." Mas enquanto nos ocupamos de alguma coisa, não nos livramos dela.

Em si, Montaigne não é nenhum Diógenes. Ama sua casa, sua riqueza, sua nobreza e admite que sempre carrega um cofrinho com moedas de ouro para sua tranquilidade interior. Ele curte sua posição de grande senhor. "Confesso que é um prazer ter domínio sobre alguma coisa, ainda que seja apenas um barracão, e contar com a obediência sob o próprio teto, mas é um prazer entediante e contaminado por uma série de vexações." Acabou de ler Platão e precisa querelar com os criados, processar os vizinhos, cada pequeno conserto se torna uma preocupação. A sabedoria mandaria não se preocupar com essas minudências. Mas – cada um de nós experimentou isso – enquanto temos posses, estamos colados nelas ou elas ficam penduradas em nós com mil ganchinhos, e só há um remédio: a distância, que modifica todas as coisas. Somente a distância exterior permite a distância interior. "Basta sair da minha casa e me livro de todos esses pensamentos. E se uma torre rui na minha casa, preocupo-me menos do que agora quando cai uma simples telha." Quem se limita a um lugar pequeno, cai na estreiteza. Tudo é relativo. Montaigne não se cansa de repetir que aquilo que chamamos de preocupações não tem peso próprio. Somos nós que exageramos ou diminuímos. O que está perto nos toca mais do que aquilo que está longe, e quanto mais nos fechamos em proporções estreitas, mais a estreiteza pesa sobre nós. Impossível escapar. Mas podemos tirar férias.

Todas essas razões que, aos quarenta e oito anos, depois do tempo de reclusão, voltam a despertar nele um "ânimo vagabundo", *humeur vagabonde*, renunciando a todos os seus hábitos de regularidade e segurança para regressar ao mundo, ele exprime com uma maravilhosa franqueza humana, dizendo como sempre claramente o que cada um de nós também sentiu. Nas entrelinhas, podemos ler um outro motivo, não menos importante, para a sua fuga da solidão. Montaigne sempre e em todo lugar buscou a liberdade e a renovação, mas a família também é uma limitação e o casamento, uma monotonia, e tem-se a impressão de que não foi totalmente feliz na vida doméstica. O casamento, afirma, tem uma utilidade própria, a ligação legal, a honra, a constância – "tudo prazeres enfadonhos e uniformes". E Montaigne é um homem da transformação, nunca amou os prazeres enfadonhos e uniformes.

Que seu casamento não foi uma união por amor, e sim pela razão, e que condenava essas uniões por amor, defendendo mais o "casamento por razão", ele repetiu incontáveis vezes, precisando que apenas se submetera a um "hábito". Durante séculos foi rigidamente criticado por, em sua inquebrantável sinceridade, ter assegurado mais às mulheres que aos homens o direito de ter um amante; muitos biógrafos duvidaram, por isso, da paternidade de seus últimos rebentos.

Tudo isso podem ser meras considerações teóricas. Mas, depois de vários anos de casamento, soa estranho quando ele diz: "No nosso século, as mulheres costumam adiar seus sentimentos e a veemência de seus afetos em relação aos maridos até que estes estejam mortos. Nossa vida é cheia de querelas; a morte, envolvida por amor e cuidados." Ele acrescenta até as palavras assassinas de que existem poucas esposas que, quando viúvas, não se tornam "mais sadias, e a saúde é uma qualidade que não sabe mentir". Sócrates não poderia ter se referido com mais amargor ao casamento depois de suas experiências com Xântipe: "Por isso, não deves dar atenção aos seus olhos marejados." E cremos estar ouvindo-o falar com a própria mulher quando se despede: "Uma mulher não deveria ficar olhando para a frente do marido com tal avidez de modo a não suportar que ele lhe dê as costas quando sente necessidade de tal." Quando, por acaso, fala de um bom casamento, acrescenta logo a restrição: "Se é que existe."

Vê-se que os dez anos de solidão foram bons, mas suficientes e até excessivos. Ele sente que está esclerosando, tornando-se pequeno e medíocre, e a vida inteira Montaigne sempre se defendeu contra o imobilismo. Com o instinto que sempre dita ao homem criativo quando deve modificar sua vida, ele reconhece o momento correto. "O melhor instante de abandonar a casa é quando a deixaste em ordem a fim de que possa continuar muito bem sem tua presença."

Montaigne deixou a casa em ordem, os campos e os bens estão em perfeito estado, o cofre tão cheio que ele pode arcar com as despesas de uma longa viagem, a qual teme unicamente porque, como acredita, os prazeres de uma longa ausência não devem ser pagos com preocupações ao regresso. Sua obra intelectual também está em ordem. Levou o manuscrito de seus *Ensaios* para a impressão e os dois volumes, essa cristalização de sua vida, estão impressos; um ciclo terminou, ele deixou os livros para trás como a pele de uma serpente, para empregar a expressão favorita de Goethe. Agora chegou a hora de recomeçar. Ele expirou, agora deve inspirar. Enraizou-se, agora precisa voltar a se desenraizar. Começa um novo trecho de sua vida. No dia 22 de junho de 1580, aos quarenta e oito anos, depois de uma reclusão voluntária de dez anos – Montaigne nunca fez nada a não ser por livre vontade –, ele parte para uma viagem que o separa por dois anos da mulher e da torre e da pátria e do trabalho, de tudo menos de si próprio.

É uma viagem a esmo, uma viagem por viajar, pelo mero prazer de viajar. Até então, suas viagens até certo grau sempre foram missões a serviço do Parlamento, para servir à corte ou aos negócios. Eram mais excursões; dessa vez, trata-se de uma viagem verdadeira, sem outro objetivo que não o de sempre: a sua procura do eu. Não existe projeto, ele não sabe o que verá, ao contrário, nem quer saber antecipadamente; e quando as pessoas lhe perguntam pelo seu objetivo, responde alegremente: não sei o que busco no estrangeiro, mas sei muito bem de que estou fugindo.

Sua vida, durante muito tempo, foi sempre igual. Agora, ele quer outra coisa, e quanto mais diferente, melhor! Aqueles que se satisfazem em casa que sejam felizes nessa limitação; ele não os inveja. Só a mudança o seduz, só dela espera algum ganho. Nada o atrai mais nessa viagem do que o fato de que tudo será diferente, a língua e o céu e os costumes e as pessoas, a atmosfera e as cozinhas, as ruas e a cama. Pois ver, para ele, equivale a aprender, comparar, compreender melhor: "Não conheço melhor escola na vida do que se expor a outros costumes", que mostram às pessoas a infinita diversidade da natureza humana.

Um novo capítulo começa para ele. A arte de viver se torna a arte de viajar enquanto arte da vida.

Montaigne viaja para se libertar, e durante toda a viagem ele dá um exemplo de liberdade. Ele viaja, por assim dizer, sem rumo. Evita tudo o que lembra qualquer compromisso, ainda que seja um compromisso consigo mesmo. Não faz planos. Que a estrada o leve para onde quiser, que o humor o conduza para onde for. Ele quer, por assim dizer, se deixar viajar, mais do que viajar. Em Bordeaux, o sr. Michel de Montaigne não quer saber onde o sr. Michel de Montaigne vai querer estar na semana seguinte, em Paris ou Augsburg. Quem determinará isso com toda a liberdade será o outro Montaigne, o Montaigne de Augsburg ou o Montaigne de Paris. Quer se manter livre em relação a si próprio.

Só quer se movimentar. Quando acredita ter deixado de vivenciar ou ver algo, faz o caminho de volta. A falta de laços, aos poucos, torna-se uma paixão para ele. Saber, ao longo do caminho, para onde o caminho o leva já o deprime levemente. "Encontrei tanto prazer em viajar que a mera aproximação de um lugar onde planejara ficar era odiosa para mim, e eu pensava em várias possibilidades de poder viajar totalmente sozinho, segundo a vontade própria e o conforto próprio."

Ele não busca atrações, pois tudo o que é diferente lhe parece digno de ser visto. Ao contrário, quando um lugar é muito famoso, ele prefere evitá-lo, porque muitos outros já o viram e descreveram. Roma, a meta de todos, é-lhe quase desagradável antecipadamente por ser a meta de todos, e o seu secretário anota no diário: "Acredito que, se estivesse totalmente sozinho, ele teria preferido viajar até Cracóvia ou, por terra, para a Grécia, do que rodar a Itália." Esse é sempre o princípio de Montaigne: quanto mais diferente, melhor, e mesmo que não encontre o que esperava ou outros o fizeram esperar, não fica descontente. "Quando não encontro o que me fizeram esperar de algum lugar – pois a maioria dos relatos, na minha opinião, estão errados – não me queixo de ter gastado em vão o meu esforço, pois pelo menos aprendi que isso ou aquilo não era verdadeiro." Viajante de verdade, nada é capaz de decepcioná-lo. Como diz Goethe, o aborrecimento faz parte da vida. "Os costumes de países estrangeiros me dão prazer pela sua diversidade. Acho que qualquer costume está correto a seu modo. Tanto faz se me servem em pratos de estanho, madeira ou terra, se a minha carne é assada ou frita, quente ou fria, se me dão manteiga ou óleo, nozes ou azeitonas." E o velho relativista se envergonha de seus compatriotas, prisioneiros da mania de criticar qualquer costume que lhes é adverso, e que, mal saem de sua aldeia, sentem-se fora do seu elemento. Montaigne quer ver o estranho lá fora – "não procuro pessoas da Gasconha na Sicília, em casa vejo um número suficiente delas" – e tenta evitar os compatriotas, que conhece o bastante. Quer poder julgar, sem preconceito. Entre tantas outras coisas, aprendemos com Montaigne também como viajar.

Com uma última inquietação – perceptível na resposta que ele dá – parece que, em casa, tentam reter o viajante impetuoso. "O que acontecerá se caíres doente no estrangeiro?", perguntam a ele. De fato, há três anos Montaigne sofre do mal que atinge todos os eruditos de sua época, consequência provável de uma vida sedentária e alimentação mal equilibrada. Como Erasmo, como Calvino, sofre de pedras na vesícula, e parece uma dura prova passar meses a cavalo em estradas estranhas. Mas Montaigne, que parte não apenas para reencontrar a sua liberdade, mas, se possível, também a sua saúde, dá de ombros, indiferente: "Se estiver ruim à direita, vou para a esquerda, se eu não me sentir bem para subir no cavalo, paro. Se eu esqueci alguma coisa, volto – ainda é o meu caminho."

Da mesma forma, tem uma resposta para a preocupação de que ele possa morrer no estrangeiro: se ele devesse temer isso, não poderia nem sair da paróquia de Montaigne, e menos ainda das fronteiras da França. A morte está por toda parte, e ele preferiria encontrá-la a cavalo do que na cama.

Como bom cosmopolita, isso lhe é indiferente.

No dia 22 de junho de 1580, Montaigne cruza o portão do seu castelo rumo à liberdade. Acompanham-no o cunhado, alguns amigos e um irmão de vinte anos. Infeliz escolha: companheiros que ele considerará depois como não sendo os melhores, e eles, de sua parte, haverão de sofrer bastante com o modo insólito, caprichoso e muito pessoal de Montaigne de "visitar os países desconhecidos". Não é a partida de um grande senhor, mas, de qualquer maneira, um empreendimento de porte. O mais importante é que ele sai sem levar preconceitos, arrogância ou opiniões peremptórias.

O caminho o leva primeiro a Paris, a cidade que sempre amou e que sempre o encanta novamente.

Alguns exemplares do seu livro já o precederam, mas ele leva consigo dois volumes para entregar ao rei. Na verdade, Henrique III não está muito a fim disso; como de hábito, está em guerra. Mas como todo mundo na corte lê o livro e parece encantado, ele também o lê e convida Montaigne a assistir ao cerco de La Fère. Interessado em tudo, depois de muitos anos Montaigne volta a ver a guerra de verdade e, ao mesmo tempo, seus horrores, pois um de seus amigos, Philibert de Gramont, é morto lá por uma bala. Ele acompanha os restos mortais para Soissons e começa no dia 5 de setembro de 1580 o notável *Diário*. Em surpreendente analogia, o pai de Goethe, um seco homem de negócios, e o pai de Montaigne, soldado do rei Francisco I, haviam começado na Itália um diário. E assim como o filho do conselheiro Goethe, o filho de Pierre Eyquem continua a tradição. Seu secretário toma nota de todos os acontecimentos, até Roma, onde Montaigne lhe dá folga. Ali, ele próprio continua escrevendo e, de acordo com sua vontade de se adequar o máximo ao país, em um italiano bastante bárbaro, até o dia em que cruza novamente a fronteira com a França: "Aqui se fala francês, e assim eu abandono essa língua estrangeira."

A primeira visita os leva à estação de banhos de Plombières, onde Montaigne tenta curar a sua moléstia com uma temporada de dez dias; depois para Basileia, Schaffhausen, Constança, Augsburg, Munique e o Tirol, então Verona, Vicenza, Pádua, Veneza e, de lá, passando por Ferrara, Bolonha e Florença, até Roma, onde Montaigne chega no dia 15 de novembro. O relato de viagem não é nenhuma obra-prima, tanto mais que só uma mínima parte foi escrita por Montaigne, e nem tudo em sua língua. Não mostra o artista em Montaigne, mas nos mostra o homem com todas as suas qualidades e até suas pequenas fraquezas; um traço comovente de sua vaidade de *parvenu*: o neto de comerciante de peixes e negociantes judeus sempre oferecia às suas hospedeiras, como presente de despedida particularmente precioso, o seu brasão belamente pintado. Sempre é um prazer – quem melhor do que Montaigne o conheceu? – ver um homem sensato com suas manias, e um homem livre, que despreza as aparências, com suas vaidades.

No começo, tudo vai muito bem. Montaigne está de bom humor e a curiosidade é maior do que sua doença. O homem de quarenta e oito anos, que sempre zomba de sua "idade avançada", supera todos os jovens em persistência. Já desde cedo na sela, tendo comido apenas um pedaço de pão, ele parte; acha tudo bom, a liteira, o pão, a carruagem, a sela, a marcha a pé. Os maus albergues mais o divertem do que incomodam. Sua maior alegria é ver gente, pessoas e costumes sempre diferentes e novos. Por toda parte, procura gente, e gente de outras condições sociais. Tenta descobrir qual é o principal passatempo de cada um – nós diríamos "hobby". Como busca o homem, ignora as diferenças sociais, almoça em Ferrara com o duque, conversa com o papa e, da mesma forma, com pastores protestantes, zwinglianos e calvinistas. As atrações que procura não estão em nenhum guia. Há pouca menção a Rafael e Michelangelo e os monumentos. Mas ele assiste à execução de um criminoso, é convidado por uma família judia para a cerimônia de circuncisão, visita bibliotecas, entra nos banhos de Lucca e convida as camponesas para um baile, conversa com qualquer *lazzarone*. Mas não gasta sola de sapato para conhecer cada curiosidade famosa. Para ele, tudo o que é natural é uma curiosidade. Tem sobre Goethe a grande vantagem de não conhecer Winckelmann, o qual impôs a Itália enquanto estudo de história da arte a todos os viajantes de seu século. Montaigne vê a Suíça e a Itália enquanto vida. Para ele, toda vida tem o mesmo valor. Ele assiste à missa do papa, é recebido por ele, mantém longas conversações com os altos dignitários eclesiásticos que lhe dão conselhos respeitosos para a próxima edição do seu livro e só pedem ao grande cético que abandone a palavra "fortuna", a qual emprega com muita frequência, substituindo-a por "Deus" ou "Divina Providência". Permite que o festejem, é solenemente nomeado cidadão de Roma, e até se esforça por isso, orgulhoso com essa honraria (os elementos do *parvenu* no mais livre dos homens). Mas isso não o impede de admitir abertamente que seu maior interesse em Roma, como antes também em Veneza, são as cortesãs, cujos costumes e particularidades ocupam mais espaço no seu *Diário* do que a Capela Sistina e o domo de Florença. Uma espécie de juventude renovada parece ter tomado conta dele, e ela busca o seu caminho natural. Ele parece ter deixado com elas boa parte das moedas de ouro do cofrinho que leva consigo, em parte para conversas pelas quais essas senhoras, como ele narra, às vezes cobram mais caro do que por outros serviços.

A doença estraga-lhe a última parte de sua viagem. Ele faz um tratamento nos banhos de Lucca, e o tratamento é bárbaro. Seu ódio aos doutores o leva a inventar terapias; livre de tudo, ele quer também ser o seu próprio médico. São circunstâncias muito sérias que o afligem, dores de dente e de cabeça o torturam, além de outros sofrimentos. Em dado momento chega a pensar em suicídio. E no meio do tratamento chega-lhe uma notícia que pode-se duvidar que o alegre. Os cidadãos de Bordeaux o nomearam prefeito. Essa nomeação surpreende, pois onze anos antes Montaigne já entregara seu cargo de mero conselheiro. Foi a glória recente de seu livro que levou os cidadãos de Bordeaux a impor a ele um tal cargo à revelia, e é também, quem sabe, a família que tenta, assim, atraí-lo de volta. Seja como for, ele volta para Roma e, de Roma, para a esposa e a casa, chegando ao seu castelo no dia 30 de novembro de 1581, depois de uma ausência de dezessete meses e oito dias, como anota meticulosamente, mais jovem, espiritualmente mais fresco e mais vivo do que nunca. Dois anos depois nasce seu último rebento.

Capítulo 9

Montaigne tentou a coisa mais difícil que existe na Terra: viver sua própria vida, ser livre e se libertar cada vez mais. Ao atingir seu quinquagésimo ano de vida, acredita estar perto desse objetivo. Mas algo estranho acontece: precisamente no momento em que se distanciou do mundo e se voltou para o seu eu, o mundo o procura. Jovem, buscou ocupações e honrarias públicas, mas elas lhe foram recusadas. Agora, obrigam-no a elas. Em vão, ofereceu seus serviços aos reis e se esforçou na corte. Agora, é chamado para funções novas e cada vez mais elevadas. Quando unicamente quer conhecer a si próprio, os outros reconhecem o seu valor.

Quando, no dia 7 de setembro de 1581, ele recebe a carta comunicando ter sido nomeado à revelia e "por unanimidade" prefeito de Bordeaux, pedindo que, "por amor à pátria, aceite o cargo" – na verdade, uma carga para Montaigne –, ele não parece decidido a renunciar à sua liberdade. Sente-se doente e tão torturado pelas pedras biliares que, às vezes, considera até o suicídio. "Se não for possível eliminar esses sofrimentos, temos que ter coragem e dar logo um fim, é o único remédio, a única regra e ciência." Para que ainda aceitar um cargo, depois que ele identificou sua própria tarefa interna, ainda por cima um cargo que só lhe trará trabalho, mas nem dinheiro, nem honras de qualquer espécie? Mas quando Montaigne chega ao seu castelo, encontra uma carta do rei datada do dia 25 de novembro e que transforma nitidamente o mero desejo dos cidadãos de Bordeaux em uma ordem. O rei começa educadamente com sua alegria em ratificar uma escolha feita sem intervenção de Montaigne, na sua ausência – portanto, de maneira absolutamente espontânea. Mas ordena que assuma o serviço "sem desculpas nem adiamento". E a última frase corta qualquer possibilidade de recusa: "E, assim, darei um passo que me será muito agradável, e o contrário me desagradaria grandemente." Não há como desobedecer a tal ordem real. Com o mesmo desprazer com que herdou de seu pai os cálculos biliares, ele assume então esse outro legado, a prefeitura da cidade.

Sua primeira providência, correspondendo à sua extraordinária sinceridade, é advertir seus eleitores que não esperem dele uma dedicação total como a de seu pai, cuja alma viu "cruelmente conturbada por esses fardos públicos" e que sacrificou seus melhores anos, sua saúde e seu lar a essa responsabilidade. Ele sabe que não tem ódio, ambição, cobiça ou violência, mas também conhece seus defeitos: faltam-lhe a memória, a vigilância, experiência e energia. Como sempre, Montaigne está determinado a conservar para si o que tem de último, de melhor, "sua essência", a cumprir tudo o que dele se exige com todo o cuidado e toda fidelidade, mas não mais do que isso. Para manifestar externamente que não vai se afastar de si próprio, permanece em seu castelo de Montaigne, em vez de ir para Bordeaux. Mas parece que, como em seus escritos, mesmo investindo apenas uma parte do seu esforço, das suas preocupações e do seu tempo, ainda consegue mais do que outros, graças à rapidez do seu julgamento e ao seu profundo conhecimento do mundo. Prova de que a insatisfação não era grande é que, em julho de 1583, ao final do seu primeiro mandato, os burgueses o reelegem por mais dois anos.

Mas como se não bastasse esse cargo, essa responsabilidade: mal a cidade reclamou seus serviços, o fazem também a corte, o Estado, a grande política. Durante muitos anos, os poderosos tinham olhado para Montaigne com certa desconfiança que os homens de partido e políticos profissionais sempre têm em relação ao homem livre e independente. Acusaram-no de passividade em uma época na qual, como ele diz, "o mundo inteiro era ativo demais". Ele não tinha se ligado a nenhum rei, nenhum partido, nenhum grupo, tinha escolhido seus amigos não pelas insígnias do partido, pela religião, e sim pelo seu mérito. Um tal homem tinha sido inútil no tempo do "ou isto ou aquilo", da vitória ameaçadora ou da ameaça do extermínio dos huguenotes na França. Mas agora, depois das horríveis devastações da guerra civil, depois que o fanatismo foi às raias do absurdo, o apartidarismo, até então visto como defeito, de repente se torna uma vantagem na política, e um homem que sempre se manteve livre de julgamentos e preconceitos, que se manteve entre os partidos, incorruptível por vantagens ou fama, torna-se o mediador ideal. A situação na França passou por estranhas mudanças. Depois da morte do duque d'Anjou, Henrique de Navarra (futuro Henrique IV), marido da filha de Catarina de Médici, é segundo a lei sálica o herdeiro legítimo do trono de Henrique III. Mas Henrique de Navarra é huguenote e chefe do partido huguenote. Com isso, está em franca oposição à corte, que tenta reprimir os huguenotes; ao castelo real, de cujas janelas saiu, uma década antes, a ordem para a Noite de São Bartolomeu; e o partido adversário dos Guise tenta impedir a sucessão legítima. Mas, como Henrique de Navarra não tem a intenção de renunciar ao seu direito, a nova guerra civil parece inevitável, se o entendimento entre ele e o rei Henrique III não for possível. Para essa grande missão de importância histórica universal, que deve assegurar a paz na

França, um homem como Montaigne parece ser o mediador ideal, não apenas por causa do seu temperamento tolerante, mas também porque pessoalmente ele é homem de confiança tanto do rei Henrique III como do copretendente ao trono, Henrique de Navarra. Uma espécie de amizade o liga a esse jovem príncipe, e Montaigne a conserva mesmo em um tempo em que Henrique de Navarra é excomungado pela Igreja e Montaigne precisa confessar ao seu pároco como sendo pecado ter mantido a relação com ele, como escreverá mais tarde.

Henrique de Navarra visita Montaigne em seu castelo em 1584 com um séquito de quarenta nobres e toda sua criadagem e dorme na sua cama. Confia-lhe as missões mais secretas, e a probidade e fidelidade com que Montaigne as cumpriu ficam provadas pelo fato de que, alguns anos mais tarde, quando explode uma nova crise, a mais grave de todas, entre Henrique III e o futuro Henrique IV ambos o chamam novamente para ser mediador.

No ano de 1585, o segundo mandato de Montaigne como prefeito de Bordeaux teria terminado, e ele poderia ter tido uma despedida gloriosa, com discursos e honras. Mas o destino não quer uma saída tão bela para ele. Ele resistiu com firmeza e energia enquanto a cidade estava ameaçada na nova guerra civil entre os huguenotes e as ligas. Armou a cidade, manteve vigília de dia e até de noite com os soldados e preparou a defesa. Mas diante de outro inimigo, a peste que atinge Bordeaux nesse ano, ele foge em pânico e abandona sua cidade. Para sua natureza egocêntrica, a saúde sempre foi o mais importante. Ele nunca foi nenhum herói, nem jamais pretendeu ser.

Nós não podemos mais imaginar o que significava a peste naquele tempo. Sabemos apenas que, em toda parte, era o sinal para uma fuga, para Erasmo e muitos outros. Na cidade de Bordeaux, morrem dezessete mil pessoas, metade da população, em menos de seis meses. Quem tem carro, cavalo, foge; só o "povo menor" fica para trás. A peste também chega à casa de Montaigne. Assim ele decide abandoná-la. Todos saem, a velha mãe Antonietta de Louppes, sua mulher, sua filha. Agora ele teria a oportunidade de mostrar a força do seu caráter, pois "mil tipos diferentes de doenças surgiram de repente em uma sequência sem fim". Ele sofre pesadas perdas de patrimônio, precisa deixar para trás a casa vazia e desprotegida, onde qualquer um pode pegar o que quiser, o que deve ter acontecido. Sem sobretudo, vestido como está, foge de casa e não sabe para onde, pois ninguém acolhe a família fugida de uma cidade pestilenta. "Os amigos tinham medo dela, todos tinham medo, o medo tomava conta das pessoas junto às quais se buscava abrigo, e era preciso mudar para outro lugar de repente, quando uma única pessoa começava a se queixar de uma dor na ponta do dedo." A viagem é terrível; no caminho veem os campos abandonados, as aldeias vazias, os cadáveres insepultos. Durante seis meses ele é obrigado a "servir miseravelmente de guia dessa caravana", enquanto os *jurats*, aos quais deixara a administração da cidade, escrevem uma carta depois da outra. Visivelmente exasperados com a fuga de Montaigne, exigem seu retorno e lhe anunciam finalmente que seu mandato expirou. Mas Montaigne não volta nem para a data da despedida.

Um pouco de glória, um pouco de honra, um pouco de dignidade se perderam durante essa fuga em pânico da peste. Mas a "essência" se salvou. Em dezembro, depois que a peste terminou, Montaigne volta para o seu castelo após errar por seis meses e retoma a antiga tarefa: buscar a si mesmo, conhecer-se a si mesmo. Começa a escrever um novo livro de ensaios, o terceiro. Voltou a ter paz, está livre dos incômodos, exceto a dor dos cálculos. Ficar quieto, até chegar a morte, que já o "tocou várias vezes com as mãos". Parece que ele terá paz, depois de ter experimentado tanta coisa – guerra e paz, mundo, corte e solidão, pobreza e riqueza, negócio e ócio, saúde e doença, viagem e lar, fama e anonimato, amor e casamento, amizade e solidão.

Mas falta-lhe uma última coisa, ele ainda não passou por todas as experiências. Mais uma vez, o mundo o chama. A situação entre Henrique de Navarra e Henrique III ficou perigosamente tensa. O rei mandou um exército comandado por Joyeuse contra o herdeiro do trono, e Henrique de Navarra aniquilou completamente esse exército em Coutras no dia 23 de outubro de 1587. Agora, Henrique de Navarra poderia marchar contra Paris na condição de vencedor, obtendo à força seu legítimo direito ou até o trono. Mas sua sabedoria o dissuade de colocar seu êxito em risco. Quer tentar negociar mais uma vez. Três dias depois dessa batalha, uma tropa de cavaleiros parte rumo ao castelo de Montaigne. O comandante pede para entrar, o que lhe é imediatamente concedido. É Henrique de Navarra que depois de sua vitória vem pedir conselho a Montaigne sobre a melhor forma de explorar essa vitória, diplomática e pacificamente. É uma missão secreta. Quer que Montaigne viaje para Paris na condição de mediador e transmita ao rei suas propostas. Parece que não foi nada menos do que o ponto decisivo que depois garantiria a paz na França e a sua grandeza por vários séculos: a conversão de Henrique de Navarra ao catolicismo.

Em pleno inverno, Montaigne empreende imediatamente a viagem. Na mala, leva um exemplar corrigido dos ensaios e o manuscrito do novo livro, o terceiro. Mas não será uma viagem tranquila. No caminho, é assaltado e saqueado por uma tropa. Pela segunda vez, experimenta na própria pele a guerra civil, e mal chega a Paris, onde o rei não se encontra, é detido e levado para a Bastilha. É verdade que passa apenas um dia lá, porque Catarina de Médici logo manda libertá-lo. No entanto, mais uma vez o homem que busca a liberdade por toda parte experimentou também dessa forma o que significa ser privado da liberdade. Ele viaja então ainda para Chartres, Rouen e Blois para conversar com o rei. Com isso, sua missão termina e ele volta para o seu castelo.

No velho castelo, o pequeno homem ocupa o seu gabinete na torre. Envelheceu, os cabelos caíram, uma careca redonda, ele cortou a bela barba castanha desde que começou a ficar grisalha. A casa ficou vazia; com quase noventa anos, a velha mãe ainda passa pelos cômodos como uma sombra. Os irmãos foram embora, a filha se casa e vai morar com um genro. Ele tem uma casa e não sabe quem vai ficar com ela depois de sua morte. Ele tem um brasão e é o último. Tudo parece ter acabado. Mas precisamente nessa última hora, tudo chega a ele; agora que é tarde demais, as coisas se oferecem àquele que despreza as coisas. Em 1590, Henrique de Navarra, de quem foi amigo e conselheiro, tornou-se Henrique IV, rei de França. Bastaria a Montaigne correr para a corte, como todos o fazem, e a maior posição lhe seria certa junto àquele que ele aconselhou, e tão bem. Poderia se tornar o que Michel Hôpital foi sob Catarina de Médici, o sábio conselheiro que conduz à clemência, o grande chanceler. Mas Montaigne não quer mais. Contenta-se em saudar o rei por carta, desculpando-se por não ter ido. Exorta-o à indulgência e escreve as belas linhas: "Um grande conquistador do tempo passado pôde se vangloriar de ter dado aos seus inimigos subjugados tanta ocasião de amá-lo quanto a seus amigos." Mas os reis não gostam de quem busca seus favores e muito menos de quem não os procura. Alguns meses depois, o rei escreve ao seu antigo conselheiro em um tom mais duro a fim de conquistá-lo para o seu serviço e parece que lhe fez uma proposta financeira. Mas se Montaigne já não está mais disposto a servir, muito menos quer ser suspeito de se vender. Orgulhoso, responde ao rei: "Jamais obtive quaisquer vantagens materiais pela graça dos reis, nem as cobicei e nem as mereci... Sou, *Sire*, tão rico quanto desejo." Ele sabe que conseguiu o que Platão, certa vez, designou como sendo a coisa mais difícil no mundo: deixar a vida pública de mãos limpas. Orgulhoso, escreve o retrospecto da sua vida: se alguém quiser olhar até o fundo de sua alma, acharia que ele foi incapaz de causar qualquer mal aos outros, incapaz de vingança ou de inveja, incapaz de provocar um escândalo público ou de não manter sua palavra. "Embora meu tempo tenha me dado a ocasião, como a outros, nunca meti minhas mãos nem nos bens, nem no patrimônio de um outro francês. Só vivi do que me pertencia, tanto na guerra quanto em tempos de paz, e nunca me servi do trabalho de alguém sem remunerá-lo à altura. Tenho minhas leis e minha corte para me julgar."

Algum tempo antes da morte, os mais altos dignitários chamaram o homem que já não os deseja nem espera mais. Algum tempo antes da morte, o homem que se sente velho, que já não é mais do que uma parte e uma sombra de si mesmo, experimenta algo que há muito já não mais espera, um raio de ternura e de amor. Melancólico, ele disse que só o amor talvez pudesse voltar a despertá-lo.

E ocorre então o inacreditável. Uma jovem de uma das principais famílias da França, Marie de Gournay, pouco mais velha do que a mais jovem de suas filhas, que acabou de casar, é tomada de paixão pelos livros de Montaigne. Ela os adora, endeusa, busca seu ideal nesse homem. Como sempre em casos como esse, é difícil constatar em que medida esse amor não foi dirigido apenas ao autor, ao escritor, mas também ao homem. Mas ele empreende várias viagens para encontrá-la, fica alguns meses no castelo da família, perto de Paris, e ela se torna sua *"fille d'alliance"*, ele lhe confia sua herança mais preciosa: a edição de seus *Essais* após sua morte.

Depois disso, ele só precisa conhecer mais uma coisa, ele que estudou a vida e todas suas experiências – a última delas, a morte. Montaigne morreu sabiamente, como viveu sabiamente. Seu amigo Pierre de Brach escreve que sua morte foi suave "depois de uma vida feliz", e que precisa ser considerada um alívio para uma gota paralisante e para seus cálculos dolorosos. Mas, acrescenta, os frutos de seu espírito jamais cessarão de encantar os homens de espírito e de bom gosto em todos os tempos.

Michel de Montaigne recebe a extrema-unção no dia 13 de setembro de 1592 e falece pouco depois. Com ele, apaga-se a linhagem dos Eyquem e dos Paçagon. Ele não repousa entre seus antepassados, como seu pai: repousa sozinho na igreja de Feuillants, em Bordeaux, o primeiro e o último dos Montaigne, e o único que legou esse nome à posteridade.

Os mestres

I. Émile Verhaeren

Zweig descobriu o poeta belga (1855-1916) ainda na escola, antes de entrar para a universidade. Pouco conhecido no mundo germânico, confundido com Verlaine, Zweig encantou-se com a sua entonação épica, a mesma do americano Walt Whitman.

Começou a traduzi-lo para o idioma alemão, e em 1902, já na universidade, foi ao seu encontro na Bélgica. Desde então e até 1914, na véspera da guerra, jamais deixou de visitá-lo no verão. Traduziu seus versos, publicou-os em livro com grande sucesso, foi seu cicerone e introdutor na visita à Alemanha, adotou o seu europeísmo e sua ética social.

A invasão da Bélgica pelos alemães em 1914 incendiou a poesia do mestre, empurrou-o para o patriotismo, enquanto o pupilo se inclinava para a direção contrária: o pacifismo de Romain Rolland. Quando Verhaeren morreu em Rouen, estraçalhado por um trem, já estavam irremediavelmente distantes. Não obstante, quis homenageá-lo e, como se tratava de poeta inimigo, mandou imprimir o seu réquiem em edição fora do comércio, de apenas cem exemplares. Vinte anos depois Stefan Zweig divulgou esta versão integral.

Essas recordações de Émile Verhaeren foram escritas sob o impacto imediato da notícia de seu falecimento no dia 27 de novembro de 1916, em meio à Primeira Guerra Mundial. Naturalmente, naquela época era impensável entregar à opinião pública um réquiem tão isento de ódio para um poeta "inimigo"; por isso, em 1917, mandei imprimir apenas cem exemplares dessas "Recordações" para o restrito círculo daqueles que haviam conservado a sua independência interior contra a atmosfera de ódio da época. Uma segunda edição, mais tarde, também saiu com tiragem limitada para os amigos de Verhaeren, sendo a presente versão, portanto, depois de vinte anos, a primeira publicação ilimitada e, naturalmente, inalterada.

No terceiro ano da guerra, uma única em meio aos milhares de mortes, Émile Verhaeren se foi, rasgado pelas máquinas cuja beleza cantou, como Orfeu pelas Mênades. O destino obrigou-me a estar longe nessa hora e naquela outra de sua partida, esse destino insensato e maldito de um tempo em que, de um momento para o outro, a língua se tornou fronteira entre os povos; a pátria, uma prisão; a solidariedade, um crime; e em que pessoas ligadas umas às outras por todas as veias da familiaridade espiritual e afetiva se viram obrigadas a chamar-se mutuamente de inimigos. Todos os sentimentos, fora o ódio, foram proibidos e impedidos pelo Estado, mas a tristeza, que jaz nas profundezas mais longínquas da alma, quem é que pode espantá-la? E a lembrança, quem é capaz de represar seu sagrado fluxo, que inunda o coração com uma onda cálida? O tempo presente, um mundo sem sentido conseguiu destruí-lo, talvez ainda obscurecer e sombrear o futuro. Mas o passado, ele é intocável para todos, e seus dias mais belos resplandecem tal qual velas luminosas na escuridão de nossos dias e sobre essas páginas que escrevo para Verhaeren, em sua memória e para meu consolo.

Escrevo essas páginas apenas para mim, e entre os amigos escolhi apenas aqueles que o conheceram e amaram. O que ele significou para o mundo enquanto poeta e figura literária, isso eu tentei dizer em minha grande obra biográfica, acessível a qualquer um que queira lê-la, em alemão, francês ou inglês. Para essas recordações pessoais, não quero pedir o interesse de uma nação de quem ele se sentiu inimigo nas horas decisivas de sua vida, e sim unicamente daquela clara comunidade do espírito para quem a hostilidade significa um sentimento aberrante e o ódio, um sentimento insensato. Apenas para mim e esses mais próximos venho hoje evocar a imagem de uma pessoa de tal forma intimamente ligada à minha trajetória, que não consigo falar da dele sem sentir a minha própria vida ao mesmo tempo. E sei que, através da lembrança do grande amigo que perdi, estarei falando da minha própria juventude.

Tinha eu por volta dos vinte anos quando o conheci, e ele foi o primeiro grande poeta que vivenciei na dimensão humana. Já existiam então dentro de mim os primórdios da obra poética, mas ainda inseguros, como lampejos no céu da alma: eu ainda não tinha certeza se tinha a vocação da palavra ou apenas desejava tê-la, e a minha nostalgia mais profunda ansiava por encontrar um daqueles verdadeiros poetas que poderia ser um exemplo para mim e me ajudar a tomar a decisão, face a face, alma a alma. Eu amava os poetas dos livros: eram belos pela distância e pela morte; e eu conhecia alguns poetas dos nossos tempos: eram decepcionantes por sua proximidade e pela forma muitas vezes repulsiva de sua existência. Não havia, àquela altura, nenhum deles próximo de mim cuja vida pudesse me servir de lição, cuja experiência pudesse guiar-me, cuja harmonia entre o ser e a obra pudesse me ajudar interiormente a reunir minhas forças todavia inseguras. Em biografias, eu encontrava exemplos de harmonia entre poesia e dimensão humana, mas o meu sentimento já intuía que toda lei de vida, toda configuração interior só pode partir do que é vivo, da experiência vivida e do exemplo visto.

Experiência: para isso, eu era jovem demais. Exemplos: eu os procurava mais inconsciente do que conscientemente. Claro, poetas do nosso tempo iam e vinham à nossa cidade, e já naquela época iam e vinham à minha vida! Certa noite, em Viena, vi Liliencron, rodeado de amigos e de aplausos, e depois em uma mesa entre pessoas e muitas palavras, entre as quais as suas se perdiam. Outra vez, em meio à multidão, toquei a mão de Dehmel. Consegui ganhar um cumprimento deste ou daquele. Mas nunca estive próximo de nenhum deles. Poderia com certeza ter conhecido melhor um ou outro, mas o recato me impedia de aproximar-me deles, timidez essa que depois identifiquei como sendo uma lei secreta e feliz da minha existência: a de que não deveria nunca buscar nada e que tudo me seria dado no momento certo. Tudo o que me formou jamais nasceu do meu desejo, da minha vontade ativa, mas sempre da bênção e do destino: assim também essa pessoa maravilhosa que entrou na minha vida de repente e na hora certa, tornando-se o guia espiritual luminoso da minha juventude.

Hoje sei o quanto lhe sou grato, só não sei se conseguirei consolidar essa gratidão através de palavras. Com esse sentimento de obrigação moral, no entanto, não me refiro de forma alguma à influência literária de Verhaeren nos meus versos. A gratidão refere-se sempre apenas àquele mestre da vida que imprimiu à minha juventude a primeira marca de valores verdadeiramente humanos, que a cada momento de sua existência ensinou-me que só uma pessoa completa pode ser um grande poeta e assim, com o entusiasmo pela arte, devolveu-me também uma fé inabalável na grande pureza humana do poeta. Excetuando a personalidade fraternalmente amada de Romain Rolland, nenhum dos meus dias futuros me trouxe uma essência mais bela do poeta, uma unidade mais pura de ser e valor do que ele, e amá-lo enquanto vivo foi minha alegria mais profunda, e venerá-lo agora que está morto continua sendo minha maior obrigação.

A obra de Verhaeren tinha chegado cedo às minhas mãos. Por puro acaso, pensei inicialmente, mas há muito tempo sei que devo esse encontro a uma daquelas coincidências que, em todas as decisões humanas de uma vida, são as necessidades verdadeiras e talvez inatas. Frequentava eu ainda o liceu, acabara de aprender francês, exercitando nas traduções tanto a língua quanto a ainda claudicante força criadora poética. Encontrara em algum lugar um dos primeiros livros de Verhaeren, publicado por Lacomblez em Bruxelas em tiragem de apenas trezentos exemplares, hoje uma raridade para bibliófilos. Era um dos primeiros livros do poeta belga, sendo ele próprio desconhecido mesmo nos círculos mais amplos. Para poder valorizar totalmente o acaso criativo daquele tempo, devo sempre lembrar que, então, a verdadeira obra de Verhaeren mal deslanchara, e que foi de certa forma uma tendência mística, sem nenhum fundamento real, que me levou a aproximar-me desse poeta desconhecido. Alguns poemas me motivaram, experimentei neles a força ainda tosca das minhas palavras e, aos dezessete anos, escrevi uma carta ao poeta pedindo a autorização para a publicação. A resposta positiva que guardo até hoje me veio de Paris; o selo, que já não vale mais nada, atesta a distância daquela época. Nada mais me ligava então a ele, apenas guardei o nome e a carta, que para minha própria admiração reencontrei alguns anos depois e que me provou que aquilo que tentei mais tarde com vigor evidente tinha sido alinhavado e começado já meia década antes de forma puerilmente inconsciente.

Viena, na virada do século, vivia tempos grandiosos e agitados. Ainda nos bancos escolares, eu era jovem demais para poder vivenciar a época, mas ela permanece indelével na minha lembrança como uma época da renovação em que de repente, como que trazidos por um vento invisível, o aroma e a intuição de uma grande arte estrangeira, a mensagem de países nunca vistos invadiram nossa velha cidade patriarcal. O movimento da Secessão Vienense vivia os seus grandes anos de atividade e florescia, em suas exposições eram os artistas belgas – Constantin Meunier, Charles van der Stappen, Fernando Knopff, Laermans – que, com suas formas gigantescas, fascinavam o olhar habituado a dimensões mais estreitas. A Bélgica, pequeno país espremido entre as línguas, passou a exercer assim uma atração mágica sobre a minha fantasia; comecei a me ocupar com a sua literatura, a amar Charles de Coster, cujo *Uilenspiegel* recomendei em vão por dez anos a todos os editores alemães assim como, mal saído dos bancos escolares, os romances rubenianos, vigorosos e hoje injustamente esquecidos de Lemonnier. Minha primeira viagem de férias me levou à Bélgica, conheci o mar, conheci as cidades e queria possivelmente conhecer também as pessoas por cuja obra sentia tanta devoção interior. Mas era verão, um agosto quente do ano de 1902, as pessoas haviam fugido de Bruxelas onde o sol ardia inclemente no asfalto, não achei nenhum dos que eu buscava, apenas Lemonnier, o homem tão prestativo cuja lembrança guardo com afeto e gratidão. Não bastasse ele me presentear com a sua presença, fluida e vivificadora, ainda ofereceu-me recomendações para todos os artistas que me eram caros, mas: como usá-las, como encontrá-los? Verhaeren, por cuja proximidade eu mais ansiava, estava, como sempre, em paradeiro desconhecido; Maeterlinck havia saído há muito tempo da pátria, não havia ninguém! Mas Lemonnier não arrefeceu, queria que eu encontrasse pelo menos Meunier em meio à sua obra, seu amigo paternal, e Van der Stappen, seu companheiro fraternal. Só hoje eu sei quanto devo à sua suave insistência de então, pois a hora passada na companhia de Meunier é, para mim, um patrimônio que nunca poderá ser apagado, e o encontro com Meunier, um dos mais significativos da minha vida. Nunca esquecerei esse dia que passei com Van der Stappen. Um diário que eu escrevia àquela altura perdeu-se, fatidicamente, mas não preciso dele para lembrar aquelas horas; estão gravadas na minha memória com aquela nitidez de diamante que só o inesquecível possui.

Certa manhã rumei para a rue de la Joyeuse Entrée, perto do Cinquantenaire, e encontrei Van der Stappen, o gentil flamengo baixinho, com sua grande mulher holandesa, cuja hospitalidade natural talvez tenha ainda aumentado com a carta amiga de Lemonnier. Caminhei com o mestre pela floresta pétrea de suas obras. No meio, maravilhosamente grande, estava o *Memorial à bondade eterna*, em que ele trabalhava havia anos e que jamais completaria, e ao redor, em círculos paralisados, grupos isolados, em mármore brilhante, metal escuro, argila úmida e marfim polido. Era uma manhã clara e se tornou cada vez mais divertida e animada com a conversa. Falou-se muito de arte e literatura, da Bélgica e de Viena, a bondade vivaz daquelas duas pessoas logo me privou de qualquer traço de timidez. Sem meias palavras, contei-lhes da minha dor e da decepção por estar prestes a perder, na Bélgica, a oportunidade de ver justo aquele que mais venerava entre todos os poetas franceses, Verhaeren, e que não temeria o sacrifício de uma nova viagem para finalmente conhecê-lo. Mas ninguém saberia onde ele estava, ele teria partido de Paris e não chegara ainda em Bruxelas, ninguém saberia onde eu poderia achá-lo. Confessei abertamente o meu lamento de ter de regressar com a minha veneração, destinada a continuar sendo palavra e distância.

Van der Stappen esboçou um pequeno e discreto sorriso quando eu disse isso, e sua mulher também sorriu, ambos se entreolharam. Percebi uma concordância secreta entre ambos, incitada pela minha fala. Inicialmente, fiquei um pouco inseguro e constrangido de quem sabe ter dito algo que os contrariasse. Mas logo tive a sensação de que não estavam contrariados; continuamos conversando. Mais uma hora se passou animadamente sem que eu notasse, e quando por fim, dando-me conta do longo tempo passado ali, quis me apressar para a despedida, ambos recusaram, instando que eu ficasse de qualquer maneira para comer. E de novo aquele misterioso sorriso andou de um olhar para o outro. Percebi que, se ali havia algum segredo, era um segredo suave, abri mão com prazer do planejado passeio para Waterloo e permaneci naquela casa clara, simpática e hospitaleira.

Logo chegou a hora do almoço. Já estávamos sentados na sala – no rés do chão, como em todas aquelas casinhas belgas, vendo-se a rua através dos vidros coloridos –, quando de repente uma sombra parou diante da janela. Um dedo bateu no vidro colorido, ao mesmo tempo a campainha tocou bruscamente. "*Voilà lui*, ei-lo", disse a senhora Van der Stappen, levantando-se. Eu não entendi o que ela quis dizer. Mas logo a porta se abriu e ele entrou, os passos enérgicos e pesados, abraçando Van der Stappen fraternalmente: Verhaeren. À primeira vista eu reconheci o seu rosto incomparável que já vira em retratos e fotografias. Agora que seu segredo simpático fora revelado, Van der Stappen e a mulher já não sorriam mais, falavam dele rindo abertamente, alegrando-se como crianças com a arte bem-sucedida. Como tantas outras vezes, Verhaeren estava hospedado em sua casa, e ao saberem que eu o procurara em vão por toda parte, combinaram tacitamente através de olhares não me contar nada, e sim surpreender-me com sua presença.

 E ali estava ele diante de mim, sorrindo com a travessura bem-sucedida da qual ficou sabendo. Pela primeira vez, senti o aperto de sua mão vigorosa, pela primeira vez senti seu olhar claro e bondoso. Chegou, como sempre, cheio de relatos e de entusiasmo. Já começou a contar enquanto ainda se servia fartamente. Estivera com amigos em uma galeria e ainda exultava. Sempre chegava daquela maneira, sempre exultante com uma experiência fortuita, e esse entusiasmo se tornara um hábito sagrado; era como se uma chama saísse repetidamente dos seus lábios, e ele sabia reproduzir a palavra magistralmente com gestos nítidos, dissolvendo na fala em ritmo e figura o que vira. Com as primeiras palavras, já envolvia o seu interlocutor porque estava totalmente aberto, acessível a qualquer novidade, sem recusar nada, pronto para todos. Era como se se lançasse com todo o seu ser em direção ao outro, e, assim como dessa primeira vez, vivenciei feliz centenas de vezes esse impacto intempestivo e avassalador de sua natureza sobre outras pessoas. Ele ainda não sabia nada a meu respeito, mas já se sentia cheio de gratidão pela minha intenção, já me oferecia sua confiança só por saber que sua obra me agradava. Involuntariamente, diante do empuxo intempestivo de seu ser, esvaiu-se qualquer vestígio de timidez dentro de mim. Senti-me livre como nunca diante desse desconhecido tão aberto. Seu olhar, forte, de aço, destrancou meu coração.

 O almoço se passou rapidamente. Ainda hoje, anos depois, vejo aquelas três pessoas reunidas exatamente como o meu olhar então os abarcou – o pequeno Van der Stappen, de bochechas coradas, exuberante como um Baco de Jordaens, madame Van der Stappen, grande e maternal, feliz com nossa alegria, e depois ele, com uma fome de lobo e falando entre uma garfada e outra com seus magníficos gestos, aumentando com isso a vivacidade de sua narrativa; vejo essas três pessoas do passado que se amavam fraternalmente e em cuja fala havia uma completa despreocupação. Nunca, antes, em Viena, eu conhecera um círculo de tanta alegria profunda e madura como em torno dessa pequena mesa, e senti como o entusiasmo que eu tentava reprimir se tornava quase doloroso dentro de mim. Em seguida, as taças soaram de novo em um brinde, as cadeiras foram afastadas, Verhaeren e Van der Stappen se abraçaram brincando. Estava terminado o almoço.

Fiz menção de me despedir, por mais belo que fosse o momento. Mas Van der Stappen me reteve e me contou o segundo segredo. Ele estava trabalhando na realização de um antigo sonho seu e de Verhaeren: criar um busto do poeta. O trabalho já estava adiantado; iria ser completado justo naquele dia. Todos me convidaram então a assistir a essa última etapa. Segundo Van der Stappen, minha presença era uma feliz dádiva do destino, pois ele precisava de alguém que conversasse com Verhaeren, o eterno impaciente, enquanto este posava de modelo, para que a paralisia do seu rosto se avivasse e qualquer rápida exaustão fosse represada. Queria que eu falasse a Verhaeren sobre meus planos, sobre Viena, a Bélgica, sobre o que eu quisesse, falasse e falasse, até que a obra estivesse pronta. E depois iríamos comemorar juntos. Preciso dizer o quanto fiquei feliz com o fato de poder estar presente enquanto um grande mestre criava a efígie de um grande homem?

O trabalho começou. Van der Stappen desapareceu. Quando voltou, o elegante redingote com que ele (com sua corpulência) lembrava estranhamente o presidente Fallières tinha sumido. Diante de nós havia um trabalhador de guarda-pó branco, as mangas arregaçadas, com músculos como um açougueiro. A jovialidade burguesa desaparecera de seus traços; enrubescido pelo ardor de sua vontade, como o deus do fogo Vulcão, adiantou-se, impaciente para chegar ao trabalho, levou-nos ao ateliê. Era comprido e claro o cômodo que eu já percorrera antes conversando com ele. As esculturas agora pareciam mais sérias, e as figuras brancas de mármore silenciavam como pensamentos petrificados. À frente, sobre um pedestal, havia um bloco coberto. Van der Stappen retirou os panos úmidos da argila. O semblante de Verhaeren emergiu, era possível identificá-lo com seus traços quadrados, mas ainda era estranho, como se tivesse sido criado apenas a partir da recordação. Van der Stappen avançou, olhou para sua obra, depois para Verhaeren, durante minutos, seu olhar ia de um para outro. Então, decidido, deu um passo para trás. Seu olhar se aguçou, os músculos se retesaram. Começou o trabalho.

Goethe disse certa vez para Zelter que é impossível conhecer as grandes obras de arte quando não as vimos no processo de sua criação. Da mesma forma, digo eu, não podemos conhecer um rosto humano no primeiro encontro. Ou bem o vimos crescer, passando da infância para a idade adulta, ou caindo novamente na velhice; ou então é preciso vê-lo sendo formado na imitação, quando o que está consolidado volta a se dissolver em seus elementos constitutivos, as formas em suas proporções, é preciso ter acompanhado sua reconstrução através da arte, comparando linha com linha, traço com traço em sua existência progressiva. Nessas duas horas no ateliê de Van der Stappen, foi como se o semblante de Verhaeren tivesse ficado entalhado na minha alma, e desde então o rosto está tão interiorizado em mim, como se eu o tivesse criado com meu sangue. De centenas de encontros, sempre o vejo primeiro como o vi naquele momento criador, muitos anos atrás, a testa alta já marcada por rugas dos anos difíceis, encimada pelos pesados cachos cor de ferrugem. Ossuda era a constituição do rosto, rigidamente coberto por uma pele bronzeada, masculina, marcada pelo vento; duro e rochoso o queixo proeminente; grande, ameaçador e quase maldoso o bigode caído à la Vercingétorix, sombreando os lábios finos com trágica melancolia. Mas toda essa masculinidade era dissolvida por uma suavidade maravilhosa do olhar cinzento como aço, um olhar cor de mar, que raiava aberto e franco, sabedor e alegre por toda a sabedoria, resplandecente ao brilho da luz amada! O nervosismo estava nas mãos, nessas mãos esguias, delicadas e, no entanto, vigorosas, em que as veias pulsavam intensamente sob a pele fina. Mas todo o vigor de sua vontade se projetava para a frente nos largos ombros de camponês, para os quais a cabeça pequena, enervada, ossuda parecia quase pequena demais: somente quando ele caminhava é que se via a sua força. Somente agora, quando olho para o busto – nunca Van der Stappen logrou algo melhor do que a obra daquele momento – sei como ele é verdadeiro e como abarca plenamente o seu ser. Ele capturou com profundo conhecimento a inclinação da cabeça, que não era fadiga, e sim um escutar intenso, uma inclinação não motivada pela vida, mas antes diante da vida. Quando o vejo, sei que já não era mais imagem, e sim memorial, documento de uma grandeza poética, monumento de uma força imorredoura. Àquela altura, no entanto, naquela hora insólita, não passava de argila úmida e macia sob os golpes da espátula e alisada pelos dedos, aquela obra era apenas intuição, estimativa e comparação. Àquela altura, ele ainda estava vivo, nos intervalos exalava dele a respiração da conversa, e ele escutava com aquela intensa energia de sua inesgotável capacidade de participar. Sem que notássemos, anoiteceu, mas mestre Van der Stappen não se cansava. Com frequência cada vez maior ele recuava da sua escultura, fazia seu olhar ir do modelo-vivo à criação que agora começava a ganhar vida, cada vez menos suas mãos mexiam na criação. Aos poucos, o seu olhar concentrado se descontraiu, o olho perdeu o ar irrequieto, flamejante, mais uma vez ele deu um retoque comparativo. Depois, tirou o avental, suspirou fundo e, com um leve lamento – um gemido, mais do que uma palavra –, respirou: *"Fini."* Verhaeren levantou-se. Bateu com aprovação no ombro do pequeno homem robusto que estava em pé diante de sua obra, ofegante, sem ar, mas sorrindo, e agora já não parecia mais o deus Vulcão em sua forja, e sim o mais delicado Rei Feijão de Jordaens, ambos riram e se abraçaram. Uma cordialidade infantil instalou-se entre aqueles homens, ambos já com o primeiro brilho de cabelos brancos na barba e no cabelo. Pela primeira vez, percebi ali uma humanidade mais clara e livre do que jamais conhecera antes entre artistas, os quais costumava ver preocupados e em zelosa laboriosidade, e misteriosamente fui acometido por um desejo de conquistar, para a minha vida, essa segurança e liberdade da vida pela arte. O respeito ainda trancava a minha garganta, ainda me sentia distante. Mas alguma parte do meu ser já estava ligada e se rendia a esse poeta, quando tomei suas mãos cordiais para a despedida e a promessa de um breve reencontro. Eu já sabia que era um presente, uma grande dádiva, poder servir a pessoas como aquelas, e algum sentimento difuso me dizia que a vontade e a vocação me ligavam à sua obra. Grato, apertei também a mão de Van der Stappen e saí.

Já estava escuro no cômodo de pé-direito alto. Quando, na porta, me virei, vi na sombra, branco e alto, o *Memorial da bondade eterna*, e diante dele, Verhaeren, a mão encostada na pedra branca. Só mais tarde, bem mais tarde, me dei conta de que essa obra, à qual faltava apenas a figura do meio, tinha sido verdadeiramente completada naquele minuto, com Verhaeren encostado no pedestal da grande bondade humana, fundindo-se, aos meus olhos, inconscientemente enquanto símbolo com o sentido dela.

Partindo da obra, portanto, eu encontrara o poeta, e o primeiro impulso, ao regressar, foi querer redescobrir o poeta dentro de sua obra. Mas quando digo: a obra de Verhaeren, preciso lembrar a mim próprio quão pouco equivalia então àquilo que hoje o mundo admira e venera como sendo a sua realização. Mal haviam sido construídos os fundamentos, conheciam-se apenas aquelas suas obras parnasianas, os *Flamands* e os *Moines*, acabara de criar as visões fogosas das *Villes tentaculaires* e dos *Villages illusoires*. Mas tudo ainda era escuridão, caos e luz ardente, mal transparecia aquela aurora de bondade e clareza, aquela ascensão incomparável à pureza humana que se tornou a grandeza e a ideia atemporal de sua arte. Enquanto me lembro disso, agora, dou-me conta da imensa felicidade de poder ter vivenciado de perto essa ascensão rumo ao permanente, a cada livro, até mesmo a cada poema, muitas vezes formados individualmente ou lidos em voz alta em noites tranquilas; dou-me conta de ter vivenciado o surgimento de uma parcela de eternidade em nosso tempo. O que hoje já secou e virou história da literatura, nesses quinze anos de amizade e convívio eu senti de perto enquanto aroma vivo, respiração e crescimento da floração que nunca murcha, e o que hoje passa de mão em mão na forma de livros vendidos e comprados, eu conheci enquanto sofrimento, mistério e criação. Ao recordar tudo isso, dou-me conta de como a intuição e a percepção me guiaram bondosamente quando me doei com toda a minha vontade a essa obra ainda por ser criada, como a minha confiança nesse homem sobreviveu a toda incerteza, a todo anonimato, e em que vácuo eu pronunciei o seu nome, hoje um lugar-comum e um conceito literário! Através dessa lembrança, aprendo a ser grato à minha juventude.

Comecei a trabalhar animado. Pouco depois, já enviava ao mestre alguns poemas traduzidos e as cartas me retornavam a sua alegria. Lentamente começava então a sua fama, lentamente o meu empenho em torná-lo mais conhecido, mas apesar de tudo sei que nada foi melhor do que aquela época, quando as pequenas alegrias e conquistas ainda eram grandes e quando da falta de perspectiva surgiu o sentimento humano mais puro.

Alguns anos se passaram. Estava eu aprisionado no meu mundo, apenas as cartas enviavam saudações para um lado e outro. No começo, eram algumas poucas, respeitosamente guardadas em um pequeno envelope. Depois ele se tornou apertado, e hoje são centenas de cartas, amarradas por uma fita. Sempre pensei em relê-las, organizá-las e me deleitar com elas, mas nunca consegui. Mesmo agora, quando sei que nenhuma folha escrita de seu punho virá mais para mim e que a última das cartas enviadas será a última para sempre, não quero desatar o laço para não dar vida a algo que é definitivamente passado. Pois o meu sentimento resiste a reconhecer a perda, e com um temor medroso e pio evito o cemitério das palavras: as cartas em que o tempo passado e sentimentos mortos estão enterrados para sempre.

E mais um ano, e mais um ano. Terminei os meus estudos, o mundo estava aberto para mim e eu ansiava por conhecê-lo. Para o primeiro ano da minha liberdade, escolhi Paris. Cheguei tarde da noite e, de um café em um bulevar, ainda mandei uma palavrinha para ele. Entre os muitos objetivos da minha nova vida livre, ele era o primeiro e mais importante. Na manhã seguinte, mal acordei, já havia um envelope azul na porta do meu quarto, avisando que ele me esperava para almoçar em sua casa em Saint-Cloud.

Parti da estação Saint-Lazare, passando por Passy, que fumegava com suas centenas de fábricas, em direção ao tranquilo subúrbio verde. Do parque Montretout, observei a cidade lá embaixo, Paris, quase invisível no vapor úmido de um chuvoso dia em outubro, apenas o estilete cinzento da Torre Eiffel escrevendo o seu nome legivelmente no céu macio. Só mais duas ruas a partir do parque e eu encontrei a viela de subúrbio com casinhas de tijolo com seis ou dez janelas cada uma. Ali deviam morar aposentados, operários qualificados, funcionários e pequeno-burgueses, pessoas que ansiavam pelo silêncio e pelo verde, habitantes da periferia, sem curiosidades, pacíficos. Quase já não se percebia mais a Paris agressiva e elementar. Ali embaixo, as ondas, e aqui, uma praia tranquila.

Dirigi-me à pequena casa, subi dois lances de escada de madeira, uma porta singela sem nome, uma campainha simples que eu apertei, um pouco tímido, pela primeira vez – primeira de tantas! Então, o próprio Verhaeren veio até a porta, calorosamente estendendo a mão, com aquela alegria espontânea da receptividade nascida da plenitude de sua bondade aberta. Tinha uma cordialidade fácil, bastava tocar em sua presença, e ao primeiro gesto ela já transbordava. Ao primeiro aperto de suas mãos, seu olhar aberto, à primeira palavra já se sentia o seu calor subir até o coração.

Como era pequena essa moradia, simples e burguesa! Nenhum poeta que eu conhecia morava em uma casa tão despojada. Uma antessala e outros três cômodos, cada um deles minúsculo e transbordando. O supérfluo não tinha lugar ali, todo equipamento era simples, as paredes coloridas com livros e quadros, dominando o amarelo dos volumes franceses. Um quadro de Rysselberghe com cores desfolhadas, um Carrière de tonalidade escura, e dez, vinte outros quadros de amigos enchiam as paredes, uma moldura encostada na outra, e no meio do estreito cômodo, a mesa posta para o convidado com toalha branca e louça simples, camponesa. Na jarra de vidro, o vinho tinto brilhava como uma flor fogosa.

Ao lado, o escritório, livros, livros e quadros nas paredes, duas poltronas baixas e simples para conversar, uma mesa de madeira com toalha colorida, sobre ela, um recipiente com tinta como de um aluno, um cinzeiro barato, papel de carta numa caixa de charuto – a isso se resumia a mesa de trabalho do poeta. Nenhum apoio artificial, nada de máquina de escrever, estojos, prateleiras, telefone, nenhum daqueles objetos de escritório que fazem o local de trabalho de nossos escritores mais jovens se parecer tão desesperadamente com um escritório comercial. Nada de conforto, luxo, nada de supérfluo, nada de intensamente artístico, tudo pequeno e simpático, de bom gosto sem ser agressivo, sem tergiversar. Um mundo minúsculo a partir de cuja tranquilidade se pode construir um universo.

Logo estávamos à mesa comendo alegremente. A refeição, simples e saborosa; seguindo a tradição flamenga, Verhaeren, armado de espeto e faca, fatiava a carne, trinchava a ave, e a senhora Verhaeren sorria dessa destreza da qual, como ela disse, ele se orgulhava mais do que de seus poemas. Depois veio o café, a senhora Verhaeren acenou para nós e desapareceu.

Agora eu me encontrava a sós com ele no apertado cômodo. A fumaça de charuto e cachimbo teceu uma pequena nuvem em volta dos livros, conversamos, ele leu poemas, senti-me confortável nesse espaço exíguo. Cada palavra tinha calor e ressonância. As horas passaram voando, anoiteceu sem que o percebêssemos. Finalmente, despedi-me desse primeiro dia em sua casa. Ele acompanhou-me até a porta, mais uma vez senti o calor do seu aperto de mão, e da janela ele ainda me acenou quando já estava na rua: *"À bientôt*, até logo!"

Era um belo começo de noite em outubro. Eu ainda estava imbuído da conversa e de felicidade. Imbuído demais para querer deixar que o barulho do trem destruísse esse sentimento maravilhoso, flutuante, de felicidade. Por isso, desci até as margens do Sena para voltar à grande cidade em um daqueles barquinhos velozes. O sol tinha se posto, nos pequenos vapores ardiam os lampiões vermelhos, a cidade caiu na escuridão para logo resplandecer em luz artificial. O barco me levou velozmente da paisagem até o mar crepuscular de Paris. O Trocadéro, a Torre Eiffel se erguiam, poderosos, era abafada a respiração da metrópole com seu ruído confuso – maravilhosamente brilhava a noite dessa cidade única, e eu senti nesse primeiro dia em Paris com desmedida felicidade que um e outro lado da vida são igualmente majestosos: a massa e o grande e bondoso indivíduo.

Quantas vezes ainda o vi depois naqueles pequenos cômodos, e quando foi diferente daquela primeira vez? Quantos rostos novos e conhecidos vi naquela mesa apertada, pois raramente aqueles cômodos modestos estavam sem hóspedes, mas nunca havia muitos ao mesmo tempo.

Sempre havia agitação espiritual, afluindo de todas as regiões do mundo. Jovens poetas franceses, amigos antigos, russos, ingleses, alemães, belgas, alguns já com nomes sonoros, às vezes aparições apenas fugidias, quantos convidados preenchendo as horas com a respiração de sua nova presença, sem privar em nada a atmosfera misteriosamente humana daquele espaço tão dominado pela loquacidade vivaz, bondosa e sempre criativa de Verhaeren. Em geral, apareciam pouco antes do almoço ou do jantar, pois ali as manhãs pertenciam invariavelmente ao trabalho. Madrugador desde muitos anos, Verhaeren já tomava seu café às seis ou às sete e permanecia até as dez à sua mesa de trabalho. Todo o restante do dia ficava livre para a vida, a leitura, os passeios, os amigos. Por volta das onze, munido de sua pesada bengala, ele caminhava como um peregrino campônio rumo a Paris para ver quadros, comer com amigos ou de preferência vagar sem rumo pela cidade, deixando-se levar pelo acaso das multidões que tanto amava. Seu trabalho sempre já estava feito, e assim como um cavaleiro deixava seu castelo em busca de aventuras, ele partia despreocupado para a cidade a fim de pilhar um butim para sua grande curiosidade criadora. Horas a fio percorria as ruas, entrando nas pequenas galerias ou na casa de amigos, sempre um convidado bem-vindo, atravessando pela décima ou vigésima vez os grandes museus, sentando no segundo andar dos ônibus e cruzando a cidade no vaivém e no rebuliço, ou passeando com seu passo pesado pelo asfalto dos bulevares.

Certa vez o encontrei assim, no cais do Sena, diante do palácio da Academia. De longe já o reconheci pelo seu caminhar pesado, inclinado para a frente, que a vida toda teve um jeito do camponês manejando o arado, e para mim foi uma sensação estranhamente curiosa não cumprimentá-lo logo, e sim ficar observando-o em sua peregrinação. Ele se detinha junto aos buquinistas, folheando livros, continuava, parava de novo no embarcadouro para olhar como descarregavam um navio cargueiro pesado, cheio de frutas e legumes. Ficou parado meia hora assistindo à operação, interessando-se por cada detalhe: como os músculos se retesavam nas costas de um carregador, como os guindastes, gemendo levemente, retiravam a carga da barriga de um navio e a depositavam na rampa de pedra com cuidado, quase carinho. Conversava com os operários como se fosse um deles, fazia perguntas de uma maneira totalmente natural, sem intenção, movido apenas por aquela curiosidade profunda de seu ser que queria conhecer tudo, cada forma de existência. Passou meia hora ali no estranho fanatismo do interesse que ele tinha igualmente por coisas animadas e inanimadas e depois seguiu seu caminho pela ponte até os bulevares. Só então dirigi-me a ele. Riu quando lhe contei que o observara, e logo começou a contar sobre o que acabara de aprender, resplandecendo de felicidade, porque, pelo dialeto, identificara entre os carregadores um patrício da região do rio Escalda. Fomos até um *marchand de vin*, uma daquelas lojinhas onde servem refeições simples e baratas, e aquela lembrança desencadeou nele a visão pronta de todos os navios que deslizam pelos canais e rios da França, e quando o deixei ele já ardia de desejo de trabalhar. Nesses passeios nasceram, sem intenção, alguns de seus grandes poemas, e o sem-número de pequenos detalhes em seus versos seria incompreensível sem a curiosidade desmedida que o impulsionava sempre de novo para a vida e que fertilizava a sua própria existência eternamente com experiências isoladas, cuja soma por fim resultava na visão maravilhosamente ampla do mundo uniforme em seus versos.

Tarde da noite, embriagado pelo visto, animado por conversas e imagens, ele voltava para Saint-Cloud, sempre na terceira classe, entre operários e pequenos funcionários, com quem tanto gostava de conversar. Em casa, era esperado pelo silêncio do pequeno cômodo e pela mesa posta, às vezes, mais um amigo, e logo a pequena lamparina de petróleo em seu quarto se apagava. Uma maravilhosa monotonia da existência exterior se unia, assim, com a intensa diversidade na atividade. O dia começava com trabalho, absorvia depois a vida e, à noite, voltava a se sedimentar em conversas tranquilas ou no diálogo silencioso com os livros. Tudo o que se chama de vida social ou representativa não tinha espaço nessa vida densa e regrada, jamais Verhaeren frequentou salões, jantares, estreias, redações, e nunca conheceu aquela Paris de Saint-Germain, dos ensaios gerais, das corridas e das festas que, para o estrangeiro seduzido pelos romances, parece ser a essência. A intensidade da dimensão humana, os contrastes amplos, os museus, as ruas largas e cheias de gente, o pôr do sol misteriosamente suave no Sena – essa era a sua Paris, e não as ruidosas reuniões e eventos, o mundo da intelectualidade e da moda. Ele buscava o cerne misteriosamente embriagador, e não as extremidades faiscantes dessa cidade. A partir de sua vida, eu primeiro entendi o segredo dessa cidade mais produtiva do mundo que, olhada de maneira fugidia, parece servir apenas ao deleite e à aparência, quando é nos apertados sótãos, nos subúrbios e nos pequenos e bizarros cômodos burgueses que surgem as obras decisivas. Assim, toda noite esse pequeno cômodo em Saint-Cloud, um mundo em si, captava o ritmo daquele outro mundo ruidoso e barulhento, transformando-o em versos e música. Ali, a massa grandiosa alimentava o trabalho solitário, e o trabalho solitário, por sua vez, criava imagem e sentido para a grande comunhão.

Esse era o mundo eleito por Verhaeren: Paris, a cidade mais densa, mais intensa, aparentemente mais evidente e, apesar disso, mais insondável da Europa. Foi Paris que ele escolheu como moradia para sua natureza enquanto cosmopolita, contemporâneo, pois ele amava os estados intensos, vigorosos, e queria como cidade a mais urbana de todas as cidades. Passava a metade do ano, do outono à primavera, em Paris, aparentemente na periferia, mas, em sua percepção, no centro. Nesse meio ano, era cosmopolita, um homem moderno, europeu, contemporâneo. A outra metade do ano, era flamengo, ligado à sua terra, ermitão, camponês, pertencendo unicamente à natureza. Quem só o encontrava em Paris, conhecia apenas uma metade de sua vida – a espiritual, intelectual, europeia. Só o conhecia inteiramente quem o tivesse visto em sua terrinha, sua pátria, seu jardim, na sua casinha. Quem quisesse conhecê-lo por inteiro, ambas as extremidades da sua vida, precisava ter encontrado com ele também no sossego, nos campos de sua terra, em Caillou-qui-bique.

Caillou-qui-bique não é uma cidade, uma aldeia, uma vila, não é uma parada do trem, e nem a curiosidade mais impaciente poderia encontrar esse lugar sem a sua ajuda gentil. A estação de trem mais próxima era Angreau, e essa estaçãozinha incluída no roteiro ferroviário nem era uma verdadeira estação, e sim um vagão emborcado com uma tabela dos horários colada nele, onde o trem vicinal rumo a Roisin sequer para, mas apenas joga o malote do correio, salvo quando um camponesinho quer saltar. Essa pequena localidade fica infinitamente distante do mundo pela complicação do roteiro, e mesmo assim, dista apenas quatro horas de Bruxelas, Londres, Colônia ou Paris – um ponto central da Europa, situado no invisível.

Essa localidade de nome insólito, o qual deve a uma rocha saliente, uma pequena maravilha da natureza que só se consegue observar na planície, essa localidade de quatro ou cinco casas fica no canto mais extremo da Bélgica, quase na fronteira com a França. Uma estrada leva da aldeia vizinha, Angre, até Queivrain, outra a Valenciennes, e é fácil dar-se ao pequeno luxo de sair da Bélgica ao meio-dia, passar a tarde na França e regressar à noite. Como é fácil a travessia da fronteira, disso sabem os contrabandistas locais, que costumam traficar tabaco e rendas e mandam seus cães com os pequenos pacotes para lá e para cá na escuridão. Mas disso sabem também os policiais que ficam a postos com as espingardas carregadas. Por mais pacífica que pareça ali a terra dos valões, é romântica a atividade fronteiriça secreta. Verhaeren me contou centenas de histórias, e entre os papéis que deixou deve estar também um drama em prosa sobre o contrabando, que esboçou muito tempo atrás, quando chegou à região. Jamais o completou, adiando o trabalho de um ano para o outro, e essa primeira tentativa de uma tragédia camponesa moderna (no estilo duro e pesado do nosso Schönherr) deve ter permanecido para sempre um fragmento.

Esse canto fica bem perdido, e sem a bondosa bússola de sua condução, sem o magnetismo de seu ser, o estranho dificilmente teria chegado lá. Primeiro, deve-se ir de Bruxelas a Mons, passando pela alta prisão onde Verlaine passou dois anos e escreveu os versos imortais de sua *Sagesse*. Em Mons, baldeia-se para um trem vicinal e dele, para um segundo, que avança tão devagar que pode ser facilmente ultrapassado por uma bicicleta. Por mais que seja lenta e complicada, a viagem é bela e impressionante. De repente, pouco depois de Mons, aparecem entre as glebas da paisagem montes pontudos e cônicos, as torres esguias das minas de carvão, o céu se torna plúmbeo e negro, e o ar, que normalmente sopra pela Bélgica úmido e salgado do mar, aqui de repente tem sabor amargo e acre; como que embaçado por um vidro fosco, um mundo especial se estende diante dos olhos: Borinage, a região das minas, a terra preta, cujas figuras proletárias foram para sempre petrificadas por Constantin Meunier em suas esculturas. O trem para a cada passo, pois uma cidadezinha operária está colada na outra, e centenas de chaminés exalam sua respiração negra de dia e lançam suas línguas de fogo à noite para o céu eternamente sombrio. Todo esse mundo moderno tragicamente feio mas, mesmo assim, grandioso, escancara-se durante uma hora de viagem. Mas logo tudo isso acaba, como um sonho mau, e as nuvens brilham límpidas e imaculadas em um céu claro, as casinhas ardem vermelhas em campos amarelos, e com um verde suave a floresta jovem aproxima-se farfalhante dos trilhos. Fértil e feliz brilha a paisagem da Valônia, impacientemente lê-se a placa da minúscula estação de Angre e, por fim, Angreau.

E lá está ele, esperando para abraçar o convidado, a mão sente o aperto caloroso da sua, e o rosto, o beijo. Como um operário, metido em um terno de veludo branco de calças bufantes, sem colarinho e com tamancos de madeira, lá está ele na floresta, mais parecido com um fazendeiro americano do que com um burguês. Com sua bengala nodosa, vai agora subindo pelo caminho estreito, o fiel cão branco Mempi saltando à sua frente. Nenhuma rua leva à sua casa, somente uma trilha estreita por entre a mata farta. Durante meia hora atravessamos campos e pastos, florestas e arbustos, às vezes passando por um estábulo ou uma casa de camponeses em que os rapazes, desajeitados, levantam os bonés dos cabelos louros claros, saudando "monsieur Verhaeren" com respeitosa camaradagem. À volta, o campo é de um verde cheio, os pastos fartos do ar úmido, as vacas ali deitadas são malhadas de branco como as nuvens que ali passam incessantes pelos céus, vindas do mar. Um bosque ralo morro acima e uma casa aparece baixinha atrás de um jardinzinho, um pequeno sítio com cerca. Verhaeren abre a portinhola do jardim. Entramos. Estamos em sua casa.*

Mas: casa? É mesmo uma casa? Nem uma casinha, apenas um galpão de tijolo com telhado de madeira, simples e sem ornamentos, belo apenas por causa das rosas e das folhas verdes que sobem pelo vermelho intenso dos tijolos. Seis janelas ou oito ao todo, polidas e com cortinas brancas, um sótão por baixo do telhado, um quintal com galinhas cacarejantes, um jardinzinho com grandes girassóis. Ao lado há, sim, uma casa, um sobrado com um pequeno balcão, mas pertence a Laurent, o dono do Caillou-qui-bique, sendo ao mesmo tempo sítio, moradia e restaurante. Aos domingos, os moradores das aldeias vizinhas vêm em suas carroças, sentam-se nos bancos e tomam a cerveja belga insossa e quente, jogam uma horinha de bolão e, nos últimos anos, quando Verhaeren começou a ficar famoso até em seu próprio país, aproximam-se, curiosos, da pequena casa vizinha, para ver o grande poeta do qual ouviram falar tanto e leram tão pouco. Em seguida, as carroças são arreadas de novo e, depois de uma hora de ruído domingueiro, a casinha volta para o seu silêncio idílico. Durante a semana, nenhum estranho chega lá, no máximo o padre ou o entregador dos Correios, afora isso, ali só fica Laurent, o gentil gigante de ombros largos, que trabalha de dia no campo e volta à noite morto de cansaço, lê o jornal acompanhado de um copo de cerveja, ou faz um jogo com seu amigo Verhaeren. Durante a semana, ali reina a paz divina do primeiro dia da Criação.

Foi por um acaso que Verhaeren descobriu esse mundo, nascedouro de suas obras mais grandiosas e belas. Muitos anos antes, estivera ali no verão em busca de descanso, hospedando-se no albergue de Laurent. Logo se apaixonou pela paisagem tranquila e tão distante. Ficou atraído por permanecer por lá, longe do mundo, em um canto de sua pátria e, ao mesmo

---

* A casa de campo de Verhaeren que descrevo aqui passou toda a Primeira Guerra Mundial incólume, ficando praticamente fora da zona de perigo, porque foi logo ocupada pelo Exército alemão. Fatidicamente, foi vítima da guerra no último dia. Uma batalha de artilharia destroçou – no último dia! – essa casa idílica, e a maior parte dos manuscritos de Verhaeren e a sua correspondência foram destruídos por granadas estúpidas. [Nota do autor]

tempo, próximo dos centros de sua existência intelectual, próximo de Paris, Bruxelas e do mar. Não lhe agradava tanto morar no quarto alugado, e construir uma casa parecia-lhe um compromisso e um peso. Amando a liberdade acima de tudo, acordou com Laurent em adaptar o galpão ao lado, que não era usado. O espaço no nível térreo foi transformado em cômodos, o sótão, em quarto de dormir, construindo-se uma escada de madeira, e assim foi crescendo lentamente essa primitiva e modelar casa de um poeta que se tornou o seu lar dos últimos anos e um centro de peregrinação para amigos queridos.

Em Caillou – e só lá – ele se dava por inteiro. Ali, onde podia andar de terno de veludo, sem colarinho ou gravata, de tamancos de madeira, com chuva, vento, tempestade ou sol, ali ele também se sentia livre por dentro. Ali não havia visitas, as atrações e os desvios casuais de seu trabalho, ali ele pertencia apenas a si, e o amigo ou hóspede que ali era recebido não tocava apenas de leve em sua vida, mas se integrava à casa, compartilhando a mesa, as horas e o sossego. Ali também, como em Paris, tudo era simples e confortável – a simplicidade nobre tem poucas nuances –, só que, diante das janelas, as folhas de um verde ameno e farfalhante teciam a calma, e o grito do galo anunciava a manhã no lugar das sirenes das fábricas de Paris. O jardim que rodeava a casa era bastante pequeno, podia ser atravessado com cinco passos, mas as terras atrás do jardim pertenciam a quem quisesse. Prados e florestas e os campos férteis estavam livres para caminhadas ilimitadas. A ideia de propriedade ou de fronteira se diluía ali totalmente no maravilhoso sentimento da solidão.

Como eram tranquilos, plenos e naturalmente felizes os dias! Tive a oportunidade de passar cinco verões em Caillou-qui-bique, sempre agradecido e feliz, e sei que, ao longo desse tempo, aprendi pela primeira vez o sentido da vida simples e a beleza que ela nos dá, e compreendi pela primeira vez, a partir do exemplo dessa existência silenciosamente sonora, a profunda lei da harmonia em que cada um precisa se colocar com a paisagem para poder ficar em uníssono com a natureza e o mundo. Ali, tudo era equilíbrio e descanso, e em meio ao tempo ainda não preenchido, ainda não valorado, ainda não quebrado, erguia-se, como durante uma maravilhosa calmaria, a tranquila chama do trabalho, elevando-se do dia para a eternidade! Como eram longos os dias, e como passavam rápido, ao mesmo tempo: esses cinco verões estão na minha lembrança como uma única hora de verão intensa e sagrada, e o conceito de idílio, que em geral se refere tão facilmente a algo artificial e literário, tornou-se para mim claro como cristal. Nessas horas com Verhaeren eu me sentia tão seguro e próximo, tão acolhido e perdido, tão aberto e confiante, repousava em mim, ao mesmo tempo abrindo as asas e voando, tudo ali era a solidão e o mundo. À noite, à mesa, lendo trechos de livros um para o outro, poemas de que um ou o outro gostava, eles pareciam-nos divinos e sobrenaturais, como que trazidos de mundos longínquos para esse pequeno cômodo; e, ao mesmo tempo, nesses cômodos, nesses mesmos cômodos nasceram naqueles anos as obras que por sua vez ressoaram pela Europa. Oh, esse silêncio, esse silêncio em torno da obra, eu ainda o escuto dentro de mim, ao me lembrar, aquela suave música das horas sem perturbação! Jamais escutei uma briga, um desentendimento, uma voz mais alta, nem uma sombra de desconfiança na luz suavemente brilhante de felicidade que ali envolvia as horas. Ali, experimentei a maestria da vida junto a um poeta como nunca antes ou depois em minha vida.

Como um riacho, transparente e claro, com música suave, assim se passavam as horas. De manhã cedo, o galo cantava, chamando para sair da cama, íamos ao café da manhã de pantufas, muitas vezes sem paletó, depois chegava o carteiro com as cartas que viajavam durante três dias e os jornais de ontem e anteontem. Mas ali o ontem e o amanhã não ficavam tão colados no dia, eram próximos e distantes ao mesmo tempo, ligados à hora sem violência. À mesa de toalha branca esperava-nos um café da manhã rural: ovos e leite em todas as formas, pão feito em casa e, único produto de longe, o charuto marrom, cuja fumaça azulada envolvia a conversa. Depois, o trabalho. Era a primeira lei da manhã, mesmo aos domingos e feriados raramente interrompida. Mas como era leve, agradável, lá fora, no pequeno pavilhão, à sombra verde sob o sol e os sussurros das diversas vozes do campo! Às dez ou onze horas, Verhaeren se preparava para caminhar; geralmente, atravessava os campos, o bastão à mão, ao ritmo do verso e, às vezes, gesticulando com os braços no *pathos* interior da paixão criadora. Quantas vezes o vi de longe, esse homem largo, caminhando, inteiramente doado à sua poesia, dizendo as palavras ao vento que amava tanto, e depois regressar, rubro, feliz porque conseguira captar algum verso ou terminar de tecer um poema! E logo chegava a hora do almoço. Tudo era simples, a maior parte vinha do próprio jardim ou do estábulo, os frutos mais suculentos da terra, leite nas formas mais saborosas, um forte pedaço de carne que ele cortava em fatias. Geralmente, eu ficava com ele a sós, às vezes chegava mais um convidado, bem recebido e bem despedido. A tarde pertencia às caminhadas. Íamos à floresta ou até Angre, visitar conhecidos, sentar junto ao gravador em cobre, Bernier, observando como ele riscava a placa com a ponta-seca e o buril, íamos ver o advogado, o padre, o cervejeiro, o tipógrafo, o ferreiro, ou íamos de trem até Valenciennes, discutindo política, agricultura, mas nunca literatura. Ou, quando chovia, ficávamos em casa, conversando, escrevendo cartas, lendo livros e ele mesmo buscava seus trabalhos impressos na gaveta e recitava, todo ardor e fogo na palavra renovada. Ou então folheávamos cartas antigas, cada uma despertando recordações de primeiros êxitos, primeiras resistências, e naqueles dias de chuva eu aprendi muita coisa de sua vida. À noite, permanecíamos em silêncio, lendo mais um pouco, ou ele ia fazer seu jogo com Laurent, no balcão, à luz da lamparina de petróleo, como um velho camponês que se refugia da tempestade em um abrigo seco. Às nove da noite, tudo acabava, tudo era escuridão, noite, silêncio e sono.

Sua vida parecia ser pequeno-burguesa, na cidade como no campo. No entanto, essa forma aparentemente insignificante era essencial para que pudesse voltar toda a sua energia contra a cidade, o tempo, ou contra a natureza e a eternidade. Da mesma forma que, na cidade, ele absorvia ideias, pessoas, sempre participando de tudo, nesses seis meses ele se nutria do sossego e enchia seu corpo de saúde e de energia, suas obras com o ar e a atmosfera do campo. Lá, ele tensionava seus nervos ao extremo, aqui, ele os descansava cuidadosamente. Mas também no campo seus sentidos estavam em alerta, e o escultor escutava tudo. Como em um moinho gigantesco, todas as coisas férteis do mundo rural se entranhavam nele, grão por grão, detalhe por detalhe, para serem moídos a uma forma poética mais fina, mais sublime. Só quem conhece essa região sabe do milagre de como a paisagem se entranha na pessoa. Cada caminho e cada flor do jardim, as sagradas estações do ano e o silencioso trabalho do homem, ali tudo foi sublimado nas linhas poéticas, tornando-se atemporal. Sempre quando leio seus poemas idílicos vejo o caminho que circunda seu jardim, as rosas florescendo nas janelas, as abelhas zumbindo nas vidraças, e sinto o vento, prenhe de mar, que sopra por Flandres, e vejo ele próprio saindo de sua casa para os campos como que entrando na eternidade.

Assim esse sábio homem dividia a sua vida – em cidade e campo, criação e descanso, presente e atemporalidade, pois ele queria tudo sempre da maneira mais intensa, todos os estados vigorosos e em sua máxima força. Na última década da sua vida esta alternância era regrada como o ano, e Saint-Cloud e Caillou-qui-bique se equilibravam maravilhosamente.

Em meio àquilo, no entanto, havia sempre um mês perdido: a época da alergia ao pólen no início da primavera. Era quando a paisagem amada se tornava para ele uma tortura física, uma sensibilidade exagerada ao pólen transformava tudo o que, para nós, é uma embriaguez inaudita e doçura dos sentidos – a primavera – em dor física ardente. Os olhos começavam a lacrimejar, um capacete de ferro estrangulava a sua cabeça, todos os sentidos estavam em sofrimento. Violentamente, o despertar da natureza atacava o seu corpo sensível. Nenhum remédio – e ele já experimentara todos – conseguira resolver a sua alergia; a única possibilidade era fugir do verde, fugir da paisagem. Ele costumava passar aqueles meses de primavera no mar, que, com seu hálito forte e fértil, soprava a florescência das flores, ou naquele outro mar de pedras, que devora a respiração das flores com poeira e fedor: a cidade grande. Esse mês de maio era o mais odiado, por ser o mais infértil de sua vida. Verhaeren ficava em Bruxelas, no quarto andar de um prédio de aluguel no boulevard du Midi, preso em seu sofrimento, sem forças para o trabalho, impacientemente esperando o verão. Ou então ele se refugiava no mar, que ele amava desde menino, mas lá ele tampouco trabalhava. "O mar me distrai demais", costumava dizer, era forte demais para ele em um outro sentido, estimulava demais a sua fantasia. Lá, ele se doava ao vaivém das ondas, dos ventos e das tormentas, ele amava demais o mar, era a sua pátria. No mar do Norte havia, por assim dizer, tudo de que a sua alma necessitava, a força e a escuridão, a energia sem objetivo certo nem ordem, o sobredimensional que ele sempre se sentia seduzido a representar, e ele amava esse mar cinzento, amava todos os hóspedes cinzentos do norte, a chuva, o crepúsculo, a tormenta, amava tudo isso mais do que a fartura colorida do sul. Em nenhum lugar sentia-se tão em casa, e nenhuma beleza do mundo podia substituir aquilo para ele, o flamengo. Estivera certa vez na Itália, fascinado e, ao mesmo tempo, torturado pelo céu eternamente brilhante, pela felicidade regular desse mundo excessivamente calmo para ele, e quando, na viagem de volta, atravessando o São Gotardo, pela primeira vez a chuva bateu forte nas vidraças do carro, ele abriu a janela e deixou que os vergões duros caíssem em seu cabelo e curtissem sua pele. Em nenhum outro lugar ele se sentia tão forte quanto à beira-mar – forte demais, como dizia, para ainda poder criar. Mesmo esse mês, o mês perdido, não era perdido para ele, e precisamente isso era a maestria incomparável de sua vida: transformar tudo através do entusiasmo em alegria e propriedade.

Essa fuga para a natureza e para seu oposto urbano: para a simplicidade pequeno-burguesa – era o que tornava essa vida movimentada e global simples e singela como a de um camponês ou de um burguês. Libertava-o de pressão material e, por outro lado, graças à economia da energia normalmente esbanjada, catapultava a força poética e vital para o infinito. Nunca vi em uma pessoa maior talento para dividir suas verdadeiras atividades, nunca vi alguém solucionar de forma tão feliz o problema de se fechar para se concentrar no próprio trabalho e, ao mesmo tempo, estar aberto para todas as pessoas. Essa alternância era tão regrada e harmônica quanto o ato de inspirar e expirar e conferia à vida um ritmo maravilhoso e alegre. O aspecto em que ele se superava, chegando quase à genialidade, no entanto, era na capacidade de dividir essa doação na amizade. Ele amava viver intensamente os seus amigos (como tudo no mundo), não em manadas, nem em momentos breves e fragmentados, mas sempre na maior expansão de sua personalidade. Raramente ficava sozinho em Caillou, o seu ermo. Os bons amigos gostavam de chegar, como peregrinos, para uma semana por ano, e depois daquela semana cada um sabia mais do outro do que depois de cem encontros fugidios, porque se integravam à casa e à sua vida. Assim como os amigos gostavam de se hospedar em sua casa, ele por sua vez gostava de se hospedar na casa deles. Detestava as pensões e os hotéis com suas exigências de superficialidades, em que nada despertava a atmosfera animada de uma pessoa. Se estivesse passando alguns dias em Bruxelas, podia ser encontrado em geral na companhia de Montald. Em Paris, ficava às vezes na casa de Carrière ou Rysselberghe; em Liège, na casa de Nystens, e meu pequeno quarto em Viena ainda lembra com gratidão dos dias que ele, sempre modesto, passou ali. A necessidade de se doar em confiança era incomensurável para ele, chegava à dimensão física, ele adorava andar de braço dado com os amigos, dar tapinhas no ombro e, depois de cada ausência, saudava os amigos com abraços e beijos. Seu coração aberto nunca deixava aflorar desentendimentos ou pequenos distanciamentos, era como se sua bondade se esmerasse em fazer vista grossa para pequenos erros.

Tal bondade naturalmente não podia existir sem que alguém abusasse dela. Ele já o sabia, mas permitia sorrindo que acontecesse. Era fácil aproximar-se dele, fácil enganá-lo. Mas ele sabia de tudo, sempre soube, mas mesmo assim, não queria saber. Ele perscrutava todos os jovens sob cuja admiração percebia o pedido de proteção, conhecia o reverso do elogio e a mentira da falsa camaradagem, mas permanecia decidido a jamais se tornar amargo com a experiência, e consolidava e fortalecia sua confiança intencionalmente. Lembro de um episódio que me parece característico para a sua confiança inabalável. Certa vez, estive por acaso visitando o editor de Verhaeren, Deman, um de seus amigos de infância, para perguntar se não poderia adquirir um exemplar raro que faltava para completar a minha coleção. Deman não possuía aquele exemplar, mas, vendo o meu interesse em Verhaeren e sem saber que o conhecia, ofereceu-me as provas tipográficas de suas últimas obras com numerosas correções a mão, por duzentos a trezentos francos por folha. Contei o episódio para Verhaeren, que se divertiu regiamente. "Oh, ele me conhece, ele me conhece", exclamou, rindo, "ele sabe que não posso ver essas provas sem mexer sempre mais e mais nos poemas, e agora compreendo por que ele, sempre tão econômico, me manda oito ou nove provas de cada edição. Isso dá mil francos de lucro e é um excelente negócio para ele." Agora ele sabia. Mas riu – e continuou corrigindo na vez seguinte de bom grado quantas provas viessem.

Essa virtude da amizade, nele, era maravilhosa, e ela tinha aquela valiosa superação altruísta que mesmo as melhores pessoas já não têm mais: tinha paixão por ampliar a amizade além de si, estabelecendo vínculos entre seus diversos amigos. Nada o deixava mais feliz do que ver pessoas que ele amava simpatizando entre si, como novos elementos químicos que se unem. E de fato: nós, amigos de Verhaeren, continuamos formando uma comunidade do amor, uma comunidade em meio às nações, através de todos os países da Europa rasgada. Ele odiava a desconfiança entre pessoas. Preferia superestimar a cometer qualquer injustiça com uma pessoa. Escutava a todos, não desprezava ninguém, e nenhum poder era capaz de abalar a sua confiança, depois de enraizada nele. Permanentemente, havia gente à sua volta (e onde não há?) tentando semear a cizânia entre ele e seus grandes companheiros, distanciá-lo de Lemonnier, a quem o ligou um afeto infantil e comovente a vida inteira, ou criar uma rivalidade entre ele e Maeterlinck na época em que aquele recebeu o prêmio Nobel, originalmente destinado aos dois. Ele escutava, não falava e mantinha uma resistência aferrada a se deixar convencer. Sua natureza elegante resistia a qualquer desavença, e eu lembro daquele momento inesquecível em Bruxelas, quando ele chegou à mesa como alguém que acabava de viver uma grande felicidade inesperada. Nós o questionamos e, sorrindo bondoso como um garoto, ele contou que se reconciliara com o último de seus grandes inimigos, o qual se opusera a ele ferrenhamente durante vinte anos. Topara com ele por acaso no clube em Bruxelas, e o velho adversário passara a seu lado com um olhar distante, constrangido.

"A ideia de que uma pessoa viva e valiosa, à qual me ligou uma amizade na juventude, estivesse me evitando e, por assim dizer, negando, me pareceu tão ridícula e infantil que senti vergonha de compartilhar tal sentimento, ainda que apenas aparentemente", contou Verhaeren. Espontaneamente, abordou o adversário e lhe estendeu a mão. Voltou radiante. Não havia mais ninguém na Terra que fosse contra ele, ele podia amar a todos outra vez para dividir tudo com todos. Nunca o vi mais alegre do que naquele dia em que ele voltou e declarou: "Não tenho mais inimigos."

Essa vida rica, esse coração grande era construído de tal forma que tinha janelas para o mundo, portas para todas as pessoas, e mesmo assim, mantinha-se centrado em si. Não sei se consigo descrever de que maneira inabalável esse homem repousava em seus fundamentos, não sei se sou capaz de reproduzir a maravilhosa firmeza de seus atos. Ele amava a vida, amava a si próprio e se sentia bem em sua pele; pois da mesma forma que não desconfiava dos outros, não desconfiava de si próprio. O que corrói a maioria dos grandes poetas (criando, em alguns, como Dostoiévski e Hebbel, a verdadeira grandeza), a pergunta da consciência, se agem com justiça ou não, se tal coisa é permitida ou não, essa pergunta, em Verhaeren, era muda. Ele seguia o seu instinto, e, em sua honestidade original, tinha certeza de estar sempre fazendo a coisa certa. Quando se equivocava, admitia o erro sem jamais se arrepender (livrou-se energicamente até mesmo do último grande equívoco de sua vida, o ódio, em seus últimos escritos), mas tinha repulsa em se torturar com qualquer coisa que fosse, embelezar algo artificialmente. Certa vez, andando de bicicleta por um caminho proibido, ele foi parado e chamado para depor. O juiz, que o conhecia, quis ajudar e lhe sugeriu a desculpa de que não vira a placa com o sinal da proibição. Mas Verhaeren era teimoso. Disse que vira a placa e que preferia pagar a multa a usar de uma mentira. E pagou de bom grado os dez francos. Esse pequeno episódio é infinitamente característico para a sua firmeza, que não evitava nada e ninguém, e por isso sua vida pôde ser tão maravilhosamente sem segredos, porque ele nunca se envergonhava e não tinha nada a esconder. Em algum momento em sua juventude houve excessos, dívidas, bobagens, anos perdidos e aparentemente desperdiçados que o homem maduro dentro dele já não conseguia mais entender. No entanto, jamais se acusava ou desculpava. "Em última análise", disse-me certa vez, "eu quis viver minha vida exatamente como a vivi, amo tudo como foi, como é, e sempre haverei de amar." Essa capacidade de dizer "sim" para todas as coisas, sem perguntar pelo bem e pelo mal, era a sua força e o alicerce de sua firmeza inaudita.

Essa firmeza era o que, em todos aqueles anos, eu mais queria aprender com ele, porque vi quanta liberdade havia nessa vida despreocupada, quanta economia de força e energia nesse caminhar reto, sem olhar para a esquerda ou para a direita. Ele não era devorado por bloqueios externos ou internos, não oscilava, sempre andava reto, seguindo sua própria vontade. Era-lhe indiferente o que as pessoas achavam dele. Não se submetia à moda, comprava roupa pronta nos grandes magazines, às vezes atravessava Paris com um xale de operário no pescoço como qualquer maquinista, sentava-se calmamente, sem tremer diante dos garçons, no melhor restaurante de Paris vestindo um terno ruim, quando tinha vontade. Nunca se obrigava a nada, tudo o que diziam lhe era indiferente. Até nos assuntos literários ele mantinha essa postura absolutamente soberana, sem orgulho. Fazia o que podia, sem se preocupar com o efeito, ficava contente com cada alegria e ria de qualquer bobagem e hostilidade.

Dessa firmeza e despreocupação nascia aquela espontaneidade que era o seu maior segredo. Nunca vi uma pessoa falar com tanta liberdade com outras pessoas. Desconhecia o constrangimento, para cima ou para baixo. Em Caillou ia até a floresta, onde os madeireiros sentavam em volta da fogueira, fazendo tamancos com madeira nova. Sentava-se com eles, pois todo artesanato o interessava, e eles conversavam com ele como se fosse um deles, ofereciam tabaco para o seu cachimbo e, na conversa, não tinham a sensação de estar com um "senhor" culto. Ou ele se sentava em um banco, uma mulher estranha sentava-se ao lado, conversava com ele como se conversa com o padre ou o servo; às vezes, as pessoas vinham à sua casa e pediam que ele escrevesse um ofício ou uma carta para seu filho (naquela região, não se sabia muito mais a seu respeito além de que ele era um "escrevinhador"), ele fazia aquilo sem se divertir com o fato de lhe pedirem que executasse um trabalho tão baixo. Essa naturalidade com que as pessoas o abordavam o alegrava mais do que o maior êxito. Na aldeia ao lado, seu amigo, o desenhista, recebera uma distinção, todos os que moravam nas cercanias se prepararam para o banquete. Bonachão e gentil, sentou-se entre os pequeno-burgueses e proferiu uma fala, frequentava batizados e casamentos e falava a língua das pessoas simples. No dia seguinte, podia estar convidado para um encontro com o rei Alberto no castelo de Ostende, falava com ministros e homens influentes de seu tempo sobre problemas importantíssimos, tão descontraído em uma situação quanto na outra, sempre ele, sem disfarces, olhando para a natureza das pessoas e sempre livre, sempre despreocupado. Jamais o vi inseguro em qualquer situação, nunca o eixo reto de sua força se vergava. Mesmo em cidades estrangeiras, onde não falava a língua, ele se virava maravilhosamente bem com sua vontade clara e reta. E dessas mil pequenas vitórias nascia uma nova potencialização do sentimento de vida...

Pessoas curiosas que não o conheciam bem me perguntavam com frequência se ele era pobre ou rico, independente ou dependente. Não se sabia. Vivia de maneira simples e era sempre hospitaleiro, andava tão simples como um pequeno-burguês, mas gastava a mancheias. Passava o verão num galpão minúsculo, mas se recusou a vida toda a aceitar, por uma soma qualquer, um trabalho literário de encomenda ou um emprego. Pois a liberdade da vida e da vontade, para ele, era o máximo a que podia aspirar. Não se prendeu a nenhuma profissão, associações ou empregos, não era membro de partidos políticos, mas decidia apenas por motivos humanos, espontaneamente, e não se ligou nem à última pressão dos nossos tempos, o dinheiro. Foi capaz de permanecer independente sem jamais ter sido rico, preferia a simplicidade à menor limitação da liberdade. Desperdiçara cedo uma parte da herança paterna, sobrando uma modesta pensão quando se casou. Mas ele preferiu ficar trancado em dois cômodos, conservando-se simples, para não se submeter à pressão, e nunca, mesmo mais tarde, quando o sucesso se transformava em moedas, abandonou essa atitude. Na juventude, ainda tivera paixões, colecionara livros e quadros preciosos. Um dia, vendeu tudo, guardando apenas obras de amigos, para ser livre, e a palavra "posse" não tinha mais qualquer ascendência sobre ele, a quem tudo pertencia graças ao entusiasmo. Era-lhe indiferente se um quadro que ele amava estivesse pendurado no seu quarto ou no Louvre. E mesmo essa casinha minúscula em Caillou, que sentia como sendo tão dele e que ele deu ao mundo em forma de versos, era apenas arrendada. Quando, depois, os rendimentos começaram a fluir, ele não sabia bem o que fazer com aquilo: seus sonhos estavam realizados, sua vida, na limitação exterior, era mais livre do que em qualquer forma mais elevada de luxo ou conforto. A fama e o sucesso não deixaram traços em sua vida. Sem estar bloqueado pelo medo, deprimido com preocupações, torturado pela ambição, sem sofrer de vergonha e arrependimento, divinamente livre e despreocupado, ele vivia sua vida entre os pequeno-burgueses; e em sua presença aprendi que a verdadeira liberdade não reside no deleite, no exagero dos desejos, e sim naquela despreocupada falta de desejos que vê no próprio fato da liberdade sua maior realização.

Tão tranquila e livre transcorria essa vida, e ele a amava, e amava esse seu amor. Sua poesia, que é ela afinal se não a afirmação constante de sua vida em todos os seus detalhes, o "sim" para o presente, a cidade, a natureza, as pessoas e para si próprio? Em tudo, enxergava o vivo igualmente passível de ser amado, e quando ele o afirmava e admirava em todas as suas formas, não era por sua causa, mas para se potencializar neles. Entusiasmava-se com o próprio entusiasmo, para se sentir com maior intensidade nessa paixão do ser, e às vezes chegava a exalar uma espécie de ebriedade. Sempre, a cada momento, estava disposto a distribuir essas chamas. Na galeria, diante de quadros, entre novas pessoas, no teatro, na palestra a sua natureza crescia, tornava-se loquaz, o entusiasmo o enlevava, falava como um sacerdote, cada nervo se animava, o peito se retesava, sonoro e largo. Só quem o viu num desses êxtases conheceu-o verdadeiramente, e esses êxtases não eram instantes fugidios, mas se espalhavam às vezes como incêndios de floresta por semanas e meses. Quando voltou da Rússia, todo o seu ser era uma só embriaguez. Falava horas e horas, sem nunca se bastar na lembrança, e era impossível estar perto dele nessas horas sem arder também. E todo entusiasmo acendia um novo fogo nele. Certa vez, há alguns anos, cheguei a Bruxelas, vindo direto de Estrasburgo, de manhã ainda estivera na catedral. Pois foi naquele dia memorável em que o zepelim ousou sua primeira viagem de longa distância. Contei para ele como as pessoas, assustadas pelas salvas de tiros, afluíram aos milhares para as ruas, inclinaram-se das janelas, treparam pelas chaminés e se uniram em um único grito ao céu. Ele ardia também, porque cada nova invenção, cada ousadia do espírito humano o levava junto, sem fronteira de nações. No dia seguinte, invadiu o meu quarto, cedinho, o jornal na mão: lera a catástrofe de Echterdingen e estava desesperado, próximo das lágrimas. Já imaginara a conquista do ar, já ardia nele o sonho de uma nova humanidade, e tal acidente era para ele como uma derrota pessoal. Mas não eram apenas as grandes coisas das quais ele tirava tanto entusiasmo; o mecanismo de um relógio, uma estrofe em um poema, um quadro, uma paisagem, tudo era capaz de encantá-lo. E como ele só queria – eu já disse isso antes – ver sempre o que havia de positivo, de criativo em todas as coisas, a vida para ele era infinitamente rica e tudo era belo, por ser tão infinito. Para além da sua pátria, amava a Europa e o mundo, amava o futuro mais do que o passado, porque havia nele novas possibilidades, possibilidades insuspeitas do êxtase e do entusiasmo, e, sem temer a morte, amava infinitamente a vida, porque dia após dia era cheia de tantas surpresas sagradas. Mas para ele o mundo só era verdadeiro e cada coisa só era viva se ele próprio tivesse dito "sim", e para que o mundo se ampliasse e sua própria vida se preenchesse, ele reafirmava "sim" e "sim" e se alegrava cada vez mais. Nesses momentos do êxtase, o homem idoso às vezes se tornava passionalmente jovem e, ao mesmo tempo, patriarca profético, quando ardia em sua palavra no cômodo silencioso. No fluxo de fogo cada um se sentia aberto, e o próprio sangue acompanhava o ritmo dele. Seu lema – *"toute la vie est dans l'essor"* (toda a vida é uma ascensão) – era a possibilidade mais elevada de potencialização e felicidade; de fato, era impossível ser mesquinho, horas a fio, dias a fio, após regressar de sua casa. Oh, essas horas do êxtase, do entusiasmo! Nunca vivi melhores!

Por causa desse entusiasmo e da elevação e potencialização de sua energia, o trabalho lhe era uma necessidade diária. No trabalho, ele se abria, seus versos elevavam o sentimento vago do dia para flutuar alto, o trabalho era uma necessidade constante para a renovação de sua vitalidade, uma fonte da juventude de sua alegria. Nos últimos anos de sua vida, ele não fazia poesia por uma necessidade ocasional, para descarregar os sentimentos, como os leigos normalmente supõem que os poetas fazem, mas por necessidade de se superar sempre. Não deixava de trabalhar quase nem um dia. Era uma necessidade, não como para tantos outros por ambição ou cobiça financeira, mas unicamente como tônico do sangue, alavanca de suas forças psíquicas. O que, para muita gente, a ginástica matutina significa, um esporte, um fortalecimento, uma formação de todo o ser físico, para ele era o trabalho – um processo qualquer de irrigação de sua personalidade intelectual, uma necessidade de embriaguez e elevação através da inflamação do entusiasmo. Seu trabalho era mais do que laboriosidade ou inspiração: já era uma função do seu ser. Lembro quando me disse, há alguns anos, que aos sessenta anos não queria escrever mais nada. Nessa idade a pessoa estaria cansada, sem possibilidade interna de renovação, apenas se repetindo, comprometendo a obra já criada. Alguns anos se passaram e, no último ano em que o vi, no aniversário de cinquenta e oito, ele disse casualmente na conversa que, após os setenta, não pretendia mais escrever um só verso. Não pude deixar de lembrá-lo, sorrindo, que pouco tempo antes ele determinara o sexagésimo aniversário como limite da realização lírica, e lhe falei da minha alegria de que ele não pretendia insistir nessa primeira decisão. Verhaeren olhou para mim, primeiro surpreso, depois sorrindo. "Provavelmente, depois dos sessenta, meus versos não valerão mais nada, mas o que devo fazer? Estou acostumado, já é uma compulsão. O que ainda temos da vida? As outras coisas que nos elevam já caíram por terra, mulheres, a curiosidade, viagens, o vigor, só resta o trabalho, a escrivaninha, como único impulso. Pode não valer mais nada para os outros, mas para mim mesmo, pois quando me levanto da mesa de trabalho sinto-me leve como depois de um voo." Oh, ele conhecia tudo, até seus erros e riscos!

E era com trabalho que ele iniciava todo santo dia. Do sono, ele já se lançava no mundo intelectual fogoso da elevação lírica. Há muito tempo, seus poemas nesses anos já não eram lirismo puro, forma cristalina inconsciente, mas a dominação zelosa, quase metódica da forma poética. Do mesmo modo como o camponês que, antes de se lançar à lida, cerca o campo que vai arar, assim ele dividia internamente a sua vida em ciclos. Trabalhava de maneira programática, persistente, devagar e consciente, sua vontade forte limitava de antemão o círculo de sua atividade. Às vezes, trabalhava em mais de um poema de uma vez, mas sempre estavam ligados pelo tema e pela forma, e quando uma parte do trabalho estava pronta, já não tocava mais nele. Sei que talvez, ao contar isso publicamente, para alguns estarei reduzindo a imagem do poeta lírico Verhaeren (para todos aqueles que acreditam unicamente no nascimento místico do poema); e poderia decepcioná-los mais ainda se revelar que, em sua mesa de trabalho, havia sempre um dicionário de rimas e outro de palavras afins, e que Verhaeren até anotava às vezes palavras raras e em especial nomes próprios com boas rimas em cadernos e folhas, a fim de usá-los em seus versos. Sim, que ele às vezes até consultava mapas, antes de conjurar em algum poema a visão do mundo. Verhaeren também se tornou ao longo do tempo um grande técnico do poema, já não era mais o lírico espontâneo, mas o que conta de verdade é: até o último dia, o seu ser era puro lirismo e paixão, seu crescimento ditado pelo ritmo do sangue. Completava seus poemas friamente, mas criava-os enquanto homem ardente. Já não era com mão de fogo, e sim como um camponês ara sulco por sulco o campo eterno do mundo que ele obtinha diariamente alguns versos de seus poemas cósmicos. E esse trabalho era sua paixão, sua felicidade e seu eterno rejuvenescimento.

Sua tarefa predileta no trabalho, no entanto, era o acabamento. Ele adorava burilar e polir os versos, e suas correções mostram a inexorabilidade de sua vontade de perfeição. Seus manuscritos são campos de batalha em que jazem atravessados os cadáveres das palavras derrubadas, outras se sobrepondo, para novamente serem ceifadas pelo impiedoso autor, e através desse tumulto nascia finalmente a forma nova e permanente. De uma edição para a outra, ele refazia (e nem sempre era feliz, a meu ver) os versos antigos. Com tato e piedade, os amigos tentavam impedi-lo de mexer nesses versos que, para eles, já haviam se tornado algo pessoal e uniforme. Mas ele não cedia enquanto o livro não tivesse sido impresso; mergulhava de cabeça no trabalho, burilava sílabas, substituía palavras, e o temor de seu próprio furor de mudar era tão grande que ele quase não abria seus livros depois de completá-los. Quando viajava, carregava a grande bolsa com seus manuscritos presa ao corpo, como um cacique Sioux. À noite, ficavam sob seu travesseiro, tal era o seu medo. Mas quando o furor tinha passado, a própria obra caía no esquecimento. E, de fato, perdeu muitos poemas de sua memória. Quando folheávamos revistas velhas ou manuscritos amarelados em dias de chuva, ele se surpreendia em encontrar poemas dos quais nem sabia quando e se os havia escrito, e seu julgamento sobre cada um era claro e sem vaidade, como se fossem de um estranho.

O momento de festa era sempre depois que ele tinha completado um grande poema, quando se recostava na poltrona, as folhas recém-preenchidas na mão, o monóculo preso nos olhos míopes, e começava a ler com sua voz sonora, um pouco dura. Aos poucos, todos os seus músculos se retesavam, as mãos se elevavam, o ritmo tremulava até o último cacho de sua juba, o fio mais fino de seu bigode pendente, e as frases, os versos ressoavam cada vez mais metálicos pela sala afora. Ele pegava as frases, lançava-as até que vibrassem, a fala se tornava cada vez mais sonora, forte e pesada, até que tudo em volta se tornasse ritmo, e ele – e nós – tivéssemos aquilo entranhado no sangue. Sua respiração subia e descia como uma onda, às vezes, uma palavra espirrava como espuma, e a tormenta que partia dele chicoteava os versos que fluíam, selvagens. Sua figura, normalmente pequena, crescia nesses momentos do entusiasmo potencializado, e não posso ler todos esses poemas que escutei pela primeira vez sem sentir neles a sua voz, que lhes dava sua vida mais profunda e verdadeira. Eram os momentos de festa depois do trabalho, as pequenas festas no dia tranquilo, inesquecíveis para todos nós que os vivemos, e rodeados por uma fita negra unicamente por causa da ideia trágica de que nunca mais haverão de voltar.

Ele não era uma pessoa escondida, ia e vinha pelas ruas e cidades, e quem o procurasse encontrava-o com facilidade. Não havia mistério em torno do seu ser, ele ficava totalmente aberto na luz clara da vida, e seus traços, que procuro aqui recriar a partir da lembrança, eram familiares para muita gente. Mas atrás dele, na esfera privada de sua vida, invisível para a maioria, mas mesmo assim indissolúvel como a sombra que dá a uma forma a profundidade no espaço, estava a quieta figura de sua mulher, quase imperceptível e quase desconhecida. Não se pode falar da vida de Verhaeren sem se lembrar dela, que, tal chama interior constante, era a força luminosa de seus dias. Só quem frequentava a sua casa a conhecia, e desses realmente só os mais íntimos, tão modesta ela se mantinha sempre atrás dele. Nunca a sua foto saía nos jornais, jamais era vista em sociedade ou nos teatros, até mesmo em casa o visitante casual apenas a via à mesa ou passando rapidamente pelos quartos como um sorriso passa por um rosto sério. Pois essa mulher nobre tinha modificado o sentido de sua vida de tal modo que sua única ambição era submergir invisível nessa obra, nessa existência, agindo de maneira benevolente para que a energia poética do marido pudesse aflorar por completo. Jovem, tinha sido pintora de raro talento, mas a partir do dia do seu casamento deixara todas as suas atividades públicas para ser apenas esposa. Aqui e acolá, apenas em horas tranquilas, pintava um quadro pequeno, um retrato de Verhaeren, uma parte do jardim, uma vista da sala, mas nunca esses quadros – por assim dizer, biográficos – iam para exposições ou para o público. Como era difícil até para os amigos ver as obras dessa mulher mais do que modesta! Era preciso pedir, não a ela e sim ao próprio Verhaeren, para poder penetrar escondido no pequeno galpão que servia de ateliê.

Essa mulher, Marthe Verhaeren, era o último segredo de toda a sua exemplar arte de viver. Só os mais próximos sabiam de onde provinha a tranquilidade maravilhosa, a firmeza, a calma que o rodeavam, só nós intuíamos quem era aquele são Jorge de seu poema, que o salvara de ser estrangulado pelos nervos, do tumulto das paixões. Somente os mais próximos sabiam como ela era uma conselheira sábia e séria em todas as coisas, quanto sentimento materno se misturava no afeto desse casal sem filhos e como ela jamais tocava na energia mais íntima de sua natureza, sua liberdade. Ficava-se à mesa conversando, a dois, a três, o cafezinho preto era servido e de repente, sem se despedir, ela desaparecia. Queria deixar os homens a sós com ele, sabia que quem viera peregrinando para Saint-Cloud ou Caillou queria estar com ele, o poeta, e como a maioria das mulheres de artistas são supérfluas e superficiais. Ela não o acompanhava sequer aos ensaios gerais de seus dramas, o mero pensamento de que por educação o sucesso iria também para ela lhe era insuportável, e também nas viagens ela preferia deixá-lo aos cuidados dos amigos. Sua eficácia era subterrânea, mas maravilhosamente benfazeja por sua habilidade muda e nada resignante, mas sempre capaz de trazer felicidade, do anonimato abnegado. Toda a sua natureza não queria nada mais do que a alegria e a gratidão de Verhaeren.

E verdadeiramente, essa recompensa valia todos os esforços, pois quem sabia ser grato como Verhaeren?! Os três livros que ele lhe dedicou me parecem – apesar de toda a amplitude de sua obra – os mais eternos, por serem os mais pessoais em toda a sua arte poética. Para quem o conhece, aqui o timbre de sua voz preenche cada palavra. A sala, o pequeno jardim, o quarto com o silêncio da noite, a vida inteira estão ali elevados como mãos cruzadas para a prece. E mesmo em seu livro da guerra, o grito contorcido de sua dor, brilha como uma flor única em uma paisagem de cratera de sentimentos vulcânicos o poema feito para ela, descrevendo-os na conversa, olhando os aeroplanos em Saint-Cloud, e como o seu sentimento de piedade se mistura aos horrores da guerra. Ele agradeceu a ela da maneira mais maravilhosa enquanto sua alma ainda respirava e enquanto havia palavras em sua boca. Agora que ele se calou, nós, os amigos, temos o dever de preservar esse agradecimento como legado.

A casa era pequena, a mesa idem. Ano após ano sentávamos a dois, às vezes a três, deixando o mundo do lado de fora. Amigos chegavam, amigos partiam, como que a vida inteira, povos e épocas passavam lentamente, iam e vinham. Mas depois veio um hóspede novo, um amigo novo, com frequência cada vez maior, para depois nunca mais sair: a fama. Agora, ele está sempre nessa casa, um hóspede ativo, bem-intencionado, que não foi chamado, mas é bem-visto. De manhã cedo ele já joga uma pilha de cartas sobre a mesa do café, carrega telegramas e convites, traz quadros, moedas e notas, livros e dedicatórias de admiração de todos os países. Traz pela mão intempestiva novos rostos: jovens poetas que querem ver o mestre, curiosos, pedintes e repórteres. Dia após dia, ocupa mais espaço, torna-se mais ativo, a sua presença pode ser sentida constantemente. Mas mesmo esse hóspede normalmente irritante e perigoso, capaz de estrangular o trabalho e a obra do anfitrião para ocupar o seu lugar, não se torna ousado e ruidoso nessa casa. Esbarra na firmeza e na energia. Ali, ela não consegue nada com sua impaciência contra a paz interior, ela, a fama, a grande fama europeia.

Foi com certa surpresa que olharam quando esse hóspede chegou e insistiu para entrar, por volta do quinquagésimo aniversário de Verhaeren. Já não se esperava mais a sua vinda, vendo-o – sem inveja – sentado em outras mesas. Não lhe proibiram entrar em Caillou e em Saint-Cloud, mas o lugar de honra nunca chegou a ser seu. Ele nunca pôde entrar na verdadeira vida de Verhaeren. E jamais senti a grandeza humana interior de Verhaeren mais visível e poderosa do que naquela última prova de sua fama. Eu aderira à sua obra a um tempo em que apenas os círculos mais reduzidos o conheciam e quando ele era visto apenas como um dos artistas decadentes e simbolistas. Quem, naquela época, realmente conhecia os seus livros? Eu próprio então já vendera mais exemplares dos meus próprios poemas, que hoje rejeito, do que ele; em Paris ele nem contava e quando se mencionava o nome Verhaeren, as pessoas diziam: "Ah é, Verlaine!" Nunca ouvi ele se queixar então, nunca o tocou em seu íntimo o fato de que Maeterlinck, dez anos mais novo do que ele, crescia com sua fama no mundo, de que talentos menores, mas mais ativos, eram vistos como os grandes do tempo, enquanto seu próprio esforço ficava na sombra. Ele trabalhava, cumpria a sua missão, sem perguntar, sem esperar, embora sempre tivesse consciência da firmeza interna de sua natureza, de sua obra. Não avançou nem um passo rumo à fama, jamais se juntou àqueles que mendigam uma resenha ou aos bajuladores, não mexeu uma só pá na ponte entre a sua obra interior e o sucesso externo. Mas quando chegou o sucesso e lhe caiu nas mãos, ele o aceitou, aos cinquenta anos, como um presente, como todas as coisas da vida, como potencialização, renovação da vida. Aos poucos, despertou em seus versos um certo *pathos* nacionalista, não falava mais a partir de Flandres, de sua terra, mas como se ele fosse Flandres, a voz do seu povo, e as grandes alocuções que fez na Exposição Universal estavam animadas de um amor-próprio suprapessoal, da ressonância de sua fama. Se, antigamente, a poesia era, para Verhaeren, apenas uma paixão pessoal, nos últimos anos de sua vida se tornou um apostolado, ele sentia em sua palavra lírica que precisava anunciar a mensagem do seu tempo e a glória de seu povo. Ele não viu sua fama como uma coroa em torno da cabeça, mas tampouco a pisoteou como algo desprezível. Usava-a como um coturno que aumentava sua figura, elevava seu olhar por sobre o tempo e sua voz por sobre a multidão. Nunca vi um poeta do nosso tempo – excetuando a figura fraternalmente amada de Romain Rolland – carregar sua fama mundial com mais beleza e responsabilidade do que Émile Verhaeren.

A mim foi dada a experiência rara e de uma importância humana infinita de ver, com proximidade amigável e espírito de incentivo, essa fama crescer ano após ano, mês após mês. Acompanhei todas as suas fases, os primeiros estalos na massa escura e invisível da indiferença, e depois, como uma palavra vai buscar a outra e um dia de repente a avalanche desce, fluindo maravilhosa e perigosa ao mesmo tempo. Vi a grande fama mundial diariamente próxima, vestida de gente e cartas, disfarçada em atração e sedução, em todas as suas máscaras de vaidade e perigo. Conheço-a hoje como se eu próprio a tivesse experimentado. Por ter podido sentir a fama diariamente, não tive desejo de atingi-la eu mesmo, a não ser que eu soubesse ser forte e digno de portá-la como esse homem exemplar e me conservar livre como Verhaeren contra esse último e mais perigoso inimigo da arte e da vida autêntica.

Lembranças daquele tempo, do bom e grandioso tempo, mal as chamo e já elas vêm, centenas delas, dias e horas, episódios e palavras, um cardume infinito diante do olhar que recorda! Como separam, como dispõem em camadas, tiram inutilidades da plêiade de experiências felizes, conversas por demais despreocupadas e alegres para que eu me preocupasse em perenizá-las fielmente na palavra, horas passadas em intimidade conjunta! De todas vocês restou-me agora uma doce fumaça de nostalgia, um sentimento obscuro de gratidão que se esvai sem forma como noites de verão longe da memória. Sinto-as como conjunto, por mais que cada uma me seja presente, como abençoados anos de aprendizagem do coração, como primeiro reconhecimento da maestria humana.

Recordações, recordações que vêm fluindo, como deter vocês? Cidades que atravessamos juntos, onde estão? Liège, hoje uma fortaleza conquistada, mas outrora uma cidade pacífica, quando subimos o rio com Alberto Mockel e os amigos em um claro dia de verão para visitar o mais curioso de todos os santos, Santo Antão! Oh, risos e respeito e conversas na pequena cela, sentimento de saúde em meio à multidão de doentes! Depois, em Valenciennes, na frente do museu! Bruxelas, com amigos, no teatro, nas ruas, nos cafés, nas bibliotecas; Berlim, a hora passada com Reinhardt e a tranquila conversa à tarde no segundo andar na casa de Eduard Stucken, esse oásis da tranquilidade em Berlim! Viena, para onde então não vinha nenhum poeta para vê-lo, e ficamos felizes a sós para visitar a cidade como se fosse desconhecida; Hamburgo, o passeio no pequeno vapor pelo porto e depois em Blankenese, na casa de Dehmel, cujo jeito aberto e cujos olhos de um "pastor inteligente" ele amava tão fraternalmente. As noites de Dresden e Munique, Salzburgo no brilho do outono, Leipzig com o casal Kippenberg e Van der Velde, o velho amigo, dias passados em Ostende, noites junto ao mar! Oh, tantas viagens conversando, no vagão de trem, caminhando, por que vocês insistem em avançar, vocês que já passaram! Não preciso da sua pressão para amar, não preciso da sua advertência para lembrar!

E Paris! Os pequenos jantares a três e a quatro, as horas passadas em meu quarto, com Rilke e Rolland e Bazalgette, quando fui capaz de reunir as melhores pessoas da minha vida em torno da minha mesa! Aquela tarde com Rodin, entre as pedras e as figuras e ele próprio já como que petrificado em sua fama! O passeio pelo Louvre, pelos museus, as tantas horas coloridas e sempre alegres, e depois uma sombria no meio disso, aquela tarde na guerra dos Bálcãs, os vendedores de jornal latindo lá embaixo que Scutari havia caído e nós estremecíamos e falávamos, assustados, se amanhã ou depois de amanhã a insensatez de uma guerra mundial poderia se precipitar sobre nós. E depois o momento profético em que estávamos lá fora e vimos os aeroplanos girando e sua palavra se elevava em êxtase sobre as conquistas da humanidade e despencava no horror conjeturando se essa força tão bela não seria posta de novo a serviço da destruição, da insensatez dos militares! Oh, figuras e pessoas na casa tranquila de Saint-Cloud, no meu quartinho em Paris, quantas vezes vocês continuam vivendo dentro de mim, enlutadas agora pela consciência de estarem perdidas para sempre!

E depois em Caillou-qui-bique, passeando pelos amados caminhos no campo, as conversas burguesas com o padre, o advogado, o vizinho, amigos próximos e distantes! Horas de alegria, de pequenos episódios animados como aquele quando um pequeno advogado de província discursou para Verhaeren sobre a arte da poesia, dando-lhe instruções para melhorar, e Verhaeren escutava, paciente e sério, piscando o olho para prevenir nosso riso. Ou quando ele leu a sua *Helena*, invocando o nome da rainha e de repente a porta se abriu e a pequena criada da Valônia estava lá, afirmando que a tinham chamado, até descobrirmos entre risos que da cozinha escutara o nome da rainha, que era seu, tendo acorrido para o reino das sombras.

Como transcorreram rápido, esses dias, e quão intenso continua o seu fluxo imutável no meu coração hoje! Oh, quanto eu poderia contar, pois seus detalhes são inesquecíveis, e às vezes no sonho as imagens lampejam dentro de mim, ganhando o brilho estranho e precioso como quando se enxerga através das lágrimas.

Somente mais uma hora quero destacar da coroa brilhante, uma única hora, com toda a beleza da nostalgia. Estou novamente em Caillou-qui-bique, é verão, à tarde. O sol incide forte sobre o telhado vermelho, as rosas já pendem cansadas, os lilases, pesados, o outono está chegando.

Estou sentado no pequeno bosquete diante da casa, que a teia colorida de hera e vento tece em sombras azuis. Traduzi alguns versos de um novo poema, depois li, agora estou sentado, observando as abelhas douradas voando em volta das últimas flores. Um passo firme e pesado: é Verhaeren entrando. Ele coloca as mãos no meu ombro: "Quero fazer um pequeno passeio com a minha mulher, o tempo está tão lindo."

Fico. Sei que ele gosta de passear sozinho à tarde; além disso, é tão bom ficar aqui sentado à sombra, olhando para os campos maduros. Agora ele sai da casa, eu vejo como ele passa pela portinhola para o campo que já mostra primeiros sinais do outono, abraçando a mulher, o chapéu na outra mão. Como ele caminha lentamente, como está encurvado! O corpo pende para a frente, branco o cabelo outrora cor de fogo; cuidadosa, a mulher pôs-lhe o sobretudo nos ombros, apesar do calor. Lá vai ele, lentamente, passo pesado, não é mais o antigo caminhar reto e forte, e eu sinto pela primeira vez: ele está caminhando para a velhice. A seu lado, madame Verhaeren também me parece cansada hoje; a passos pequenos ambos avançam, vagarosos, como velhos camponeses indo à igreja. Eu sei, é a idade que chega, e como vai ser bela, como vão suportar bem! Serão Filemon e Baucis, bondosos e quietos, apartados da vida, talvez mais maduros e melhores que antes. Faz calor, o sol arde, mas quando os vejo assim caminhando, percebo o brilho do outono no campo. Agora, ele eleva as mãos ao sol, protege os olhos e olha para longe, como se fosse uma paisagem desconhecida. Depois, voltam a caminhar a dois, quietos, e eu os acompanho com o olhar até seus contornos desaparecerem na floresta como em um tempo distante.

Quis lembrar esse momento e um outro ainda, que, à época, não percebi direito e cujo sentido cruel só entendi bem mais tarde. Foi em março de 1914, no início da primavera do ano terrível. Não sabíamos de nada, nem nós, nem mais ninguém no mundo. Estou no meu quarto em Paris, de manhã, escrevendo cartas aos amigos de Viena. De repente, escuto passos subindo a escada, o passo pesado e vagaroso de Verhaeren, que conheço tão bem, que saúdo com tanta alegria. Salto da cadeira e realmente: é ele, veio só por um instante para contar que viajaria para Rouen. Um jovem compositor belga musicara um de seus poemas e lhe suplicara para assistir à estreia do melodrama. Homem bom que era, era incapaz de negar qualquer coisa a jovens artistas. Viajaria no dia seguinte e viera apenas para me perguntar se eu conhecia Rouen e se não gostaria de acompanhá-lo. Gostava da companhia de amigos, não lhe agradava ir só, e eu posso dizer com toda falta de modéstia: ele gostava de viajar comigo. Para mim, era um prazer, assim concordei, logo fiz a mala e na manhã seguinte nos encontramos na estação Saint-Lazare.

Curioso: durante as quatro horas em que viajamos de Paris para Rouen, não falamos de outra coisa senão da Alemanha e da França. Jamais falara comigo com tanta liberdade, jamais escancarara tanto sua posição em relação à Alemanha. Amava infinitamente a grande força alemã, a ideia alemã, mas odiava e desconfiava do governo alemão, do sistema de castas da aristocracia. Para quem a liberdade pessoal era o sentido da vida, era impensável viver em um país que se subjugava, e, invocando a Rússia como exemplo, disse-me ainda que lá encontrara qualquer pessoa livre em meio à servidão generalizada, enquanto na Alemanha, em meio a uma liberdade maior, cada indivíduo sentia dentro de si um excesso de obediência ao Estado. Essa penúltima conversa praticamente resumiu tudo o que havíamos conversado em centenas de outras oportunidades, e eu me lembro de cada palavra precisamente porque se tornou irrevogável. Surpreso, vi como o tempo voou, quando de repente chegamos a Rouen, passamos pelas ruas e ficamos à noite diante da catedral, cujos arabescos brilhavam à luz do luar como rendas brancas. Como foi estranha essa noite! Depois da pequena comemoração, ainda fomos a um minúsculo café às margens do rio, havia lá algumas pessoas sonolentas, mas de repente uma pessoa suja e velha levantou-se, dirigiu-se a Verhaeren e o cumprimentou. Era um decadente amigo de juventude, um artista plástico menor, durante trinta anos Verhaeren não ouvira mais falar dele, mas o cumprimentou como um irmão. Muito de sua juventude foi reavivado na conversa.

No dia seguinte, regressamos. Tínhamos apenas malas pequenas e as carregamos na mão até a estação. E como se as trevas do esquecimento dentro de mim fossem rasgadas a golpes de faca, vejo claramente no escuro das lembranças a estação pequena no alto da cidade, os trilhos brilhando diante do túnel, o trem que entra, vejo minhas próprias mãos ajudando-o a subir no vagão. E sei: é exatamente o local da desgraça onde, dois anos mais tarde, a morte saltou sobre ele, e eu conheço os trilhos e as máquinas que louvou e que o rasgaram como os animais devoraram Orfeu, o seu cantor.

Isso foi na primavera de 1914. O ano terrível começara. Crescia quieto e pacífico, amadurecendo em direção ao verão. Nosso acordo era que eu passaria de novo o mês de agosto com Verhaeren. Mas eu já cheguei à Bélgica em julho para ficar três semanas à beira-mar antes disso. No caminho, parei um dia em Bruxelas, e meu primeiro ato foi visitar Verhaeren na casa de seu amigo Montald. Um pequeno bonde leva para lá, primeiro pela avenida larga e depois passando por campos até a aldeia de Woluwe, e eu encontrei-o na casa de seu amigo Montald, que estava prestes a completar um novo retrato dele, o último. Oh, como foi bom vê-lo lá! Falamos do seu trabalho, do novo livro *Les flammes hautes*, do qual me leu os últimos poemas, de sua peça *Les Aubes* que estava revendo para Reinhardt, falamos de amigos e do verão, cheios de expectativa de nova alegria conjunta. Passamos três, quatro horas juntos, o jardim brilhava claro e verde, o trigo balançava ao vento e o mundo respirava paz e fertilidade. Foi, por isso, uma despedida breve, pois haveríamos de nos rever na casinha, e mais uma vez ele me abraçou no final. Pediu que eu chegasse no dia 2 de agosto, e reforçou: "2 de agosto!" Ah, não sabíamos ainda que data era aquela que determinávamos de forma tão leviana! O bonde retornou pelos campos de verão. Vi-o ainda durante muito tempo acenando com Montald, até desaparecer para sempre.

Restavam-me alguns dias calmos em Le Coq. Mas a tempestade chegou de repente, vinda da própria pátria. Diariamente, eu ia até Ostende, para ficar mais perto dos jornais, da certeza. Então veio o ultimato, sabia agora o suficiente e me mudei para Ostende, para estar pronto. Ainda ficamos juntos, fraternalmente, os amigos belgas Ramah e Crommelynck, fomos até a casa de James Ensor (que, meio ano depois, soldados alemães quiseram matar, suspeitando que fosse espião), mas a alegria do mundo derreteu-se nesses terríveis dias de julho. Ainda passamos juntos o último dia do mês em um café, confiantes como antigamente. De longe, tambores rufavam, soldados passavam: era a Bélgica que se mobilizava. Pareceu-me incompreensível que a Bélgica, o país mais pacífico da Europa, pudesse estar se armando, e eu ainda ironizei as metralhadoras puxadas por cães, fiz galhofa do pequeno grupo de soldados que passava, os rostos importantes. Mas os amigos belgas não riam. Estavam preocupados. "Ninguém sabe, mas dizem que os alemães querem forçar passagem." Eu apenas ria. Pois parecia ser a coisa mais impossível que os alemães, dos quais havia milhares se banhando ali na praia com rostos pacíficos, fossem invadir a Bélgica pela força das armas! Com minha convicção mais profunda, eu os acalmava: "Podem me pendurar naquele poste se a Alemanha algum dia entrar na Bélgica."

Mas as notícias se tornavam mais sombrias a cada dia que passava. A Áustria já declarara a guerra. Percebi que a fatalidade era inexorável e escrevi uma linha para Verhaeren, comunicando minha decisão de voltar para casa, e cheguei a tempo de encontrar um lugar no trem superlotado. Como foi estranha essa viagem! Pessoas confusas, medo e inquietude nos rostos febris, excitando-se uns aos outros na conversa exaltada, todos querendo que o trem andasse ainda mais rápido. Todos olhavam pela janela procurando a estação; finalmente, Bruxelas, onde recebemos os jornais com notícias confusas e contraditórias, depois Liège, ainda inocente, depois finalmente a estação belga de Verviers na fronteira. Só quando as rodas começaram a se mover, os vagões lentamente rolaram do solo belga para o solo alemão, uma sensação indescritivelmente boa de segurança e de acolhimento tomou conta de nós. Mas de repente, no meio do campo, o trem parou, parou cinco minutos, dez minutos, um quarto de hora, meia hora. Viéramos da Bélgica para solo alemão, faltava pouco para Herbestal, mas não conseguíamos entrar na estação! Esperamos, esperamos, sempre mais e mais. E um sentimento de terror ainda desprovido de sentido tomou conta de mim de repente, um medo cujo sentido eu ainda escondia de mim mesmo. Lá fora, trens pesados passavam na escuridão, trens lotados, misteriosamente encobertos com lonas para que não se visse seu conteúdo, mas alguém do meu lado sussurrou: canhões! Era ela, pela primeira vez diante de nós cara a cara: a guerra. E eu senti de repente o medo dos meus amigos belgas, a ideia absurda e terrivelmente improvável de que a Alemanha pudesse estar se armando contra a Bélgica. Por fim aquela longa meia hora tinha passado, lentamente o trem entrou na estação. Lancei-me sobre a plataforma em busca de jornais. Não havia mais nenhum exemplar. Quis ir à sala de espera atrás deles. Estranhamente, a sala de espera estava trancada, o porteiro de barba branca guardando-a como são Pedro diante da porta do céu. Havia um mistério grave em sua dignidade. E dentro, escutavam-se vozes, tive a impressão de ouvir o tinir de armas. De repente, eu sabia que no dia seguinte não precisaria abrir os jornais, pois eu acabara de testemunhar o terrível: a invasão da Bélgica pela Alemanha, a guerra, a inexorável guerra europeia. A locomotiva apitou, subi no trem e segui viagem rumo ao Reich, ao 1º de agosto, à guerra.

A cortina de fogo se fechara entre nós. Já não havia mais pontes de um país para o outro. O que antes era ligado por amizade, agora passaria a se chamar de inimigo (nunca, nunca consegui fazê-lo, nem por uma hora sequer!), as pessoas amadas já não ouviam as vozes umas das outras, não se sabia nada nos primeiros tempos, nos primeiros meses desse ano apocalíptico. Todas as vozes quebradas na barulheira do mundo que desabava. Finalmente escutei a voz de Verhaeren em meio à fumaça, mal a reconheci, tão estranha, tão agressiva me pareceu agora, no ódio, a voz que eu sempre conhecera em bondade e pura paixão.

Silenciei então – em público e em particular. O caminho até Verhaeren estava travado para mim, mas tampouco falei com aqueles que, na Alemanha, por algum sentimento altamente equivocado de direito lançavam ofensas grosseiras contra toda a sua obra e sua postura. Houve então quem me pressionasse a apresentar testemunhos e contratestemunhos, mas nesse ano eu aprendi a silenciar, de dentes cerrados, em um mundo de opressão e servidão. Nunca ninguém jamais me obrigou ou obrigará a fazer o papel de juiz ou de crítico para quem já foi meu mestre e cuja dor, mesmo em um surto mais selvagem, eu precisava respeitar como sendo justa e genuína. Eu sabia que ele, cuja aldeia natal perto de Antuérpia fora destruída, cujo sítio fora ocupado por soldados alemães, que ele, expulso de sua terra, haveria de encontrar o caminho de volta a esse mundo, sabia que era forte o suficiente para voltar a se controlar. Eu sabia que o ódio não poderia ser duradouro nesse homem, cujo maior lema era a conciliação, e já no segundo ano da guerra percebi a antiga voz na comovente introdução de seu livro sobre o ódio. Já o percebia mais próximo, e mais um ano depois, em 1916, quando publiquei um ensaio chamado "A torre de Babel" na revista suíça mensal *Carmel*, reivindicando a unidade do espírito enquanto suprema confissão, recebi a mensagem de seu apoio através de um conhecido suíço. Digo abertamente que foi um dia de felicidade para mim ao receber essa mensagem, pois eu sabia que o véu que turvara o seu olhar tinha sido rasgado, e sabia como ele seria necessário para nós mais tarde, passional em sua grandeza e força unificadora, assim como fora terrível em seu ódio e sua ira.

Mas tudo seria bem diferente! Um amigo invadiu o meu quarto, o jornal úmido nas mãos, apontando para um telegrama, Verhaeren morrera, rasgado pelas máquinas. Por mais que eu estivesse habituado às mentiras dos jornais na guerra, à inverdade de todos os boatos, entendi desde o primeiro segundo que essa notícia era verdadeira e inexorável. Era alguém muito distante e inatingível que morrera, alguém para quem eu não podia mandar mensagem alguma, cujas mãos não podia apertar, porque uma lei me proibia, que não podia amar sem ser acusado de sacrilégio e crime. Mas nesse momento era como se eu precisasse dar um soco no muro invisível de insensatez que nos separava e que me impedia de acompanhá-lo no último caminho. Havia poucos a quem eu podia dizer o que sentia. Pois essa dor e essa tristeza eram considerados crimes naqueles tempos. Foi um dia de trevas.

Um dia sombrio, lembro até hoje, jamais esquecerei. Apanhei as cartas, tantas cartas, para relê-las e estar a sós com elas, para terminar o que estava terminado, pois eu sabia: não chegará mais nenhuma. Mas eu não consegui, alguma coisa dentro de mim se recusava a se despedir de alguém que vive dentro de mim como exemplo vivo da minha existência, da minha fé terrena. E quanto mais eu me dizia que ele havia morrido, mais sentia o quanto dele ainda respira e vive dentro de mim, e até essas palavras que escrevo para despedir-me dele para sempre o tornaram vivo de novo para mim. Pois só o reconhecimento de uma grande perda mostra a verdadeira propriedade do que é transitório. E só os mortos inesquecíveis se tornam inteiramente vivos para nós!

Os mestres
II. Romain Rolland

Musicista, dramaturgo, biógrafo, autor do primeiro *roman-fleuve*, *Jean Christophe* (que lhe valeu o Nobel de Literatura em 1915), militante de esquerda, pacifista, germanista, orientalista, místico e precursor do europeísmo, o francês Romain Rolland (1866-1944) foi a figura mais influente na vida de Zweig.*

Ouvira falar dele em Florença (em 1907 ou 1909), mas só conseguiu conhecê-lo pessoalmente em Paris, em 1913, graças à ajuda do poeta Rainer Maria Rilke (então secretário do escultor Rodin, em Paris) e do próprio Émile Verhaeren. Separaram-se duas décadas depois numa ruptura jamais superada. No intervalo, uma intensa correspondência, constantes visitas aos refúgios do guru e um incessante esforço para ser aprovado em todas as instâncias – artística, política, pessoal.

O exigente Rolland era difícil de contentar, seu amplo e contrastante espectro de convicções e admirações exigia almas gêmeas, símiles perfeitos.

Quando a amizade se fortaleceu, Rolland acabara de escrever a convocação "Au dessus de la mêlée" (Acima da refrega, ou das paixões), contra a Grande Guerra recém-iniciada. A dupla de idealistas desgarrou-se um quarto de século depois, vítima de outra parceria, diabólica – Hitler e Stálin.

---

* Zweig escreveu a biografia *Romain Rolland: sua vida, sua obra*, cuja edição original deu-se na Alemanha em 1921. Edições posteriores incluíram um apêndice compreendendo fatos até 1926, e esta foi a versão publicada pela Pongetti em 1937 (tradução de Fábio Leite Lobo). Provavelmente por iniciativa de Zoran Ninitch, agente literário que vivia no Rio e se correspondeu com Zweig, saiu em 1934 uma edição pirata, com tradução de Hermann Landau, sob a responsabilidade da desconhecida Editora Marisa.

Quando evoco hoje o venerado nome de Romain Rolland, não é para celebrar sua obra impressa, e sim porque gostaria que ao menos um vislumbre ou uma sombra dele, vivo, entrasse aqui agora e permanecesse por uma hora nesse espaço conosco. Personalidade: é isso que importa hoje em dia! Livros, livros impressos – temos isso em profusão; o nosso mundo está sufocado, esmagado por papel. De todo cartaz, de todo quiosque, de toda livraria saltam nomes em nossa direção. Todos querem ser escutados, todos exigem atenção, cada um é uma pergunta dirigida a nós. Mas um tempo como este, período inquieto, confuso, requer resposta, requer que alguém responda, requer ser confirmado, e para isso precisa de personalidades. Não esqueçamos: essa guerra não apenas arruinou cidades e devastou paisagens, mas também destruiu nas próprias pessoas, dentro de cada um de nós, a fé. Assim como o conteúdo vaza de um recipiente quebrado, assim também, junto com as formas estáveis do Estado, com as ideologias espirituais dos velhos tempos, desapareceu a fé dentro de nós, e cada um precisa tratar de recriar em si uma nova fé vital em um novo tempo. Os senhores veem em mil exemplos como as pessoas sempre recorrem a grandes personalidades para esse fim. Uns procuram Rudolf Steiner, outros o conde Keyserling, terceiros, Freud, outros ainda não sei quem. Mas sempre sentem o mesmo: que a verdadeira confirmação não pode emanar de um livro, e sim de um ser humano, de um exemplo de vida.

  Poucas pessoas em nossos dias encarnaram um tal exemplo de vida, uma confirmação de efeito tão amplo, como Romain Rolland. Da mesma forma como estamos reunidos em seu nome aqui nessa sala, há centenas de milhares e milhões de pessoas na França, na Inglaterra, em toda parte, até na Ásia, no Japão, que foram tocadas pela dimensão atmosférica de seu ser, pelo que lhe dá formato. Esse efeito, por mais unificado e fortalecedor que seja, é infinitamente diversificado. Da natureza do seu ser, do livro que agora reúne os testemunhos de amigos sobre Rolland, depreende-se esse exemplo de vida entre os franceses; muitos contam que, quando tiveram em mãos o *Jean Christophe* pela primeira vez, sua juventude ganhou um novo elã, um sentido, uma paixão, uma emoção. E há pessoas completamente diferentes, que nunca leram o *Jean Christophe* e apenas perceberam em um determinado momento na guerra uma voz interior – ainda bastante reprimida e muda – dizendo que nada era bem assim como diziam os jornais, as pessoas, e que havia, talvez, uma insegurança em todas as suas afirmações. Então saíram publicados os primeiros ensaios de Rolland na guerra, os ensaios de alguém de quem elas nada sabiam, e subitamente sentiram-se confirmadas, libertadas em sua intuição. Outros ainda, enquanto estudantes na Sorbonne, assistiram às preleções sobre história da música de Romain Rolland, e passaram a vida falando da forte influência desse professor sobre sua emoção interior, seus sentimentos juvenis e inseguros, e de como ele lhes passou a ideia da arte. E, assim, de suas biografias emanam por sua vez outras influências. Há ainda pessoas que, talvez em um momento de inquietação, de insegurança, de angústia, dirigiram-se a Rolland e receberam uma carta dele. Novamente, apareceu a mesma influência que em última análise consiste em que o sentimento de fé – chamemo-lo de idealismo –, a idealidade, foi potencializado dentro delas por Romain Rolland.

Eu ficaria em maus lençóis se tivesse de dizer em que consiste essa religiosidade ou essa fé de Rolland. Não existe um "rollandismo", não há uma fórmula que se possa escrever e proferir. Mais do que em outros escritores, talvez, há em Rolland uma curiosa harmonia de efeito da obra e efeito da sua personalidade. Sente-se que uma coisa se encaixa na outra e se percebe nessa dualidade o feitio uniforme do homem que tem clareza dentro de si e acerca de seu objetivo. Por isso, mais do que falar-lhes de seus livros – pois livros sempre podem ser lidos –, quero lhes falar de sua personalidade e da sua criação de si mesmo, como diz Nietzsche: nós nos tornamos aquilo que somos. Quero lhes apresentar a trajetória de Rolland, a soma de suas forças, ordenada com base na obra e na vida, e isso conforme Schopenhauer, que certa vez disse: "O máximo que um homem pode atingir é uma trajetória heroica." Nesse sentido do heroísmo quero lhes apresentar o que há de mais essencial na vida de Rolland, sem cair em particularidades, mas, se possível, somente no sentido da predestinação, da pré-significação para o homem que depois passou a ajudar outros homens e cujas ações tiveram amplo alcance.

Romain Rolland nasceu há sessenta anos, como a data de hoje indica. Foi em Clamecy, uma pequena aldeia francesa. Cursou a escola normalmente. Cedo, uma inclinação muito íntima indica que se trata de um homem conciliador, amplo, europeu: a inclinação pela música. Quem é musical no mais fundo de sua alma – não na técnica, mas no íntimo da alma – tem uma necessidade oculta e sempre ativa de harmonia. Romain Rolland é uma dessas pessoas profundamente musicais. A música ensinou-lhe primeiro a considerar todos os povos como uma unidade do sentimento. Mas ele não absorve a música unicamente com a emoção, e sim também com a inteligência, com laboriosidade, com paixão. Ela se torna seu campo de estudo. Rolland cursou história da música e, aos 22 anos, foi enviado para Roma com uma bolsa de estudos para se aperfeiçoar. Lá começa a transição do jovem francês para um homem europeu. Através dos grandes monumentos de Leonardo da Vinci, Michelangelo, ele fica conhecendo a grandeza da Itália. Vê a Itália em sua forma mais grandiosa na arte passada e na beleza da paisagem, na música. Ele, o francês, começa a amar um segundo mundo. Mas para o grande acorde que, na verdade, a nossa cultura europeia representa, falta a terceira voz, a Alemanha. O destino, no entanto, costuma enviar seus mensageiros aos eleitos, e assim se dá o fato curioso de que Rolland, que até então nunca pisara na Alemanha, encontra a Alemanha justamente na Itália. Conhece uma senhora de setenta anos – os senhores conhecem o seu nome: Malvida von Meysenbug, uma das últimas alemãs da era de Goethe, uma daquelas alemãs para quem o grande acontecimento histórico não foi 1870, e sim 1832, ano da morte de Goethe, e talvez de novo 1848. Malvida von Meysenbug, criada nas regiões mais elevadas do espírito pela amizade com Richard Wagner, com Nietzsche, com Herzen, com Mazzini. Essa senhora idosa foi a última guardiã e conhecedora das grandes ideias das últimas duas pessoas que atuaram além das fronteiras da Alemanha: Wagner e Friedrich Nietzsche. Uma amizade que só existe em livros, uma amizade comovente, tenra, confiante, liga Rolland, aos 22 anos, a essa senhora de idade. Isto, portanto, está pré-moldado nele: observar as nações não de baixo para cima, a partir do ambiente do turismo, dos pequenos hotéis, de adversidades e encontros do acaso, mas de cima, da perspectiva dos grandes, das naturezas decisivas e criadoras. Ele aprendeu a ter uma perspectiva heroica, cada nação em sua elite. Essa fé lhe restou inalterada, a fé de que, para cada nação, devemos sempre considerar suas façanhas máximas em relação ao mundo – ou, digamos, a Deus – e não a emanação casual da política e do momento. Depois, passou ainda uma noite em Bayreuth no camarote do recém-falecido Richard Wagner. Visita o túmulo de Wagner com Malvida e Cosima Wagner, escuta o *Parsifal*. O jovem estudante volta para a França diretamente dessa atmosfera heroica. Volta para a França e sua primeira impressão é um susto. Nota a movimentação, que ele chama de *"la foire sur la place"*, a algaravia, nas universidades, entre os artistas. Percebe por trás disso na juventude uma estranha atmosfera de depressão, cujo motivo logo identifica. São os estertores da derrota. Pois toda derrota de alguma maneira tem em um primeiro momento o poder de confundir um povo na sua fé, como já indiquei. Os jovens empreenderam os maiores esforços de semanas, meses, anos a serviço de um objetivo. Deram o melhor de si e não adiantou nada. Foram abatidos e destroçados por algum poder mais elevado, e isso naturalmente gera um choque. A sensação é: em nome de que fomos corajosos, nos esforçamos, em nome de que demos o melhor de nós, as últimas forças de nossa alma? Isso gera uma atmosfera de depressão e insegurança. Acresce que isso se reflete de forma estranha na literatura. Quem eram então as pessoas na França? Émile Zola, Anatole France, Renan! Certamente não quero nesse momento comparar e muito menos dizer qualquer coisa contra esses grandes artistas, realmente criativos; só quero dizer, de acordo com a mentalidade da época, que uma arte como a de Zola, de Maupassant, da crudelíssima realidade, da representação da realidade em toda a sua dureza, não pode compreender uma tal juventude, tão pouco quanto Anatole France, que sorri com sabedoria, algo irônico, cético, ou o clássico e friamente resignado Renan. A juventude então precisava de algo novo – e isso foi percebido também por Maurice Barrès. Barrès extravasa esse ímpeto e grita: revanche, uma nova guerra, sentimento nacional, nova força! Já Rolland quer a força que vem de dentro, ele quer superar de outra forma a derrota, a depressão nas almas; ele quer elevar e estimular as pessoas através da arte. E no fundo já está pronto para isso, quando ocorre algo insólito em sua vida, algo que se tornou decisivo para o seu destino. Como eu dizia, ele tivera a intenção de abraçar e elevar o povo, a juventude, através da arte. É quando sai publicado um livro de Tolstói, o texto em que Tolstói diz que Beethoven é uma pessoa prejudicial e que seduz à sensualidade, que Shakespeare é um mau poeta porque não educa o povo para a comiseração. Então, justo Tolstói, em quem Rolland venera o homem mais puro e nobre do seu tempo, proíbe-lhe a arte. Nesse dilema mais íntimo, Rolland se decide por um ato totalmente sem perspectiva. Uma bela noite, o estudante se senta à mesa e, em seu desespero e angústia, escreve uma carta para Tolstói, para que lhe ajude e lhe dê um conselho, explicando como pode se salvar dessa situação. Rolland pega a carta, joga na caixa do correio e não pensa em uma resposta. Passam-se semanas de silêncio. Mas um dia, quando o estudante, o jovem, volta à noite para o seu quarto, há uma carta pousada sobre a mesa, ou melhor, um pacote com uma carta de trinta e oito páginas em francês que Tolstói lhe escreveu e que começa com as palavras *"Cher frère"*, caro irmão. Essa carta foi, para Rolland, a verdadeira decisão de vida. Não digo isso no sentido do que estava escrito naquela carta, que entrementes também já foi publicada – o conteúdo não importa –, mas no sentido de que um estranho, o homem mais ocupado de seu tempo, perdera dois dias de sua vida para ajudar a alguém totalmente estranho e que passava por uma aflição. Esse fato comoveu Rolland profundamente. Pois façamos justiça: quem de nós fez isso? Quem simplesmente rasgou dois dias de sua vida do calendário para alguém a milhares de milhas de distância que lhe escreveu uma carta? E o homem que faz isso vem a ser o homem mais famoso de seu tempo, de quem cada linha escrita vale ouro, que teria todo o direito imperioso e patético de dizer: "Não tenho tempo, meu tempo é precioso demais." Esse é o estremecimento pelo qual passa Rolland ao ver que precisamente o maior poeta, o grande poeta, pelo poder que lhe é atribuído pelas pessoas, também carrega uma responsabilidade, uma responsabilidade que precisa cumprir à custa de sua energia mais extrema e da autoexaustão, a responsabilidade de que um grande poeta estaria traindo alguma coisa se não agisse sempre de forma absolutamente humana, que ele por egoísmo destrói um ideal, uma ideia que existe em milhões de pessoas – a ideia de que o homem que mais sabe também precisa ser o mais solícito e o mais bondoso. A partir desse momento, Rolland sabe que, se quiser ser verdadeiramente poeta e artista, somente poderá sê-lo no sentido de um homem que auxilia, que precisa empregar toda a sua existência e transformá-la num apostolado da bondade e do préstimo. A partir desse dia surgiu aquele Rolland que nós veneramos enquanto o grande homem que ajuda e que consola. Não quero produzir palavras míticas de uma transubstanciação qualquer, não quero falar de uma migração misteriosa da alma de Tolstói para a sua. Mas essa única carta de consolo certamente deu ensejo a milhares e milhares de cartas de Rolland, e assim se difundiu no mundo, longe dos livros impressos de Tolstói e de Rolland, algo que se tornou ajuda e salvação para milhares de pessoas.

Com essa força renovada, Rolland volta à sua obra. Ele acha que agora conhece sua missão, a missão de ajudar, e quer dar nova força à juventude, principalmente à juventude francesa. Como começar? Rolland pensa – perdoem-lhe o engano; ele está com vinte e cinco anos – no teatro. Ele pensa: em Paris, a cada noite por volta de vinte mil ou trinta mil pessoas vão ao teatro para ver alguma coisa e se divertir; é aqui que devemos atacá-las, aqui é preciso pegar essas pessoas, que vão indiferentes ao teatro apenas para ver e ouvir alguma coisa, e levá-las de supetão para a ideia do sublime, para uma paixão. Ele gostaria de criar para o povo, para toda a nação, um teatro da energia e da força. O que Rolland queria então, essa ideia se expressa melhor por meio de algo passado. Ele gostaria de criar um teatro como o de Schiller. Sei que as opiniões sobre Schiller se dividem. A psicologia de suas peças parece ser puída e obsoleta; conhecemos os defeitos, os detalhes, até zombamos deles. Mas havia algo no teatro de Schiller que desde então nunca mais se manifestou na nação: ele atiçava a energia vital. Do teatro de Schiller emanava algo de ideal, uma força sobre os milhares de jovens que assistiam, um entusiasmo não pelo ator famoso, não pelo diretor que muda o cenário, mas entusiasmo pelo próprio entusiasmo. E esse idealismo que Schiller trouxe para dentro do teatro era criador. Ele talvez tenha produzido as guerras de libertação, mas também 1848. Infundiu por algum tempo um elemento de energia em toda a nação. É esse elemento de energia que Rolland gostaria de voltar a inserir no teatro. Ele tenta com o povo. Com Jaurès, funda um "teatro do povo". Mal começaram os preparativos, ele percebe: não existem obras para esse tipo de teatro, só existem peças com questões eróticas, peças com elementos de diversão, representações históricas, mas nada que pudesse servir para fortalecer. Então, esse homem muito jovem, com seu amor pelas causas sem perspectiva, resolve criar ele próprio um teatro. Em poucos anos, escreve dez, quinze peças destinadas a cumprir esse objetivo, e escolhe os temas principalmente na fonte de energia mais forte da França: a sua Revolução. Bem, essas peças – algumas os senhores conhecem, foram levadas ao palco – não tiveram sucesso algum na época. Não interessaram ninguém. Pois tratavam de problemas absolutamente sem atualidade. Em tempos de paz, tudo fica tão ordenado! Pode-se ser um bom patriota e, ao mesmo tempo, europeu. Pode-se obedecer à consciência e, ao mesmo tempo, ao Estado. Em tempos de paz, todas essas coisas ficam lado a lado, tão bem, tão puras, funcionando juntas como um mecanismo sem atritos. Mas agora, depois dessa guerra, de repente todas essas coisas, esses problemas – se, em determinada hora, devemos obedecer à pátria, à coletividade ou à própria consciência, se a justiça a serviço da nação deve ser mais elevada do que o sucesso –, todas essas coisas que existem transformadas nos dramas de Rolland ganham para nós uma estranha atualidade. Estavam à frente do seu tempo em termos ideais. Mas naquela época, como já disse, não tiveram êxito algum. Os esforços de muitos e muitos anos foram completamente debalde, e por volta dos trinta e dois anos, Rolland teve a impressão de ter desperdiçado todos os esforços da sua vida. Ele logo tenta novamente. Busca outra comunhão de pessoas, outra fonte de entusiasmo. A partir do sentimento de decepção, ele se diz: assim como eu estou decepcionado com o mundo real, assim há milhões de pessoas decepcionadas, uma aqui, outra ali em um quarto, numa aldeia, numa cidade, e uma não sabe nada da outra; é preciso unir essas muitas pessoas solitárias e decepcionadas em uma nova forma de comunhão, levando-lhes consolo. Por trás de suas obras, os senhores sempre veem a ideia do consolo e da ajuda. É quando ele resolve escrever as *Biografias heroicas*, para mostrar como um Beethoven ou um Michelangelo eram solitários contra o mundo todo, tirando dessa solidão uma força mais elevada.

Mas essa série de biografias também é interrompida. Mais uma vez, Rolland se vê no final de uma grande atividade, sem o menor sucesso. Mas é precisamente dessa decepção – e é tão fundamental para Rolland que ele sempre tire o máximo de suas decepções – que ele extrai um novo impulso. Diz ele: tentar novamente, numa idade mais madura, com forças mais vastas! E assim ele começa a escrever o *Jean Christophe*. A maioria dos senhores deve conhecer esse romance. Não preciso louvá-lo, não preciso explicá-lo. Seus personagens se tornaram vivos para inúmeras pessoas. Sua advertência, seu amor pela música entusiasmou muitas almas, e esse livro e suas figuras tornaram-se verdadeiros para um número infinito de pessoas. Mas a real grandeza, a grandeza mais verdadeira desse livro, para mim, nem reside naquilo que está escrito na obra. Vejo a grandeza real, moral e ética da obra no simples fato de ter surgido. Pois lembremo-nos: o Rolland que escreve esse livro tem cerca de trinta e cinco anos e é completamente desconhecido enquanto escritor. É considerado professor universitário, mas não tem o menor nome literário, não tem editora, nada. E inicia um romance de dez volumes, portanto algo totalmente sem esperança. Não havia perspectiva de que um romance de dez volumes algum dia, desde que fosse concluído, fosse realmente impresso e publicado. E Rolland ainda dificulta tudo intencionalmente. Pois coloca um alemão como herói no centro do romance. Bem, já havia acontecido, na França daquele tempo, de alguém pôr um alemão num romance, mas apenas como pequena figura secundária, como personagem bizarro, episódico, em parte ridículo, em parte levado a sério. Mas apresentar precisamente um alemão enquanto encarnação do novo Beethoven, enquanto o grande homem criador excepcional, isso desde o início condenava o romance ao fracasso total na França. Repito, não havia a menor esperança de que o incomensurável trabalho que Rolland colocou nesse romance – pois os preparativos datavam de quinze anos antes – teria êxito algum dia. O terceiro fator – é preciso falar sempre claramente sobre tudo – é o dinheiro. Pois na maioria dos casos o verdadeiro entusiasmo de um artista e de seu espírito de sacrifício pode ser identificado da maneira mais nítida e visível na questão financeira. Com todo o seu *Jean Christophe*, Rolland nunca teve a perspectiva de algum dia ganhar dinheiro. Os primeiros volumes saem numa pequena revista, os *Cahiers de la Quinzaine,* em que não ganhou um só centavo de honorário pelos primeiros seis ou oito volumes. Mesmo o romance inteiro não lhe rendeu nada, assim como seus quinze dramas. Rolland empreendeu o *Jean Christophe* sem lamentação, sem a menor tentativa de lucrar com um trabalho tão imenso. Precisamente esse idealismo me parece ser um acontecimento moral. Pois no meu entender não há nenhuma grande obra de arte – ou quase nenhuma – em que a falta de perspectiva não tenha sido inserida. Se Wagner, que passou por diversas dificuldades, inicia uma tetralogia sem qualquer esperança de que essa obra, que estava à frente de seu tempo em termos de conquistas técnicas, alguma vez pudesse ser apresentada em algum palco normal, mediano, isso é um ato heroico que convence mais da real missão que sentia em si do que qualquer declaração e talvez mais do que a própria obra. Mas aconteceu algo surpreendente: *Jean Christophe* tornou-se um sucesso. Foi muito curioso – e isso já foi nos tempos de que me lembro – como o fenômeno começou gradativamente. Primeiro, algumas poucas pessoas despertaram, depois se formou uma comunidade. Começou na Espanha, depois na Itália – num lugar qualquer havia algumas pessoas que perceberam lentamente: ali está nascendo algo diferente, algo que nos toca a todos, uma obra europeia, uma obra que não trata dos italianos ou dos franceses, não trata de uma literatura, e sim de nossa nação comum, de nosso destino europeu. De fato, essa obra pela primeira vez tornou totalmente visível a ideia de Europa de Rolland, a ideia de que não devemos enxergar as nações sempre a partir dos pequenos acasos e acontecimentos, mas sempre em sua figura máxima e mais pura, em *Jean Christophe*, em Johann Christoph, o alemão com sua impetuosidade, sua vontade divina e seu amor indomável pela arte, pelo seu egoísmo artístico levado até a paixão, a loucura e a injustiça, com seu amor, seu fanatismo pela dimensão metafísica que há em toda arte. E a seu lado o francês Olivier, mais fraquinho e mais delicado, que é tão incondicional em outro sentido, na clareza do espírito, na justiça interior, na resistência contra a paixão! Mas ambos percebem que se completam, ambos se amam e se incentivam através de sua familiaridade. Como terceiro tom, terceiro personagem, junta-se a eles Grazia, uma Itália da beleza, da suave sensualidade, da harmonia. Era assim que Rolland queria que as nações se vissem umas às outras, e os melhores entre eles também se reconheceram e uniram neste livro.

Por um instante, Rolland de fato alcançou o ápice. É como se houvesse nele uma calma, um momento de relaxamento, e a partir desse estado, dessa leveza, pela primeira vez escreve um livro alegre, divertido – *Monsieur Breugnon*. Mas o que ele construiu, essa ideia europeia, de repente, no espaço de apenas dois dias, essa ideia concebida por ele é aniquilada pela guerra. Subitamente, da noite para o dia, não existem mais a unidade europeia, o entendimento mútuo, a possibilidade de se compreender um ao outro, e assim o maior êxito de Rolland se torna sua decepção mais profunda. Aqui começa então o seu verdadeiro ato heroico, pois ele precisa recriar *Jean Christophe*, sua obra de vida. Aquilo que está destruído momentaneamente enquanto livro precisa ser recriado em outra matéria, na vida. Ele precisa provar através dos atos mais uma vez as ideias que moldou antes enquanto artista através da palavra: o homem ético agora precisa confirmar o artista. Essa foi a façanha de Rolland que nós consideramos sua façanha mais heroica, o fato de ter preservado e moldado nessa dimensão interior que não pode ser regulada por leis aquela Europa que durante a guerra não existia mais e nem podia existir legalmente. Essa foi a sua façanha mais verdadeira. Pois quando normalmente se diz assim com palavras rápidas, tentando circunscrever uma pessoa qualquer em uma fórmula, que Rolland é pacifista – pacifista no sentido de alguém que não gosta que as pessoas se batam, que se esquiva confortavelmente dos enfrentamentos bélicos no sentido da doutrina quietista –, isso é totalmente equivocado. Se alguma vez houve uma natureza heroica e batalhadora, foi Romain Rolland. O que são, afinal, todos os seus livros? O que é esse *Jean Christophe*? De que trata? Todos lutam, da primeira à última página. Jean Christophe e Olivier batalham por uma ideia; aperfeiçoam suas possibilidades a partir da resistência. Não existem naturezas quietistas nas obras de Rolland, e ele mesmo não gostava nada do quietismo. Assumiu naquela época uma postura de resistência em relação ao mundo todo. Mas o que foi a sua obra então? É curioso! Faz pouco tempo que voltei a folhear o famoso manifesto "Au-dessus de la mêlée", "Acima da confusão", que é o testemunho, o documento dessa luta, e me surpreendi ao constatar como há pouca coisa excitante nele. Como se explica que esse livro tenha atiçado tanta gente? Afinal, são coisas que hoje todas as pessoas, todos os estadistas dizem a cada momento e que ninguém perceberia como pouco sensatas ou especialmente ousadas. Mas precisamos nos lembrar – e este será o alto valor documental dessa obra – que um tal ensaio gerou aquelas primeiras cem refutações, que com a publicação de um tal texto naquela época uma pessoa estava completamente liquidada para a sua pátria e para a maioria dos outros países. Os primeiros ensaios de Rolland ainda puderam aparecer em um jornal de um país neutro. Mas chegou um momento, por volta de 1917, quando nem o *Journal de Genève*, totalmente neutro, ousava mais aceitar esses artigos, fazendo com que eles tivessem de sair publicados em revistas bem pequenas, como por exemplo na *Friedenswarte*, do editor (prematuramente falecido) A.H. Fried. Rolland não tinha outra possibilidade. Estava como que oprimido pelo terrível silêncio. Mas o efeito que esses escritos hoje aparentemente tão inofensivos exerceram sobre numerosas pessoas fará com que uma época futura reconheça como esse tempo de guerra foi pobre em palavras verdadeiras. Sob o troar dos canhões, das metralhadoras, sob o estardalhaço dos jornais havia por toda parte um silêncio oprimido e assustador, um silêncio também de milhões de pessoas que naquela época, quando os primeiros ensaios soaram como um diapasão, logo começaram a se mexer.

E o que havia nesses ensaios? O que queria Rolland? O que disse ele que causou então tanta agitação? A primeira coisa foi que ele insistiu no ponto de vista da individualidade: é verdade que somos cidadãos, sujeitos ao Estado, obedecendo a ele em tudo o que nos manda – o Estado tem poder sobre nosso patrimônio, nossa vida –, mas há um último ponto em nós mesmos. É o que Goethe em uma carta chamou de a cidadela que ele defende e que jamais pode ser penetrada por um estranho. É a consciência, aquela cidadela, aquela última instância que não se curva a um comando, nem para o ódio, nem para o amor. *Rolland se recusava a odiar*, a assumir um ódio coletivo. Considerava um dever inalienável poder escolher quem odiar e quem amar, e não ter que rechaçar de uma só vez uma nação inteira ou nações inteiras nas quais contava com os mais caros amigos. Em segundo lugar, Rolland não compartilhava o dogma de que a vitória seria uma panaceia. Ele não acreditava que bastaria a mera vitória para tornar uma nação mais justa e melhor. Tinha uma profunda desconfiança contra toda forma de vitória porque para ele, como disse certa vez, a história do universo não representava nada mais do que a prova sempre renovada de que os vencedores abusam de seu poder. Para sua ideia, a vitória representa um perigo moral tão grande quanto a derrota, e com isso ele apenas repete um dito ainda mais incisivo de Nietzsche, o qual igualmente recusava qualquer tipo de violência no plano intelectual. Isso era o que essencialmente isolava Rolland dos outros, sobretudo a desconfiança de que uma vitória pudesse afortunar definitivamente uma ou outra nação da Europa. Porque ele sempre considerou a Europa como uma unidade e essa guerra como uma espécie de guerra do Peloponeso, em que as tribos gregas se combatiam e enfraqueciam, enquanto a Macedônia e Roma já esperavam para depois atacar os debilitados e levar o butim.

O tempo deu razão a esse ceticismo contra a vitória. Ele decepcionou profundamente Rolland e todos aqueles que pensavam que esse acontecimento terrível, esse abalo e sofrimento produziria alguma nova espiritualidade, uma nova fraternidade, uma demanda por unidade e humanidade. E durante um instante pareceu que Rolland queria se retirar totalmente da realidade para a arte por causa dessa decepção com todas as forças das quais esperara uma elevação, uma suavização da trágica situação. Mas novamente ele extraiu energia dessa decepção, e mais uma vez, depois da guerra, quis mostrar à Europa em uma obra, em uma biografia heroica, as possíveis saídas de nossa confusão. Foi o seu livro sobre Gandhi. Ninguém na Alemanha, ninguém na França, ninguém no mundo conhecia esse combatente e modesto advogado indiano. E, no entanto, ele conduzia a luta mais árdua de um povo de milhões de pessoas contra o reino mais poderoso da Terra, o britânico. Mas era uma luta que não consistia na violência, e sim na recusa do serviço; não no ódio, e sim em uma energia que espera calmamente, e que por essa mesma suavidade é tão perigosa, mais perigosa do que toda paixão repentina. Ele quis mostrar como é possível provocar grandes decisões da história através de uma outra forma de energia, sem que fosse necessário qualquer derramamento de sangue. Foi para esta finalidade que Rolland apontou pela primeira vez para a grande batalha de Gandhi contra o reino britânico. É curioso como uma vida que evolui para a forma artística sempre dá grandes voltas! Um ano depois que Rolland tinha escrito esse livro, soube de algo insólito. Assim como, vinte e cinco ou trinta anos antes, ele próprio enviara de Paris uma carta para Tolstói e este o fortalecera em sua luta de vida, na mesma época o modesto advogado indiano, então na África, na colônia em Natal, se dirigira a Tolstói por causa de uma aflição semelhante, e Tolstói igualmente ajudara Gandhi através de uma carta. Assim, de repente, do Oriente para o Ocidente, duas naturezas que agem em esferas totalmente diferentes se encontram em uma mesma ideia, um mesmo pensamento ou, na verdade, no mesmo homem. Isso nos faz vislumbrar o enorme poder que o fenômeno moral de uma natureza sempre consegue gerar no que é terrestre.

Essa fuga para o outro lado, a transição da Europa para o Oriente, para uma nova esfera, a fim de buscar novas forças, é uma última ampliação, uma última elevação de Rolland, e, no primeiro momento, parece quase sem exemplo. Mas ela tem a sua metáfora, pois a história, a história dos homens, a história do espírito não é o registro frio de fatos, não é uma escritora sóbria *a posteriori*: a história é uma grande artista. Como todo artista, regozija-se imensamente com a metáfora. Para tudo acha a sua metáfora, uma sublime analogia. Também nesse caso. Permitam-me lembrar um instante outra personalidade que nos é cara, Johann Wolfgang Goethe, mais ou menos na mesma idade, em seu sexagésimo ano de vida. Ele sempre vivera devotado ao intelecto, enxergara as conexões em tudo e observara a vida, mas a crise mais extrema nunca se aproximara dele. Pouco antes do seu sexagésimo aniversário, na mesma idade – é curioso como a história age através de analogias –, a realidade desaba subitamente sobre ele. Depois da batalha nas cercanias de Jena, o exército prussiano derrotado inunda as ruas. Goethe vê pela primeira vez soldados carregando os feridos em carros, vê os oficiais amargurados com a derrota, a penúria e a miséria do povo inteiro, e logo depois os franceses chegando, a euforia dos oficiais. Os senhores sabem: soldados franceses invadem sua casa, destroem sua porta a coronhadas e ameaçam a sua vida. Depois vem ainda a companhia toda, vem ainda a humilhação dos príncipes que procuram Napoleão para garantir seus próprios feudos em meio à miséria geral. E o que faz Goethe naquele ano? Muitas vezes foi censurado, mas ninguém entendeu. Justamente naqueles anos ele lida com sábios chineses, com a sabedoria do Oriente, com poesias persas. Isso sempre – ou frequentemente – foi visto como uma atitude pelo menos indiferente perante a época. Mas foi uma salvação necessária para o espírito, pois o espírito é um elemento livre. Ele só pode viver em suspensão. Quando os tempos o apertam muito, ele se refugia para outras eras. Quando os homens se tornam raivosos, pressionam-no, então ele se eleva em fuga para a ideia de humanidade. Precisamente nesses anos, a partir dessa vivência, Goethe se eleva mais em direção a essa visão que supera em muito a Europa, a visão da pátria universal, aquela esfera onde, como ele disse certa vez tão maravilhosamente, vivenciamos a fortuna e o infortúnio das nações como se fossem os nossos próprios. Acima da pátria e do tempo, ele cria aquela esfera a partir da qual ele se tornou o homem que vê longe, que tem o domínio, o homem livre e o homem libertador. Essa pátria universal de Goethe, essa pátria de todos, essa Europa que Rolland sonhou, esse reino da fraternidade que todos os grandes artistas de Schiller até os nossos tempos sempre reivindicaram – eu sei, não é de hoje, nem de amanhã. Mas deixemos esse hoje e esse amanhã aos assalariados da política, a todos aqueles que se agarram a eles, e escrevamos nós mesmos o manifesto por aqueles reinos da humanidade que ainda não existem. Talvez todas essas coisas sejam sonhos, mas se os sonhos produzem uma energia que potencializa, se sentimos que nos tornamos interiormente mais maduros, mais claros, que nossos horizontes se ampliam em função desses sonhos de humanidade, de uma unidade superior, que nos salvamos para longe das pequenas odiosidades, não vejo por que não haveríamos de sonhá-los. Precisamos buscar uma energia em tudo que torna nosso espírito mais claro e nossos corações mais humanos. Sobretudo, acredito, devemos olhar para as poucas pessoas em que vemos já realizada alguma coisa dessa forma mais elevada, mais pura e mais clara que esperamos da futura humanidade. Pessoas que, empregando toda a sua energia, não vivem apenas esse tempo e em seu avanço arrastam os outros consigo. Uma dessas pessoas certamente é hoje Romain Rolland. Ele consolou milhares, levantou inúmeras pessoas, promoveu – através de seu idealismo não em um país, mas em todos os países – a vontade para a harmonia, a tendência para o entendimento e a possibilidade de uma visão mais elevada. Por tê-lo feito justamente na hora mais terrível que nossa época viveu, numa hora terrível que, espero, não volte mais, é por isso, creio, que nos é permitido agradecer-lhe nesse dia festivamente iluminado.

Os mestres
III. Sigmund Freud

EM SUAS MEMÓRIAS Zweig cita-o fartamente, sobretudo na parte final, mas não há certezas sobre a data em que se conheceram. A primeira carta de que se tem notícia de Sigmund Freud (1856-1939) para Zweig é de 3 de maio de 1908 agradecendo a remessa de um livro. Há indícios, porém, de que Zweig o teria procurado no início do século quando se envolvia com seu primeiro biografado, Paul Verlaine.

De qualquer forma, relacionaram-se e conviveram ao longo de três décadas. Zweig frequentou o consultório-residência da Bergasse 19, antes, durante e depois do perfil biográfico que publicou do mestre. No exílio londrino era um dos poucos admitidos na casa de Maresfield Gardens e, na cerimônia de cremação, foi um dos dois únicos oradores (o outro, Ernest Jones, psicanalista, tradutor, introdutor da psicanálise no mundo anglo-saxônico e, depois, biógrafo do seu criador).*

Admiração mútua, dele disse Freud: "O seu tipo é do observador, aquele que escuta e luta de forma benevolente e terna a fim de avançar na compreensão do que é inquietantemente excessivo."** Cada novo livro de Zweig era longamente comentado, nas raras discordâncias (caso de Dostoiévski, que Freud não considerava epilético, mas histórico) situavam-se no nível de iguais, exceção para algumas simplificações cometidas no perfil que escreveu do mestre e glosadas pelo próprio com rigor. Freud, porém, capitulou

---

* Nos *Diários*, com data de 26 de setembro, Zweig registrou a cerimônia de cremação: "O primeiro a falar foi o professor Jones, sinceramente emocionado, em seguida cumpri meu dever, penso que fui adequado, o importante era deixar claro que eu era austríaco ... cerimônia conduzida com tato e dignidade."
** Carta de Freud para Zweig em 4 de setembro de 1926.

à gratidão porque Zweig – àquela altura já consagrado – tivera a ousadia de lançar mundialmente o seu nome para além do restrito círculo científico.

Zweig foi um dos primeiros a perceber a dimensão literária de Freud e a servir-se das ferramentas oferecidas pela psicanálise tanto no campo da ficção como na biografia. Dedicou a ele o tríptico *A luta com o demônio: Hölderlin, Kleist, Nietzsche*, de 1925, e seis anos depois retratou-o em outro, ao lado de Anton Mesmer e Mary Baker-Eddy.*

---

* No Brasil o tríptico sobre os artistas demoníacos foi incluído no mesmo conjunto "Os Construtores do Mundo". *A cura pelo espírito*, que contém o perfil de Freud, foi publicado em 1931. Na obra seguinte, *Maria Antonieta* (1932; Zahar, 2013), além da inédita documentação, Zweig utilizou intensamente os recursos analíticos desenvolvidos por Freud.

Permitam-me, diante desse ilustre ataúde, dizer algumas palavras de comovido agradecimento em nome dos seus amigos de Viena, da Áustria, dos amigos de todo o mundo, na língua que Sigmund Freud tão grandiosamente enriqueceu e enobreceu através de sua obra. Acima de tudo, conscientizemo-nos de que nós, reunidos aqui em luto comum, estamos vivenciando um momento histórico, que o destino provavelmente não haverá de oferecer uma segunda vez para nenhum dos presentes. Lembremo-nos de que, no caso de outros mortais, de quase todos, a vida, a convivência conosco, finda para sempre no breve minuto em que o corpo esfria. Mas no caso deste aqui, cujo caixão rodeamos agora, no caso desse homem único em nossos tempos desconsolados, a morte significa apenas uma aparição fugidia e quase irreal. Deixar-nos, neste caso, não significa um fim, um cruel encerramento, mas apenas a suave transição da mortalidade para a imortalidade. Em contraposição à matéria física transitória que hoje perdemos com dor, sua obra e seu ser imortais estão salvos – todos nós aqui nessa sala que ainda respiramos e vivemos e falamos e escutamos, todos nós, no sentido espiritual, não temos um milésimo da vida desse grande morto aqui em seu apertado ataúde.

Não esperem de mim que glorifique as realizações de Sigmund Freud em vida. Todos conhecem seus feitos – quem não o conhece? Quem, da nossa geração, não foi internamente forjado e transformado por eles? Seu maravilhoso feito pioneiro, a descoberta da alma humana, vive em todas as línguas como lenda imortal, e isso no sentido mais literal, pois qual idioma poderia prescindir, abrir mão dos conceitos, dos vocábulos que ele extraiu das trevas do inconsciente? Moral, educação, filosofia, arte poética, psicologia – durante duas ou três gerações, todas as formas da criação espiritual e artística e do entendimento da alma foram enriquecidas e revalorizadas por ele como por mais ninguém de nossa época. Até mesmo os que nada conhecem de sua obra ou resistem às suas descobertas, os que nunca ouviram falar de seu nome, inconscientemente lhe devem favores e são súditos de sua vontade espiritual. Sem ele, cada um de nós, homens do século XX, seria diferente na maneira de pensar e compreender, cada um de nós estaria pensando, julgando, sentindo de um jeito mais estreito, menos livre e menos justo sem suas ideias vanguardistas, sem o poderoso impulso em direção ao nosso âmago que ele nos legou. E onde quer que tentemos penetrar o labirinto do coração humano, sua luz espiritual continuará iluminando o nosso caminho.

Tudo o que Sigmund Freud criou e antecipou enquanto descobridor e mentor permanecerá conosco no futuro; só uma coisa agora nos deixa: a pessoa, o amigo valioso e insubstituível. Creio que todos nós, sem distinção, por mais diversos que sejamos, não ansiávamos por nada mais ardentemente em nossa juventude do que encontrar uma só vez, em carne e osso, o que Schopenhauer chamou de a forma mais elevada da vida – uma existência moral, uma trajetória heroica. Todos nós sonhávamos, quando meninos, encontrar um desses heróis morais que nos ajudasse em nossa formação e elevação, um homem indiferente a todas as tentações da fama e da vaidade, um homem dedicado com alma plena e responsável unicamente à sua missão, missão esta que não serve a ele próprio, e sim a toda a humanidade. Esse sonho entusiasmado da nossa meninice, esse postulado cada vez mais rígido da nossa vida adulta, Freud realizou de maneira inesquecível com a sua existência, presenteando-nos, assim, com uma felicidade espiritual ímpar. Ali estava ele enfim, em meio a uma época vaidosa e fútil, o homem imperturbável, sempre em busca da verdade, para quem nada no mundo importava senão o absoluto, o de valor eterno. Ali estava ele enfim, diante dos nossos olhos, diante de nossos corações respeitosos, o tipo mais nobre e mais completo do pesquisador, com sua eterna ambiguidade – cauteloso, de um lado, examinando tudo atentamente, refletindo sete vezes e duvidando de si mesmo enquanto não tivesse certeza, mas tão logo tivesse conquistado uma convicção, defendendo-a contra a resistência de um mundo inteiro. Por seu intermédio, nós e nossa época experimentamos mais uma vez exemplarmente que não existe coragem mais magnífica no mundo do que a coragem livre e independente do homem espiritual: será inesquecível essa sua coragem de encontrar conhecimentos que outros não descobriram porque não *ousaram* encontrá-los ou pronunciá-los e acreditar neles. Mas ele ousou e ousou, repetidamente e sozinho contra todos, avançando por terrenos nunca pisados, até o último dia de sua vida; e que exemplo nos legou com essa sua coragem espiritual na eterna luta da humanidade pelo conhecimento!

Nós, contudo, que o conhecíamos, sabemos da comovente modéstia pessoal que habitava ao lado dessa coragem para o absoluto e como ele, ao mesmo tempo, com essa alma tão maravilhosamente forte, compreendia como ninguém todas as fraquezas da alma nos outros. Essas duas notas – a rigidez do espírito e a bondade do coração – no fim de sua vida resultaram na harmonia mais completa que se pode conquistar no mundo espiritual: uma sabedoria clara, pura e outonal. Quem conviveu com ele nesses últimos anos via-se consolado em uma hora de conversa a respeito do paradoxo e da paranoia do nosso planeta, e muitas vezes desejei que os mais jovens também gozassem do benefício desses momentos, para que eles, quando nós já não pudermos mais testemunhar em favor da grandeza psicológica desse homem, pudessem dizer, orgulhosos: eu conheci um verdadeiro sábio, eu conheci Sigmund Freud.

Que isto seja nosso consolo nesta hora: ele completou sua obra e se completou interiormente. Domou o arqui-inimigo da vida, a dor física, através da firmeza do espírito, da paciência da alma, mestre na luta contra o próprio sofrimento, como o foi a vida inteira na luta contra o sofrimento alheio, e portanto exemplar como médico, filósofo, conhecedor de si mesmo até o último e amargo instante. Obrigado, amado e respeitado amigo, por teres sido esse exemplo, obrigado pela tua grandiosa vida criadora, obrigado por cada uma das tuas ações e obras. Obrigado por tudo o que foste e pelo que colocaste de ti em nossas almas – obrigado pelos mundos que nos abriste e que agora percorremos sozinhos, sem guia, sempre fiéis a ti, sempre pensando em ti com veneração, amigo mais precioso, mestre mais amado, Sigmund Freud.

O mentor, Theodor Herzl

JORNALISTA, teatrólogo, utopista, nascido em Budapeste e uma das figuras mais conhecidas do *fin-de-siècle* vienense, legítimo representante do universo austro-húngaro, Theodor Herzl (1860-1904) foi alcunhado pelo satirista Karl Kraus como "Rei dos Judeus". Correspondente em Paris do mais influente diário de Viena, *Neue Freie Presse,* Herzl cobriu a primeira fase do *Affaire Dreyfus* e, como muitos outros liberais no mundo inteiro (incluindo Rui Barbosa, então exilado em Londres), revoltou-se com o clamoroso erro judicial, nele identificando o inequívoco e secular rancor antissemita.

Herzl retorna a Viena, e dois anos depois publica *O Estado judeu,* uma brochura que transformou o mundo judaico para sempre e, meio século depois, forneceu as bases para a criação do Estado de Israel. Theodor Herzl já era famoso como o editor do *feuilleton* (seção de cultura) do seu jornal, e foi nesta condição que Zweig o procurou. Com 19 anos e alguns versos publicados, foi recebido pelo famoso jornalista e lhe entregou uma colaboração. Dias depois da publicação, em seu artigo habitual o próprio Herzl refere-se aos jovens talentos vienenses e cita-o em primeiro lugar.

"Sionismo" era uma palavra maldita, os rabinos a odiavam, não podia ser impressa no jornal (que pertencia a uma família judaica). Zweig fascinou-se com a ideia, participou de alguns *meetings* ao lado de Herzl – não tinha o temperamento de um nacionalista, afastou-se. Herzl morreu logo depois e, em 1929, com a intensa colonização judaica em partes da Palestina Zweig lembrou-se de que tinha uma dívida com o seu mentor literário.

Essas reminiscências, sei bem disso, parecem evocar outro Theodor Herzl do que o homem que conhecemos hoje. Evocam antes de tudo um escritor outrora célebre e hoje totalmente esquecido, cuja imagem foi apagada por completo pela figura quase transcendental do Herzl sionista.

Na minha juventude, e disso sou testemunha, houve um escritor idolatrado com entusiasmo e reverenciado em toda a Áustria, secretamente ou com estardalhaço, um certo Theodor Herzl, originário da Hungria, nascido em Budapeste e que eu já reverenciava quando o sionismo não passava de uma bruma distante no cenário intelectual do mundo. Naquela época, Theodor Herzl era o primeiro editor do suplemento cultural (*feuilleton*) do *Neue Freie Presse* e encantava seus leitores com textos cujo tom era ora levemente melancólico, ora espirituosamente brilhante, profundamente emocional e, no entanto, de uma sabedoria cristalina. Tinha o dom de conferir leveza às coisas graves, e estas ele conseguia apresentar da maneira mais agradável e acessível, e tanto o ceticismo irônico quanto a polidez de seus aforismos revelavam o quanto aprendera em Paris com Anatole France, idolatrado por ele acima de tudo. Ninguém expressava melhor o que os vienenses queriam ler, e, junto com um colega, ele chegou a escrever uma comédia de bom gosto para o Burgtheater, composta a partir dos melhores ingredientes. Além de tudo, era um homem que chamava a atenção pela beleza física, conciliador, agradável, divertido; em suma, não havia, na virada do século, escritor mais popular, conhecido, festejado em toda a burguesia e talvez também aristocracia da velha Áustria.

Essa popularidade subitamente sofreu um forte golpe. Pouco antes do fim do século começou a vazar a informação (ninguém de sã consciência pensava ler aquela brochura) de que aquele *causeur* elegante, nobre e espirituoso havia escrito um tratado despropositado, sugerindo nada mais nada menos que os judeus deixassem suas casas nas avenidas e suas mansões e suas lojas e seus escritórios de advocacia e se mudassem de armas e bagagens para a Palestina, a fim de fundar uma nação. Seus amigos de início reagiram deplorando com irritação aquela "besteira" de um escritor em geral tão sábio e altamente talentoso. Foi quando houve aquela reviravolta vienense infalível em relação a qualquer acontecimento: resolver tudo através do bom humor. Karl Kraus lançou contra Herzl uma brochura cujo título, "Uma coroa para Sião", foi uma flecha que entranhou para sempre em sua pele. Quando ele adentrava o teatro, com sua bela barba, sereno e de postura ereta, todos sussurravam e cochichavam "o rei de Sião" ou então "Sua Majestade chegou", em cada conversa, em cada olhar o apelido irônico vinha ao seu encontro, camuflado; enquanto isso, os jornais se superavam em ironias, quando não proibiam que a palavra "sionismo" fosse impressa, como fez seu chefe no *Neue Freie Presse*. É possível que ninguém tenha sido tão ironizado naquela cidade zombeteira no início do século como Theodor Herzl ou aquele outro homem grandioso, que estava construindo paralelamente – sozinho e de maneira independente – uma ideia decisiva: o seu companheiro de destino, Sigmund Freud, que a alta academia não se dignou a cumprimentar nem mesmo por ocasião dos seus setenta anos.

Mas devo admitir francamente que também no meu caso o amor e a minha admiração se dirigiam apenas ao escritor Theodor Herzl, hoje caído no esquecimento. A partir do instante em que eu soube ler de verdade, li todos os seus ensaios, formando-me e admirando a sua erudição. Até hoje me lembro (e as reminiscências infantis são indomáveis) de quase todos os seus suplementos com a mesma nitidez com que me lembro das primeiras poesias de Rilke ou Hofmannsthal, que eu lia nos bancos escolares. Não havia então para mim autoridade mais importante, opinião mais essencial e verdadeira. Portanto, nada mais natural do que eu, mal saído do liceu, pensasse nele, meu juiz supremo e idolatrado, para apresentar um conto que eu escrevera. Não o conhecia pessoalmente, nem sabia como chegar a ele. Assim, com a feliz ingenuidade e a irremediável ousadia da juventude escolhi o caminho mais simples, procurando-o na redação onde cumpria sua função de editar o suplemento cultural. Informara-me sobre seu horário de atendimento, acho que era das duas às três da tarde, e assim simplesmente fui direto ao seu encontro. Para meu espanto, deixaram-me entrar sem demora em uma sala bastante apertada, com uma única janela, cheirando a poeira e óleo de tipografia. De repente, sem que eu tivesse tido tempo de me preparar, vi-me diante dele. Ele se levantou educadamente e me ofereceu uma poltrona ao lado da escrivaninha. Desde o primeiro momento, essa cortesia natural e encantadora me conquistou, e isso se repetiu em todos os nossos encontros. Era uma cortesia de escola francesa que, com seu porte majestoso, lembrava os modos dos reis ou altos diplomatas. É possível que a ideia de uma função de liderança tenha se originado não apenas do espírito como, por assim dizer, de seu porte físico. Involuntariamente, qualquer pessoa se subordinava a ele só pela sua estatura.

Herzl convidou-me a tomar assento, com toda gentileza, e perguntou: "O que o traz aqui?" Eu balbuciei que queria apresentar-lhe uma novela. Ele recebeu o maço, contou as páginas manuscritas até a última, olhou em seguida para a primeira, recostou-se. Assustei-me ao perceber que começou de imediato a ler, na minha presença. Os minutos pareciam intermináveis e eu os preenchi deliberadamente olhando de soslaio para o seu rosto. Era de uma beleza impecável. A barba preta, macia e bem tratada conferia ao seu rosto uma harmonia nítida, quase retangular, da qual não destoavam nem o nariz de linhas claras, bem no centro da face, nem a testa alta, levemente arredondada. Mas esse rosto quase regular demais, quase pictórico demais era aprofundado pelos olhos suavemente amendoados com seus melancólicos e pesados cílios negros, olhos antigos do Oriente num rosto que, no mais, era francês, à maneira de Alphonse Daudet, rosto que, sem aquela janela da alma de uma melancolia milenar, teria dado a impressão de ligeiramente perfumado, como o de um médico de senhoras ou de um "belo homem". Ele parecia notar que eu o observava, pois ao folhear as páginas fixou-me de um jeito penetrante, porém não severo: estava habituado a ser observado, quem sabe aquilo até fosse de seu agrado. Por fim, virou a última página e fez um gesto estranho; sacudiu as folhas, juntou-as, fez uma anotação com um lápis azul e guardou o maço à esquerda em uma gaveta. Só depois desse gesto teatral, obviamente calculado para criar tensão, virou-se para mim e disse, consciente de estar anunciando algo grandioso: "A novela foi aceita."

Aquilo valia muito, muito mesmo, pois àquela época o suplemento cultural, o *feuilleton*, ainda era considerado algo sagrado, acessível apenas a pessoas de reconhecida qualidade ou de cabelos já grisalhos, e somente o jovem Hofmannsthal tinha transposto uma vez o cerco sagrado. Em seguida Herzl perguntou-me ainda algumas coisas, quis saber o que eu estudava, mas não sobrava muito tempo para conversa e ele se despediu dizendo que esperava que eu lhe levasse outros textos. Ele de fato publicou aquela novela logo depois; mais ainda, algo que eu não esperava: escreveu em um de seus próximos suplementos, citando logo o meu nome, que de novo existiam jovens em Viena de quem se poderia esperar muito. Foi a primeira vez que, de maneira espontânea, a partir de uma confiança intuitiva, alguém me encorajou publicamente, e numa carreira literária talvez nenhum instante seja tão decisivo e inesquecível quanto este primeiro e insuspeitado estímulo. Desde então, o fato de justo Theodor Herzl ter sido o primeiro a confiar em mim (mais por instinto do que pela obra existente) representou para mim um dever, e continuo tão grato a ele quanto naquele primeiro momento surpreendente.

Depois disso, tive o privilégio de vê-lo frequentemente – não muito, claro, pois eu estudava na Alemanha e quando voltava para Viena o respeito me impedia de privá-lo de seu tempo, mas era raro ele me ver no teatro sem se dirigir a mim e perguntar pelo meu trabalho com algumas palavras amáveis. Nesse meio-tempo, a gratidão em relação a ele me aproximara da ideia que o absorvia cada vez mais. Comecei a acompanhar o movimento sionista, aqui e acolá participava como ouvinte das pequenas assembleias, em geral nos porões subterrâneos dos cafés, e na universidade encontrava cada vez mais com o mais nobre dos seus discípulos, Martin Buber. Mas algo me impediu de estabelecer um elo verdadeiro, eu estranhava os estudantes para quem a capacidade de satisfação ainda parecia formar o núcleo do judaísmo, e a hoje inimaginável falta de respeito com que justo os primeiros discípulos se posicionavam em relação à pessoa de Herzl me afastava das noites de debate. Os que vinham do Leste acusavam-no de nada entender do judaísmo, nem mesmo conhecer seus costumes, os economistas clássicos o consideravam um mero editor de cultura; cada qual tinha sua objeção, e nem sempre a expressava do modo mais respeitoso. Essa falta de capacidade intelectual de subordinação instintivamente me mantinha afastado daqueles círculos. Eu sabia muito bem como teriam feito bem a Herzl então pessoas totalmente subordinadas, que ajudassem mesmo contra sua própria opinião, sobretudo gente jovem. Esse espírito combativo, assertivo, da revolta secreta contra Herzl afastou-me logo do movimento. Quando certa vez falamos sobre o assunto, admiti isso com franqueza. Ele sorriu com certa amargura e disse: "Não se esqueça, estamos acostumados há séculos a brincar com problemas e brigar com ideias. Há dois mil anos, nós, judeus, não temos prática histórica de fazer algo real no mundo. É preciso aprender a dedicação incondicional, e eu próprio ainda não a aprendi, pois em meio a tudo isso ainda escrevo meus suplementos e continuo sendo redator do *feuilleton* do *Neue Freie Presse*, quando deveria ser meu dever não ter nenhum pensamento além desse, não colocar sequer um rabisco diferente em um pedaço de papel. Mas estou a caminho de melhorar, quero aprender eu mesmo essa doação incondicional e, quem sabe, outros também aprendam." Lembro que essas palavras me impressionaram muitíssimo, pois era justo isso o que nos irritara inconscientemente, o fato de Herzl nunca conseguir se decidir por abrir mão de seu cargo no *Neue Freie Presse* – achávamos que era por causa da sua família. Só bem mais tarde o mundo soube que não era bem assim e que ele sacrificara seu patrimônio pessoal pela causa; e o quanto ele próprio sofrera com essa divisão, isso não apenas aquela conversa me revelou, como também muitas anotações em seus diários.

Depois daquilo vi-o ainda algumas vezes, mas de todos os encontros só um se tornou importante e inesquecível, talvez por ser o último. Eu tinha estado no exterior, comunicando-me com Viena apenas por cartas, e um dia o encontrei no parque da cidade. Parecia vir da redação, caminhava lentamente e um pouco encurvado; não era mais o antigo passo elástico. Cumprimentei-o com polidez e quis continuar, mas ele veio rapidamente em minha direção e me estendeu a mão. "Por que se esconde? Você não precisa disso." Ele estimava muito que eu tivesse me refugiado tantas vezes no estrangeiro. "É nosso único caminho", disse. "Tudo o que sei aprendi no exterior. Só lá nos habituamos a pensar com distanciamento. Estou convencido de que jamais teria tido a coragem para aquela primeira concepção, teriam-na destruído enquanto ainda germinava e crescia. Mas graças a Deus quando a trouxe para cá tudo estava pronto e eles não puderam fazer nada além de dar patadas." Em seguida, falou com muita amargura de Viena; ali encontrara os maiores obstáculos, e sem novos impulsos vindos de fora, principalmente do Leste e também dos Estados Unidos, já teria se cansado. "Afinal, meu erro foi ter começado tarde demais", disse ele. "Viktor Adler já liderava os social-democratas aos trinta anos, nos seus anos mais aguerridos, sem falar das grandes personalidades da história. Precisaria de um jovem, apaixonado e sensato, que pensasse comigo e entendesse os meus pensamentos. No início, coloquei as esperanças em F., mas ele é muito suave, pouco político. Se soubesse como sofro ao pensar nos anos perdidos, por não ter me ocupado mais cedo com a minha tarefa! Fosse minha saúde tão boa quanto minha força de vontade, tudo estaria bem, mas o tempo não volta." Eu o acompanhei ainda por um bom pedaço e ele falou das dificuldades que enfrentava, não tanto com amargura, mas com resignação; parecia estar acostumado a encontrar resistência justamente onde não esperava. Procurei dizer-lhe algo agradável e falei do efeito da sua ideia no exterior, de quantas pessoas tinham como único sonho apertar a sua mão, e perguntei-lhe se ele mesmo não sentia como havia crescido, superando aquela Viena, aquela Áustria, chegando às regiões mais distantes do mundo. Mas ele se limitou a sorrir, triste, e disse: "É, para vocês, vocês jovens, tudo parece se resumir ao sucesso e à fama. Veja", prosseguiu, apontando de repente para sua bela barba, já bastante entremeada por fios prateados, "veja, tire os fios grisalhos da minha barba e dos meus cabelos e eu lhe dou toda a minha fama."

Continuei acompanhando-o por muito tempo, quase até a sua casa. Ali ele parou, deu-me a mão e disse: "Por que nunca vem me visitar? Nunca veio à minha casa. Telefone antes, arranjarei tempo." Eu lhe prometi, decidido a não cumprir a promessa, pois quanto mais amo alguém, mais respeito o seu tempo. Estava firmemente determinado a não visitá-lo.

Mas acabei indo, poucos meses depois. A doença que começara a vergá-lo abateu-o de repente, e só me restou acompanhá-lo ao cemitério. Isso faz exatamente 25 anos. Foi um dia singular, em julho, dia inesquecível para todos os que estiveram presentes. Pois de repente, em todas as estações da cidade, em todos os trens, dia e noite, vindo de todos os reinos, de todas as nações, chegou gente – judeus ocidentais e orientais, russos, turcos, que acorriam de todas as províncias e cidadezinhas, o susto estampado no rosto; nunca estivera tão visível o que as brigas e o falatório antes haviam ocultado: que o líder de um grande movimento havia morrido. Foi uma romaria sem fim. Subitamente, Viena percebeu que quem morrera não fora apenas o redator de um suplemento cultural, um escritor ou poeta mediano, mas sim um daqueles formadores de ideias que só em intervalos gigantescos surgem, triunfais, em um país ou em meio a um povo. No cemitério houve tumulto, era gente demais afluindo até o caixão, chorando, lamentando-se, gritando em um desespero que se tornou selvagem, virou uma agitação, quase uma fúria; toda a ordem se rompeu por uma espécie de luto elementar e extático, como eu jamais vi nem antes nem depois em um enterro. E em meio a essa dor violenta, nascida das profundezas de uma multidão de milhões, pude medir pela primeira vez quanta paixão e quanta esperança trouxe ao mundo esse homem solitário e único, através da força de uma única ideia.

Jogo de espelhos: Hermann Hesse

PAUL VERLAINE OS APROXIMOU: Zweig publicara uma antologia dos versos que traduzira para o alemão acompanhada de um pequeno ensaio, Hesse incluíra no seu livro de poemas uma tradução do poeta maldito francês.*

A correspondência começou em 1903, estendeu-se ao longo de 35 anos, até 1938. Junto com Thomas Mann, Zweig foi o mais assíduo correspondente do alemão-suíço Hermann Hesse, quatro anos mais velho (1877-1962).

Outras afinidades os juntaram além da poesia francesa: o pacifismo (durante e depois da Primeira Guerra Mundial), o interesse pelo Oriente (os pais de Hesse, pastores protestantes, viveram na Índia, que ele visitou em 1911, em seguida à viagem de Zweig ao Extremo Oriente), a psicanálise (Hesse tratou-se com um discípulo de Carl Jung), o internacionalismo, o não envolvimento com a luta partidária. Mais recentemente juntaram-se outra vez, agora no ostracismo acadêmico, graças às respectivas posturas que prescindem de exegeses: são claros, as opções humanistas dispensam interpretações.**

Causas e devoções à parte, diametralmente opostos em matéria pessoal, literária, estilística: rústico, ligado à natureza, avesso ao sucesso e bens materiais, tímido, lacônico, prosador refinado, algo místico, o Nobel de 1946 diferia do amigo vienense, cosmopolita, mundano, *globe-trotter* e best-seller. Hesse precisou de mecenas para viver com conforto, Zweig foi mecenas para muitos. Hesse tentou o suicídio duas vezes, na segunda foi salvo pela psicanálise. Zweig teve Freud ao lado durante grande parte de sua vida e, no Rio de Janeiro, tomado pela depressão, esteve duas vezes com um psicanalista vienense refugiado como ele. Cansou.

---

* Stefan Zweig, *Gedichte von Paul Verlaine*, Berlim, 1902; Hermann Hesse, *Gedichte*, Berlim, 1902.
** *Sidarta*, de Hesse, foi publicado em 1922 e a lenda oriental de Zweig *Os olhos do irmão eterno*, em 1921.

Todo ápice alcançado sempre volta a ser um começo: é assim que justo o artista famoso, popular, vive encerrado numa espécie de anonimato, à semelhança do artista desconhecido, e talvez ainda mais do que ele; vive encapsulado, petrificado no rótulo que o mundo comodamente criou para ele, e suas mudanças e transformações mais profundas ocorrem sob essa superfície, por assim dizer, de forma misteriosa e despercebida para os outros. A opinião pública continua olhando fixamente para a sombra projetada pelo brilho do primeiro sucesso de um poeta, e demora a perceber que, nesse meio-tempo, o homem vivo saiu caminhando de seu molde – quer ladeira acima, quer ladeira abaixo. Um dos exemplos mais contemporâneos desse modo impreciso de olhar me parece ser o juízo que se faz de Hermann Hesse, cuja popularidade generalizada, ampla e agradável, cultivada calorosamente até no âmbito de um público familiar, fez passar quase despercebida a estranha, surpreendente e importante transformação e o aprofundamento de sua natureza poética. No entanto, não conheço na literatura alemã mais recente nenhum outro caminho tão insólito para um desabrochamento interior que, apesar de todas as circunvoluções, é retilíneo.

Hermann Hesse começou a escrever há vinte ou vinte e cinco anos da maneira como um filho de pastor da região de Württemberg começa a escrever: com versos, com versos muito suaves, nostálgicos. À época, era assistente de livreiro na Basileia, muito pobre e sozinho – mas, como sempre ocorre com esses poetas nostálgicos, quanto mais amarga a vida, mais doce a música, mais doces os sonhos. Até hoje conheço de cor algumas daquelas poesias (que encantaram a mim, mais jovem que ele, pela seda do tom, pela suavidade do som), até hoje as considero especialmente bonitas, até hoje sinto o hálito puro de um poema como este, "Elisabeth":

> Wie eine weiße Wolke,
> Am hohen Himmel steht,
> So weiß und schön und ferne
> Bist du, Elisabeth.
>
> Die Wolke geht und wandert,
> Kaum hast du ihrer acht,
> Und doch durch deine Träume
> Geht sie in dunkler Nacht.
>
> Geht und erglänzt so silbern,
> Dass fortan ohne Rast
> Du nach der weißen Wolke
> Ein süßes Heimweh hast.*

Não havia nenhuma sonoridade nova naqueles poemas, ao contrário dos versos do jovem Hofmannsthal ou de Rilke, que ao mesmo tempo forjavam a linguagem lírica e a preenchiam sonoramente – era ainda a velha floresta romântica alemã, na qual se escutava o som das trompas de Eichendorff e onde a suave flauta de Mörike soava por sobre os prados. Mas nesse tom nostálgico havia uma estranha pureza que já chamava a atenção de algumas pessoas. Enquanto isso, o impaciente fugira da livraria, rumava feito cigano pelas ruas até a Itália, escreveu aqui e acolá um ou dois livros que não foram muito notados. E de repente, pouco tempo depois de seu primeiro romance, *Peter Camenzind*, sair publicado no *Neue Rundschau* e ser lançado pela editora S. Fischer, ele já era famoso.

---

* Tradução livre: "Como uma nuvem branca/ No céu flutua, alta,/ Tão branca e bela e distante/ És tu, Elisabeth. // A nuvem vem e anda/ Mal lhe dás atenção,/ E no entanto nos teus sonhos/ Ela vai, na noite escura. // Vai e brilha tão prateada/ Que agora sem cessar/ Tens desta nuvem branca/ Uma doce nostalgia." (N.T.)

Precisamente aquilo que comovera alguns entre nós, jovens, em seus poemas agora ganhava círculos mais amplos: a profundidade, a pureza dessa nostalgia, a prosa genuína educada nos parâmetros de Gottfried Keller e (isto não pode ser omitido quando se tenta explicar a amplitude de seu sucesso) um certo germanismo na afetividade – o suave brio na emoção, o cuidadoso abrandamento de todas as paixões, aquela espécie de sentimento alemão expresso, por exemplo, nos quadros de Hans Thoma, como aquele em que o jovem rapaz está sentado ao luar com seu violino, esses quadros de pura emoção, suaves tons, pintados a partir de uma genuína nostalgia alemã, que encantam os jovens mas que depois, com todo o respeito, podem nos constranger um pouco. Também os seus romances seguintes, *Debaixo das rodas*, *Rosshalde*, além de algumas novelas, conservaram essa pureza suave e se tornaram muito populares: justificadamente, podem ser vistos como nobres exemplos da arte alemã burguesa de narrar.

Poder-se-ia acreditar que então a nostalgia do peregrino estivesse realizada. O antes pobre ajudante de livreiro tinha agora casa própria à beira do lago de Constança, a mulher e duas crianças espertas a seu lado, um jardim, um barco, uma pilha de encomendas e um amplo renome literário e burguês. Poderia aquietar-se e viver bem. Mas, curioso: quanto mais satisfação viesse de fora, quanto mais a tranquilidade viesse ao seu encontro, mais aquele homem estranho sentia algo crescer, oscilar e agitar-se dentro de si. E pouco a pouco a nostalgia antes tão pálida, tão germanicamente sentimental, transformou-se em uma inquietude profunda, humana, deveras humana, uma comoção impaciente de todo o seu ser em busca de alguma coisa. Pequenos sinais revelavam que este homem não descansava em si próprio, não descansava em seu êxito, que sempre queria algo diferente, mais essencial, que ele – para usar o genial diagnóstico de Goethe do homem verdadeiramente poético – era daqueles que passam por várias puberdades, um eterno recomeço da juventude. Daquele lar estável, sentiu-se atraído por viajar, foi à Índia, de repente tornou-se pintor, praticou a filosofia, até mesmo um tipo de ascese – aos poucos a inquietude, o desejo de transformação a partir de um mero elemento poético e emotivo tornou-se uma disposição psíquica, uma dolorosa comoção de sua pessoa inteira.

Em sua obra, essa transformação naturalmente não veio à tona de imediato. Os belos volumes de novelas daqueles anos de transição fazem parte da mais bela prosa contista, e *Knulp*, esse temporão solitário de um mundo romântico, parece-me ser um pedaço imorredouro da Alemanha profunda, um quadro de Spitzweg, ao mesmo tempo tão cheio de música quanto uma canção popular. Apesar disso, para minha sensibilidade particular, em todas essas novelas (com justa razão) muito populares de Hermann Hesse há algo de um cuidado contido, de um desvelo sentimental, que de alguma forma, não sei expressar diferentemente, passa por cima do problema de uma forma lírica e musical justo quando este se torna quente, abrasador, incandescente. Não que ele (ou a maioria dos outros grandes contistas alemães) falseasse as coisas, que ele deliberadamente fosse inverídico nas representações psicológicas – nenhum deles, nem Stifter, nem Storm, nem os românticos o são jamais: só não dizem toda a verdade, desviam-se e esquivam-se onde a realidade lhes parece sensorial e, por isso, não mais muito poética. Da mesma forma como ocorre com algumas das novelas mais sofisticadas de Stifter e Storm, essa forma covarde (ou, dizendo mais respeitosamente, pudica) de virar o rosto, de ver sem querer enxergar, só rebaixa a maioria das obras de Hesse daqueles anos, porque lhes falta a vontade determinada, enérgica de enfrentar a realidade e com isso a si próprio, em vez de, no último instante, encobri-la com um véu romântico. Se Hesse enquanto pessoa já revelava o homem inteiro, em seus livros ainda transparecia o jovem que não ousava ver o mundo de outro jeito que não o romântico, o poético.

Então veio a guerra – a boca queima na urgência de querer dar-lhe um mérito –, a guerra, que pela extrema pressão atmosférica conseguiu arrancar de tanta gente o que realmente importa. Assim, também conseguiu fomentar a transição interna de Hesse. Sua vida passou por uma reviravolta: a casa própria há muito já estava perdida, o casamento terminado, os filhos longe; sozinho em meio a um mundo em decadência, lançado de volta para sua crença romântica e demolida na Alemanha e na Europa, foi obrigado a pôr mãos à obra como um desconhecido, um iniciante. A partir de uma maravilhosa percepção dessa revolução de seu ser, da completa renovação do seu destino, do recomeço de vida, Hermann Hesse fez algo que durante muito tempo nenhum poeta de renome na Alemanha ousara (algo que todos deveriam experimentar uma vez na vida): ao dar ao mundo a primeira obra da nova era, fê-lo não sob a bandeira segura de seu nome, e sim no mais rígido anonimato de um pseudônimo qualquer. De repente, os círculos literários tiveram sua atenção atraída para o romance de um desconhecido Emil Sinclair. *Demian*, este era o título de um livro estranhamente obscuro e profundo, que falava da juventude de uma maneira peculiarmente ramificada que penetrava até as trevas da alma. Ao lê-lo, pensei em Hesse, mas sem suspeitar que ele poderia ser o autor daquele livro: esse Sinclair me pareceu ser um discípulo dele, um homem jovem que lera muito Hesse, mas que o superara em conhecimento psíquico, em uma honestidade rara. Pois ali já não havia aquela postura reticente, aquela indecisão na psicologia, ao contrário: um sentido potencializado se aproximava com uma vigília atenta ao mistério da vida, a aquarela das vivências da alma, que antes eram passadas a pinceladas hesitantes por sobre os destinos sombrios, dera lugar a tonalidades sensuais, quentes. E meu espanto transformou-se em respeito quando, dois anos mais tarde, soube que Emil Sinclair era Hermann Hesse, mas um novo Hermann Hesse, que começava a se aproximar de si mesmo, o verdadeiro homem Hermann Hesse, não mais o sonhador.

Essa fronteira hoje é bem nítida e desce às raízes mais entranhadas de seu ser. Não é só que a problemática do outrora suave observador tenha se tornado mais profunda, mais próxima das trevas, que uma tempestade interior tenha tirado qualquer sentimentalidade das bocas de seus personagens – bem no lugar do impalpável, no olhar, na pupila agora há outro olhar, um olhar mais sábio. Desde sempre, o mistério envolve o progresso invisível de um artista para dentro de si próprio, algo que não pode ser exprimido com palavras. No caso de pintores isso é mais evidente, pois vemos de certa forma sensorialmente como de uma hora para outra – por exemplo quando chegam à Itália ou vivenciam pela primeira vez um novo mestre –, depois de muito experimentar, de repente o mistério da luz ou do ar ou da cor desabrocha, como uma época se inicia na sua arte. No caso de um poeta, tal transformação é menos palpável, só o nervo pode percebê-la. Quando hoje Hesse descreve uma árvore ou uma pessoa ou uma paisagem, nem sei bem explicar por que esse seu olhar, esse seu tom agora é diferente, mais pleno, mais sonoro, mais claro, não consigo dizer por que todas as coisas são um grau mais verdadeiras e mais próximas de si mesmas. Mas basta ler uma daquelas obras acidentais depois de *O caderno de Sinclair* (Rascher & Co., Zurique), e *Caminhada*, ambos ilustrados com aquarelas suas, comparando-as com suas narrativas líricas juvenis. Aqui, tudo é sumo e vigor na linguagem, e aquele grande comedimento que só a plenitude pode permitir; a velha inquietação ainda se encapela aqui, contudo como se em ondulação mais profunda. Mas a obra mais madura, mais rica, mais insólita que este novo Hesse nos deu até agora é a coletânea de novelas *O último verão de Klingsor*, que eu muito conscientemente reputo uma das mais relevantes da nova prosa. Ali, Hesse atingiu uma transformação rara: o olhar ficou mágico, criando na escuridão um brilho trêmulo e fosforescente pelo próprio vigor da alma, que ilumina o mistério das forças atuantes. Essa luz concentrada e faiscante não envolve mais nada de um jeito morno. Nela, a vida se torna fatal, demoníaca, uma atmosfera elétrica que, a partir de suas próprias forças, cria um brilho abissal. No retrato da vida do pintor Klingsor, Hesse compôs a prosa conscientemente nas cores de Van Gogh, e nada indica melhor o caminho que Hermann Hesse trilhou – de Hans Thoma, o idealista pintor poeta da Floresta Negra, com seus traços rasos, para aquela magia obsessiva das cores, a eterna e apaixonada disputa entre escuridão e luz. Quanto menos compreensível, quanto mais diverso, misterioso, mágico, confuso e em dissolução ele percebe o mundo, tanto mais o homem sabedor sente firmeza interior; a estranha pureza da prosa, a maestria na expressão precisamente dessas condições as mais indizíveis conferem a Hermann Hesse hoje um lugar muito especial na literatura alemã, que de resto só procura narrar e refletir o que é superpoderoso em formas caóticas ou em não formas, no grito e no êxtase.

A última obra de Hesse, seu romance indiano *Sidarta*, também está cheia dessa certeza, desse comedimento. Até então, em seus livros Hesse sempre lançava perguntas ao mundo ansiosamente; em *Sidarta*, pela primeira vez, busca responder. Sua parábola não é arrogante ou professoral, ela descansa em uma observação que respira tranquila: nunca seu estilo foi mais claro, transparente e leve do que nessa representação quase objetiva dos caminhos espirituais de uma pessoa que, crédula/incrédula, aproxima-se cada vez mais de si mesma. Depois das melancolias sombrias, dos dilaceramentos purpúreos do livro sobre Klingsor, aqui a inquietude alça voo rumo a uma espécie de descanso, parece que se alcançou um degrau que permite olhar longe para o mundo. Mas sente-se que ainda não é o último degrau. Pois a essência da vida não é a serenidade, e sim sua irrequietação. Quem quiser permanecer próximo dela precisa perseverar em uma eterna peregrinação do espírito, numa eterna inquietação do coração, cada passo dessa peregrinação sendo, ao mesmo tempo, um aproximar-se de si mesmo. Raramente percebi isso no círculo da nossa literatura alemã atual de maneira mais intensa do que em Hermann Hesse. De início sem dúvida dotado de menos talento, no sentido de vocação, do que outros, e menos pressionado para o aspecto demoníaco da existência por paixão inata, ele gradualmente, movido por essa profunda inquietação, chegou mais perto de si próprio e do âmago do mundo verdadeiro do que todos os camaradas de sua juventude – e superando sua própria fama, a popularidade generalizada: hoje ainda é difícil circunscrever a sua esfera, assim como suas derradeiras possibilidades. Mas isto é certo: que toda a obra poética que exala de Hermann Hesse depois dessa transformação interior ao mesmo tempo abnegadora e perseverante merece um extremo apreço moral e o nosso amor, e que podemos e devemos manifestar aqui por um homem de mais de quarenta, com toda a admiração pela maestria já demonstrada, a mesma expectativa que temos em relação a um iniciante.

Joseph Roth, o superego

"Não sou um repórter, sou jornalista. Não um redator, mas um poeta." Esse é Roth biografado por Moses Joseph Roth (1894-1939), quando despontou, em 1926. No ano seguinte começou a corresponder-se com Stefan Zweig, treze anos mais velho, escritor consagrado, seu mais assíduo interlocutor epistolar, mentor e mecenas, conselheiro literário e saco de pancadas preferido.

Ambos judeus, mas frutos de um judaísmo tão assimétrico que parecem herdeiros de outras culturas. Austríacos: Zweig filho da refinada Viena, coração da *Mittel Europa*, Europa central. Roth nascido e criado em Brody, Galícia, nos confins do império, *Ost-Jude*, judeu do Leste, quase eslavo. Falava *ídisch*,* cultivava o amargo humor judaico, escreveu muito sobre *progroms*, guetos e acabou fascinado pelo catolicismo. Antes de morrer em Paris, intoxicado pelo álcool, fez questão de ser assistido por um padre austríaco, judeu convertido. Sua grande amiga, também fugida da Áustria nazificada, Friderike Zweig, era ex-judia, primeira mulher de Stefan.

Revolucionário e conservador, anarquista, antifascista, socialista e depois ferrenho antiestalinista e monarquista. Segundo Roth a Áustria só renasceria quando a coroa dos Habsburgo fosse restaurada. A ficção que o consagrou foi *A marcha de Radetzky*, dolorido réquiem ao império despedaçado.

A passagem do jornalismo para a literatura fez-se através de *A teia de aranha*, novela serializada em 28 capítulos, escrita sob o impacto do assassinato de um dos ícones da República de Weimar, Walther Rathenau,

---

* O prefaciador prefere essa grafia à adotada pelos dicionaristas, "iídiche".

por dois hooligans de extrema-direita, antes mesmo da criação do Partido Nacional-Socialista (1923). Nos últimos capítulos, aparece Adolf Hitler, a quem a acuidade jornalística e o senso trágico de Roth tiraram do anonimato antes do *putsch* de Munique torná-lo uma celebridade.

Zweig ajudou-o quando ainda não era famoso e depois, quando a esquizofrenia de Friedl, sua mulher, somada ao triunfo nazista em 1933 e à vida de refugiado, o converteram num marginal. Mas foi essa marginalidade que fez de Roth um homem absolutamente independente e livre. E com essa mesma liberdade castigava o Zweig sem misericórdia, enquanto este não se decidia pelo rompimento ostensivo com Hitler. "Você é um derrotista", escreveu na última linha da última carta para o amigo.

Zweig considerou sua morte como suicídio, disse-o na derradeira carta para Friderike, pouco antes de matar-se. Não foi ao enterro em Paris, mas participou semanas depois de homenagem póstuma em Londres, onde antecipou o reconhecimento mundial à genialidade do amigo.*

---

*Roth morreu em Paris, em 27 de maio de 1939, pouco antes do início da guerra. A homenagem em Londres foi estendida a Ernst Toller, grande amigo de Roth e cujo suicídio em Nova York, cinco dias antes, levara-o à última bebedeira.

DESPEDIR-SE: os últimos anos nos deram ensejo suficiente, até mais do que suficiente, para aprender essa arte pesada e amarguíssima. De quantas coisas e quantas vezes nós, os emigrados, os expulsos, fomos obrigados a nos despedir – da pátria, do nosso círculo de ação, do lar e do patrimônio e de toda a segurança conquistada ao longo dos anos. Quantas coisas perdemos e sempre voltamos a perder, amigos, por morte ou covardia do coração e, principalmente, quanta fé, fé em uma configuração pacífica e justa do mundo, fé na vitória final e definitiva da justiça sobre a violência. Quantas vezes ficamos por demais decepcionados para ainda podermos confiar com paixão arrebatada e, por instinto de sobrevivência, tentamos disciplinar nossa mente para não pensar mais, para saltar por cima de qualquer novo distúrbio e considerar tudo o que ficou para trás como definitivamente resolvido. Mas às vezes nosso coração se recusa a essa disciplina do esquecimento rápido e radical. Sempre que perdemos alguém, uma dessas pessoas raras que sabemos ser insubstituíveis e irrecuperáveis, sentimo-nos atingidos e ao mesmo tempo felizes de que o nosso coração maltratado ainda seja capaz de sentir dor e se revoltar contra um destino que nos priva de nossos melhores e mais insubstituíveis amigos.

Nosso querido Joseph Roth era uma dessas pessoas insubstituíveis, inesquecível enquanto ser humano e que, enquanto poeta, decreto algum jamais poderá eliminar dos anais da arte alemã. Nele se mesclavam de maneira singular os mais diferentes elementos com uma finalidade criadora. Como se sabe, ele provinha de uma pequena localidade na fronteira entre a Rússia e a antiga Áustria. Essa origem foi decisiva para sua formação psicológica. Havia, em Joseph Roth, um homem russo – quase diria *karamazoviano* –, um homem das grandes paixões, que em tudo tentava ir até o limite; era tomado por um fervor russo das emoções, por uma profunda religiosidade, mas, tragicamente, também por aquela tendência russa para a autodestruição. Havia ainda outro homem em Joseph Roth, o homem judaico de uma sabedoria clara, incrivelmente vigilante e crítica, um homem da sabedoria justa e, por isso, suave, que, assustado e ao mesmo tempo com amor oculto, observava em si o homem russo, demoníaco. E havia ainda um terceiro elemento ativo nele, da mesma origem: o homem austríaco, nobre e cavaleiresco em cada gesto, tão comprometido e encantador em seu modo de ser cotidiano como estético e musical em sua arte. Para mim, só mesmo essa mistura única e irreprodutível é capaz de explicar a singularidade de sua natureza, de sua obra.

Ele vinha de uma pequena cidade, como já disse, e de uma comunidade judaica na última fronteira da Áustria. Mas em nosso estranho país, a Áustria, misteriosamente os verdadeiros seguidores e defensores da pátria jamais podiam ser encontrados em Viena, na capital de fala alemã, e sim na periferia mais extrema do império, onde as pessoas podiam comparar diariamente o governo suavemente desleixado dos Habsburgo com os governos mais rígidos e menos humanos dos países vizinhos. Naquela cidadezinha de onde veio Joseph Roth, os judeus olhavam com gratidão para Viena; era lá que morava o velho, o idoso imperador Francisco José, inatingível como um deus nas nuvens, e eles louvavam e amavam respeitosamente esse imperador distante como se fosse uma lenda, reverenciavam e admiravam os anjos coloridos desse deus, os oficiais, os ulanos e os dragões militares, que levavam uma réstia de cor para o seu mundo rés, sombrio, pobre. A reverência ao imperador e seu exército é algo que Roth levou de sua pátria oriental para Viena ainda como mito da infância.

E outra coisa ele levou quando enfim, depois de indizíveis renúncias, pisou nessa cidade tão sagrada para ele a fim de estudar letras germânicas na universidade: um amor devoto, porém apaixonado, sempre renovado pela língua alemã. Senhoras e senhores, não é o momento de acertar as contas com as mentiras e difamações com as quais a propaganda nacional-socialista tenta tornar o mundo mais burro. Mas entre todas as suas mentiras, talvez nenhuma seja mais mentirosa, vil e oposta à verdade do que a de que os judeus na Alemanha alguma vez tivessem expressado ódio ou hostilidade contra a cultura alemã. Ao contrário, precisamente na Áustria foi possível perceber de forma inconteste que em todas as zonas fronteiriças onde a existência da língua alemã estava ameaçada, os judeus foram os únicos que conservavam o culto à cultura alemã. Para esses judeus do Leste, os nomes Goethe, Hölderlin e Schiller, Schubert, Mozart e Bach não eram menos sagrados do que os de seus patriarcas. Pode ter sido um amor infeliz e, nos dias de hoje, certamente não apreciado, mas o fato de que esse amor existiu nunca poderá ser eliminado do mundo através de mentiras, pois tem sido provado por mil obras e atitudes. Desde a infância, o maior sonho de Joseph Roth sempre fora servir à língua alemã e, através dela, às grandes ideias que outrora eram a honra da Alemanha, ao cosmopolitismo e à liberdade do espírito. Ele fora para Viena por causa dessa reverência, profundíssimo conhecedor e logo um mestre da língua. O estudante magro, franzino e tímido levou para a universidade uma cultura ampla, conquistada à custa de incontáveis noites, além de outra coisa: sua pobreza. Era muito a contragosto que, mais tarde, Roth se referia a esses anos de humilhante privação. Mas nós sabíamos que, até seus vinte e um anos, ele nunca usou um terno feito sob medida, somente aqueles que os outros haviam rejeitado, que fez refeições gratuitas, umas tantas vezes foi talvez humilhado e ferido em sua maravilhosa suscetibilidade – nós sabíamos que ele só podia continuar os estudos acadêmicos à custa de muito esforço, indo de casa em casa para dar aulas particulares. Nos seminários, imediatamente atraiu a atenção dos professores. Logo arrumaram uma bolsa para esse que foi o melhor e mais brilhante entre os estudantes, despertando nele a esperança de obter uma docência. Subitamente, tudo parecia maravilhoso. Foi quando, em 1914, interveio o duro cutelo da guerra que, para nossa geração, separou impiedosamente o mundo em "antes" e "depois".

Para Roth, a guerra foi ao mesmo tempo decisão e libertação. Decisão, porque deu cabo à vida regrada como professor de ginásio ou docente. E libertação, porque deu autonomia a ele, o eterno dependente. O uniforme de alferes foi o primeiro feito sob medida para ele. Ter responsabilidade no *front* foi algo que pela primeira vez conferiu virilidade e vigor a esse homem incomensuravelmente modesto, delicado e tímido.

Mas no destino de Joseph Roth estava determinado, em eterna repetição, que, onde quer que encontrasse segurança, esta logo seria abalada. A derrocada do exército lançou-o de volta a Viena, sem rumo, sem fim, sem recursos. Acabara-se o sonho da universidade, acabara-se o episódio emocionante da vida de soldado. Agora era preciso construir a sobrevivência a partir do nada. Quase se tornou redator, mas felizmente as coisas lhe pareciam demasiado lentas em Viena, e assim se mudou para Berlim. Ali aconteceu o primeiro avanço. Num primeiro momento, os jornais apenas publicavam seus textos, depois passaram a cortejá-lo como um dos mais brilhantes e agudos cronistas da condição humana; o *Frankfurter Zeitung* – uma nova felicidade para ele – enviou-o ao mundo, Rússia, Itália, Hungria, Paris. Foi então que esse novo nome, Joseph Roth, chamou nossa atenção pela primeira vez – todos nós percebemos por trás dessa ofuscante técnica de sua representação um sentido sempre (e acima de tudo) de compaixão humana, capaz de permear com a alma não só o exterior das pessoas, mas também seu interior e seu mais íntimo.

Três ou quatro anos depois, o nosso Joseph Roth já tinha tudo o que, na vida burguesa, chamamos de sucesso. Vivia com uma mulher jovem e muito amada, era estimado e cortejado pelos jornais, acompanhado e saudado por uma legião crescente de leitores, ganhava dinheiro, muito dinheiro. Mas o sucesso não conseguiu que esse homem maravilhoso se tornasse arrogante, o dinheiro nunca logrou torná-lo dependente. Gastava a mancheias, talvez por intuir que o dinheiro não queria ficar com ele. Não tinha casa nem lar. Nômade, rumava de hotel em hotel, de cidade para cidade com sua pequena mala, uma dúzia de lápis bem apontados e trinta ou quarenta folhas de papel, em seu imutável sobretudo cinza, e assim viveu sua vida toda como um boêmio, um estudante; algum conhecimento mais profundo o impedia de se estabelecer onde quer que fosse, e, desconfiado, rejeitava qualquer confraria com a felicidade confortavelmente burguesa.

E esse conhecimento haveria de se confirmar – mais de uma vez, contra qualquer rasgo de razão. A primeira barragem que construiu contra seu destino – seu casamento jovem e feliz – ruiu da noite para o dia. Sua mulher amada, seu pilar mais íntimo, de repente enlouqueceu e, embora ele não quisesse admitir, de forma incurável e para sempre. Foi o primeiro terremoto de sua vida, ainda mais fatal porque aquele homem russo dentro dele, o Karamazov russo, sofredor, do qual lhes falei, quis à força transformar essa fatalidade em culpa.

Justamente por rasgar então profundamente o próprio peito, ele pela primeira vez pôs seu coração a descoberto, esse maravilhoso coração de poeta; a fim de consolar a si mesmo, dar-se a cura, procurou transmutar o destino pessoal sem sentido em um símbolo eterno e sempre renovado; sempre refletindo por que o destino o fustigava tanto, logo ele, que nunca fizera mal a ninguém, que permanecera quieto e humilde nos anos da privação e não se tornara arrogante nos breves anos de felicidade. Deve então ter sido tomado pela reminiscência de um outro de seu sangue, aquele que havia se dirigido a Deus com a mesma pergunta desesperada: por quê? Por que eu? Por que logo eu?

Todos sabem a que símbolo, a que livro de Joseph Roth eu me refiro: *Jó*, esse livro que em uma rápida classificação chamamos de romance, mas que transcende em muito o romance e a lenda, que é pura poesia, completa em nosso tempo e, se não me engano, a única predestinada a sobreviver ao que nós, seus contemporâneos, criamos e escrevemos. A veracidade interior dessa dor revelou-se de maneira irresistível em todos os países, em todas as línguas, e eis o nosso consolo em meio à tristeza pelo finado – o de que, nessa forma perfeita e indestrutível pela sua perfeição, uma parte da natureza de Joseph Roth está salva para sempre.

Uma parte da natureza de Joseph Roth, disse eu, está guardada nessa obra para todos os tempos, contra toda transitoriedade, e quando digo "uma parte" refiro-me ao judeu que era, o homem da eterna indagação por Deus, o homem que reivindicava justiça para este nosso mundo e todos os mundos futuros. Mas agora, pela primeira vez consciente de seu vigor poético, Roth intentou representar também a outra personalidade que o habitava: o homem austríaco. Novamente, os senhores sabem a que obra eu me refiro: *A marcha de Radetzky*. Como a velha cultura austríaca aristocrática (e que perdeu o viço por causa de sua nobreza interior) se arruinou – foi o que ele quis demonstrar através da figura de um dos últimos austríacos de uma linhagem que fenece. Foi um livro de despedida, nostálgico e profético, como sempre o são os livros dos verdadeiros poetas. Quem em tempos vindouros quiser ler o mais genuíno epitáfio da velha monarquia terá que se debruçar sobre as folhas desse livro e de sua continuação, *A cripta dos capuchinhos*.

Com essas duas obras, esses dois sucessos mundiais, Joseph Roth finalmente revelou e desvendou quem era: poeta genuíno e observador maravilhosamente vigilante daquela época; seu juiz bondoso, que a compreendia com suavidade. Era, então, rodeado por muita fama e glória, mas isso não conseguiu seduzi-lo. Com que clareza e, ao mesmo tempo, tolerância ele percebia tudo, compreendendo os erros de cada pessoa, cada obra de arte, ao mesmo tempo perdoando, respeitoso diante de qualquer pessoa mais velha de seu ofício, solícito perante os mais jovens. Amigo dos amigos, camarada dos camaradas e bem-intencionado mesmo com os mais estranhos, tornou-se um verdadeiro esbanjador de seu coração, de seu tempo e – para tomar emprestadas as palavras de nosso amigo Ernst Weiss – sempre um "esbanjador pobre". O dinheiro lhe escorria pelos dedos; ele o dava a qualquer pessoa que fosse privada de alguma coisa, lembrando suas privações de antanho, ajudava a qualquer um que precisasse de ajuda, lembrando os poucos que outrora o haviam ajudado. Em tudo o que fazia, dizia e escrevia percebia-se uma bondade irresistível e inesquecível, um grandioso autoesbanjamento, exagerado, à maneira russa. Somente quem o conheceu nesses tempos poderá compreender por que e de que maneira ilimitada amamos esse homem único.

Então veio a reviravolta, terrível para todos nós e de impacto tanto mais descomedido sobre alguém, quanto mais ele fosse gentil com o mundo, acreditasse no futuro, fosse sensível de alma – portanto, o mais fatal no caso de um homem organizado de modo tão delicado, tão fanático por justiça como Joseph Roth. Não foi porque seus próprios livros foram queimados e proscritos, porque seu nome foi apagado. Não foi o lado pessoal que o amargurou e abalou no mais profundo de seu ser, mas o fato de ver triunfar o princípio do mal, o ódio, a violência, a mentira, como ele dizia, o anticristo na Terra – foi isso que transformou sua vida em um único e contínuo desespero.

E assim, nesse homem tão bondoso, delicado e carinhoso, para quem a afirmação, o fortalecimento e a amizade através da bondade foram a função vital mais elementar, iniciou-se a transição para a amargura e a combatividade. Ele passou a enxergar um único dever: dedicar toda a sua força, a artística e a pessoal, ao combate do anticristo na Terra. Ele, que sempre estivera sozinho, que na sua arte não fizera parte de nenhum grupo, nenhum círculo, passou a buscar acolhimento em uma comunidade de combatentes com toda a paixão de seu coração selvagem e abalado. Encontrou esse acolhimento (ou imaginou encontrá-lo) no catolicismo e no movimento legitimista austríaco. Em seus últimos anos de vida, nosso Joseph Roth tornou-se mais religioso, mais confessional, católico devoto que cumpria todos os mandamentos dessa religião; tornou-se combatente e propugnador de um grupo pequeno e, como demonstraram os fatos, bastante enfraquecido de fiéis aos Habsburgo: os legitimistas. Sei que muitos de seus amigos e velhos camaradas o criticaram por essa transição para uma posição reacionária, como diziam, interpretando-a como equívoco e perturbação. Mas por menos que eu próprio conseguisse aceitar ou participar dessa transição, não me permito duvidar de sua honestidade ou enxergar nessa devoção algo incompreensível. Pois desde a sua *Marcha de Radetzky* Roth já apontara seu amor pela Áustria antiga, a Áustria imperial. Também já revelara em *Jó* que a necessidade religiosa, o desejo de ser temente a Deus, formava o elemento mais íntimo de sua vida criativa. Não havia um só grão de covardia ou propósito ou oportunismo nessa transição, e sim unicamente a vontade desesperada de servir como soldado nessa luta pela cultura europeia, não importa em que fileira e em que função. E acredito mesmo que, no fundo, bem antes do declínio da segunda Áustria, ele já sabia que estava servindo a uma causa perdida. Mas era precisamente isso que correspondia ao cavaleiresco de sua natureza:

colocar-se na posição mais ingrata e mais perigosa, um cavaleiro sem temor, doando-se integralmente a essa causa que lhe era sagrada, a luta contra o inimigo do mundo, indiferente quanto ao próprio destino.

Indiferente quanto ao próprio destino, e mais ainda – cheio de anseio secreto por um rápido declínio. Ele sofreu, nosso caro amigo perdido, sofreu de maneira tão desumana, tão animalescamente selvagem diante do triunfo do princípio do mal, que desprezava e detestava, que, ao reconhecer a impossibilidade de destruir esse mal na Terra com sua própria força, começou a destruir a si próprio. Por amor à verdade não devemos omitir que não apenas o fim de Ernst Toller foi um suicídio por desprezo contra nosso tempo louco, injusto e vil. Também nosso amigo Joseph Roth aniquilou-se conscientemente pelo mesmo sentimento de desespero, só que, em seu caso, essa autodestruição foi muito mais cruel, por ter sido muito mais lenta, por ter sido uma autodestruição dia a dia, hora a hora, parte a parte, numa espécie de autoimolação.

Acho que a maioria entre os senhores já sabe o que quero sugerir: o desespero desmedido com a falta de sucesso e a falta de sentido de sua luta, o abalo interior com o abalo do mundo transformaram nesses últimos anos esse homem maravilhoso e vigilante em um bebedor deplorável e por fim incurável. Mas ao ouvir essa palavra não pensem em um boêmio alegre e palrador, sentado em um círculo de amigos, animando-se e animando os outros para o regozijo e o júbilo. Não, Joseph Roth bebia por amargura, por ânsia de esquecimento; foi o homem russo dentro dele, o homem que se autocondenava que se forçou à dependência desses venenos lentos e acres. Antes, o álcool para ele era nada mais do que um estímulo artístico; costumava bebericar conhaque – muito pouco – enquanto trabalhava. No início, foi apenas uma artimanha do artista. Enquanto outros precisam de um estímulo para a criação porque seu cérebro não é rápido, plástico o bastante, ele precisava obnubilar suavemente seu espírito mais do que cristalino, assim como escurecemos um cômodo para melhor poder apreciar música. Mas depois, quando a catástrofe se abateu, a necessidade de se tornar opaco contra o inelutável e de esquecer à força o desprezo pelo nosso mundo brutalizado se tornou cada vez mais premente. Para isso, precisou cada vez mais dessas aguardentes, claras como ouro ou escuras, cada vez mais fortes e mais amargas, a fim de sobrepujar a amargura interior. Essa forma de beber, acreditem, foi por ódio e ira e paralisia e indignação, era uma maneira sombria e hostil de beber, que ele próprio odiava, mas de que não conseguia se libertar.

Devem imaginar o quanto nós, seus amigos, ficamos abalados com essa louca autodestruição de um dos artistas mais nobres de nosso tempo. Já é bastante terrível ver uma pessoa amada, respeitada, acabando-se a seu lado e, impotente, não conseguir impedir o destino poderoso e a morte que se aproxima cada vez mais. Mas como é terrível ter que assistir quando tal decadência não é culpa do destino exterior, mas algo desejado por dentro pela pessoa querida, quando temos que ver um amigo íntimo se matando sem poder detê-lo! Ah, nós vimos como esse maravilhoso artista, esse homem bondoso foi ruindo por fora e por dentro, e o destino final estava escrito cada vez mais nítido em seus traços que se apagavam. Foi um declínio e fim impossível de ser detido. Mas quando menciono essa terrível autodestruição não é para atribuir-lhe a culpa – não, a culpa dessa derrocada é unicamente do nosso tempo, esse tempo nefasto e injusto que lança os mais nobres em tal desespero que, por ódio contra o mundo, não veem outra salvação senão se autoaniquilar.

Portanto, senhoras e senhores, não mencionei essa sua fraqueza para lançar sombras sobre sua imagem, mas precisamente pelo contrário: para que possam perceber em dobro o milagroso, sim, o milagre de como, até o fim, o poeta, o artista conservou-se maravilhosamente indestrutível e inextinguível nesse homem já perdido. Da mesma maneira como o asbesto resiste ao fogo, a substância poética em seu ser resistiu incólume à autoimolação moral. Foi um milagre contra qualquer lógica, contra todas as leis da medicina, esse triunfo do espírito criador sobre o corpo que já fraquejava. No segundo em que Roth empunhava o lápis para escrever, qualquer confusão acabava; imediatamente acionava-se nesse homem indisciplinado uma disciplina férrea que só existe no artista completo, e Joseph Roth não nos legou uma só frase cuja prosa não estivesse selada com o signo da maestria. Leiam seus últimos ensaios, leiam ou escutem as páginas de seu último livro, escrito um mês antes de sua morte, e examinem desconfiada e minuciosamente essa prosa, como se examina uma pedra preciosa com a lupa. Não encontrarão nenhuma rachadura em sua pureza de diamante, nada que turve a sua clareza. Cada página, cada linha foi forjada como a estrofe de um poema com a precisa noção de ritmo e melodia. Enfraquecido em sua pobre e frágil vida, perturbado em sua alma, conservou-se ainda ereto em sua arte – a sua arte, que para ele não representava compromisso para com o mundo por ele desprezado, e sim para com a posteridade. Foi um triunfo sem igual da consciência sobre a derrocada exterior. Muitas vezes o encontrei escrevendo em sua adorada mesa de café, e sabia: o texto já estava vendido, ele precisava de dinheiro, os editores o pressionavam. Mesmo assim, impiedoso, o mais rígido e sábio dos juízes, diante dos meus olhos rasgava todas as páginas e recomeçava, só porque determinada palavrinha ainda não tinha o peso correto, determinada frase não parecia ter ainda a plena sonoridade musical. Mais fiel ao seu gênio do que a si próprio, em sua arte ele se elevou maravilhosamente sobre a própria destruição.

Senhoras e senhores, o quanto me sinto pressionado a dizer-lhes dessa pessoa única, cujo valor continua agindo, e mesmo a nós, seus amigos, nesse momento talvez ainda não pareça totalmente palpável. Mas esse não é o momento para uma avaliação definitiva e nem para refletir sobre a própria tristeza. Não, não é o momento para sentimentos pessoais, pois estamos em meio a uma guerra espiritual, e talvez em seu posto mais perigoso. Os senhores sabem. Na guerra, a cada derrota separa-se um pequeno grupo do exército para cobrir a retirada e possibilitar que a tropa derrotada se reorganize. Esses poucos batalhões enxertados precisam resistir o maior tempo possível a toda a pressão da força do lado oposto, estão no fogo mais pesado e sofrem as perdas mais graves. Seu dever não é o de ganhar a *batalha* – para isso, são muito poucos –, seu dever é unicamente ganhar *tempo*, tempo para as colunas mais fortes que vêm atrás, para o próximo combate, o combate decisivo. Meus amigos, esse posto avançado que se sacrifica foi-nos atribuído hoje a nós, os artistas, os escritores da emigração. Nós próprios ainda não conseguimos reconhecer nitidamente nessa hora qual é o sentido profundo do nosso dever. Ao segurar esse bastião, talvez apenas tenhamos que obnubilar diante do mundo o fato de que a literatura na Alemanha desde Hitler sofreu a mais miserável das derrotas e está prestes a desaparecer completamente da paisagem na Europa. Talvez – e esperemos isso com toda a alma! – tenhamos que segurar o bastião apenas até que se proceda a reorganização atrás de nós, até que o povo alemão e sua literatura tenham se libertado, voltando a servir ao espírito enquanto unidade criadora. Seja como for, não devemos perguntar pelo sentido do nosso dever, mas fazer só uma coisa: manter o posto em que fomos colocados. Não podemos desanimar se nossas fileiras ficarem mais ralas, não podemos ceder à tristeza nem mesmo quando à direita e à esquerda os melhores dos nossos camaradas caírem, pois – como acabo de dizer – estamos em meio a uma guerra e no seu posto mais perigoso. Apenas um olhar, quando um dos nossos tomba, um olhar de gratidão, de tristeza e da memória leal, e voltemos ao único baluarte que nos protege: nossa obra, nosso dever, nosso próprio e nosso dever comum, a fim de cumpri-lo de forma ereta e viril até o final amargo, como esses dois camaradas perdidos nos mostraram, nosso eternamente efusivo Ernst Toller, nosso inesquecível, inolvidável Joseph Roth.

Assassinatos

1. Jean Jaurès, o socialista

A RESPONSÁVEL PELO ENCONTRO não foi a vontade, mas a casualidade – designada miticamente como Destino. Viviam em mundos separados, seus países se encontravam em rota de colisão, nada sugeria pontes, aproximação. Zweig viu-o uma vez na rua, num fim de tarde em Paris, e de outra vez, também na capital francesa, esteve ao seu lado algumas horas numa reunião em casa de amigos comuns (provavelmente o círculo do gravador Leon Bazalgette).

O convívio com o belga Émile Verhaeren convertera o esteta vienense Stefan Zweig num caçador de utopias e aquele tribuno que empolgava as multidões na França encarnava uma delas: o socialismo democrático e humanitário. Antes mesmo de fundar o jornal *L'Humanité*, Jean Jaurès (1859-1914) destacara-se como *dreyfusard*, militante do movimento pela reabilitação do capitão judeu Alfred Dreyfus.

Os marxistas ortodoxos entendiam que defender um militar burguês não era prioritário, Jaurès retrucava que Dreyfus fora vítima de uma tremenda injustiça e o papel dos socialistas era lutar contra todas as injustiças.

Quando a guerra parecia inevitável conclamou os partidos socialistas europeus a colocarem-se a favor da paz porque operários, camponeses e mineiros são os principais fornecedores de carne para os canhões. "Construir escolas significa derrubar os muros das prisões", proclamava nos comícios.

Contra Jaurès levantaram-se os conservadores, xenófobos, militaristas, monarquistas e clericais. Na noite de 31 de julho de 1914, depois de fechar a edição do *L'Humanité*, Jaurès foi ao bistrô Le Croissant, em Montmartre, e enquanto deleitava-se com uma torta de morangos foi assassinado com dois tiros por um nacionalista que considerava a guerra como a única solução para recuperar a querida Alsácia.

Na véspera do enterro de Jaurès, a Alemanha formalizou as hostilidades contra a França. Começara efetivamente a Grande Guerra (1914-18). Dois anos depois, 6 de agosto de 1916, integralmente comprometido com a causa pacifista, Zweig escreveu este perfil do "inimigo" Jean Jaurès no jornal *Neue Freie Presse*.

Faz oito ou nove anos que, na rua St. Lazare, eu o vi pela primeira vez. Eram sete da noite, hora em que a estação negra como aço, com seu relógio brilhante, de um momento para o outro atrai a massa como se fosse um ímã. De uma só vez, as casas, os ateliês, as lojas vertem todos os seus ocupantes na rua, e todos, como um negro rio caudaloso, acorrem aos trens que os levarão para longe da cidade enfumaçada, para o campo. Acompanhado de um amigo, eu avançava devagar através da multidão abafada e pesada quando ele subitamente tocou o meu braço: "Olha, Jaurès!" Levantei os olhos, tarde demais para ver a silhueta do homem que passava. Vi apenas as costas largas como as de um carregador, os ombros enormes, a nuca de touro, curta e robusta, e minha primeira impressão foi a de um vigor camponês inabalável. A pasta sob o braço, o pequeno chapéu redondo na cabeça poderosa, as costas um pouco encurvadas, como o camponês empurrando o seu arado e com a mesma determinação, assim ele ia abrindo seu caminho lenta e inabalavelmente por entre a massa impaciente. Ninguém reconheceu o grande tribuno, jovens rapazes passavam por ele correndo, pessoas apressadas o ultrapassavam, atropelando-o, e seu passo continuava inabalavelmente firme em seu ritmo pesado. A resistência da massa negra que fluía se quebrava como num rochedo nesse homem baixo e forte que andava sozinho arando um campo próprio: a multidão escura e anônima de Paris, o povo que ia ou voltava do trabalho.

Nada mais restou em mim desse encontro fugidio além da sensação de um vigor inflexível, telúrico, determinado. Pouco depois eu o veria mais de perto e compreenderia que essa força era apenas um fragmento de sua complexa personalidade. Amigos haviam me convidado para jantar, éramos quatro ou cinco no espaço apertado, quando ele entrou de repente, e a partir desse instante tudo passou a pertencer a ele – a sala, preenchida por sua voz sonora, e nossa atenção à sua palavra e ao olhar, pois sua cordialidade era tão forte, sua presença tão evidente, tão calorosa em sua vitalidade interior, que cada um se sentia inconscientemente estimulado e elevado.

Ele acabara de chegar do campo, o rosto largo e aberto com os olhos fundos e pequenos, porém faiscantes, tinha as cores frescas do sol, e seu aperto de mão era o de um homem livre, não polido, mas cordial. Naquele momento, Jaurès pareceu-me especialmente satisfeito, tinha reabastecido o seu sangue com um novo vigor e um frescor vital ao trabalhar com enxada e pá no pequeno jardim, e agora distribuía esse vigor com toda a generosidade de seu ser. Para cada um tinha uma pergunta, uma palavra, uma cordialidade, antes de falar de si próprio, e era maravilhoso perceber como ele inconscientemente começava criando calor e vivacidade à sua volta para poder depois deixar fluir sua própria animação de modo livre e criativo.

Lembro com nitidez como ele de repente se virou para mim, pois naquele segundo olhei pela primeira vez para dentro de seus olhos. Eram pequenos, mas, apesar de sua bondade, vívidos e penetrantes, agrediam sem machucar, penetravam sem importunar. Perguntou-me por alguns de seus amigos de partido vienenses, fui obrigado a responder, lamentando, que não os conhecia pessoalmente. Em seguida, perguntou-me pela baronesa Suttner, por quem parecia nutrir grande estima, querendo saber se ela tinha uma influência real e palpável em nossa vida literária e política. Eu lhe respondi – e hoje estou mais convicto que nunca de não lhe ter transmitido apenas a minha sensação pessoal, e sim uma verdade – *que entre nós poucos compreendiam efetivamente o maravilhoso idealismo dessa senhora nobre e rara*. Disse-lhe que a estimavam mas com um leve sorriso de superioridade, que suas convicções eram respeitadas, sem que as pessoas se deixassem convencer no âmago, pois em última instância sua persistência em uma mesma ideia era tida como algo monótono. E não escondi o quanto lamentava o fato de que justo os melhores na nossa literatura e arte sempre a tratavam de um modo algo marginal e indiferente.

Jaurès sorriu e disse: "Mas é assim mesmo que temos de ser, como ela, obstinados e persistentes no idealismo. As grandes verdades não entram de uma vez no cérebro da humanidade, é preciso martelá-las repetidamente, prego a prego, dia a dia! Trata-se de tarefa monótona e ingrata, mas como é importante!"

Passamos a outros assuntos e a conversa seguiu animada enquanto ele estava conosco, pois não importava o que ele dissesse, sempre vinha de dentro, caloroso, de um peito aberto, de um coração que batia forte, de uma plenitude de vida amontoada e acumulada, uma maravilhosa mistura de cultura e energia. A grande testa arredondada conferia ao seu rosto seriedade e significado, os olhos livres e alegres davam um ar de bondade a essa seriedade, esse homem poderoso exalava um ar benfazejo de jovialidade quase pequeno-burguesa, fazendo intuir que, na ira ou na paixão, seria capaz de deitar fogo como um vulcão. Sempre achei que, sem fingir, ele guardava dentro de si seu verdadeiro poder, que não havia motivo suficiente para sua total erupção (ainda que ele se entregasse inteiro na conversa), que éramos poucos para estimular toda a sua plenitude e que o espaço era apertado demais para a sua voz. Pois quando ele ria a sala toda estremecia. Era como uma jaula para esse leão.

Agora eu já o vira de perto, conhecia seus livros – que, compactos e pesados, assemelhavam-se um pouco ao seu corpo –, lera muitos de seus artigos que me permitiram intuir o ímpeto de sua fala, e tudo isso apenas aumentava o meu desejo de vê-lo e escutá-lo um dia também no seu mundo, no seu elemento, enquanto agitador e tribuno. A ocasião não tardaria a acontecer.

Eram dias pesados na política, as relações entre a França e a Alemanha estavam carregadas de eletricidade. Algum incidente tinha ocorrido, a superfície de fósforo da suscetibilidade francesa se inflamara novamente em algum incidente fugidio, não sei mais se foi o caso do navio *Panther* em Agadir, o zepelim na Lorena, o episódio de Nancy, o fato é que havia eletricidade no ar. Em Paris, nessa atmosfera de eterna efervescência, esses sinais meteorológicos eram percebidos então muito mais intensamente do que sob o céu azul político idealista da Alemanha. Os vendedores de jornal dividiam as multidões nas avenidas com seus gritos agudos, os jornais atiçavam com palavras ardentes e manchetes fanáticas, exacerbavam a agitação com ameaças e palavras de persuasão. Embora os manifestos fraternais dos socialistas alemães e franceses estivessem grudados nos muros, não ficavam ali mais de um dia, pois à noite os "camelots du roi" os arrancavam ou sujavam com palavras de escárnio. Nesses dias agitados vi anunciado que Jaurès faria um discurso: nos momentos de perigo ele estava sempre presente.

O Trocadéro, maior salão de Paris, haveria de servir-lhe de tribuna. Esse prédio absurdo, esse "nonsense" em estilo oriental-europeu, resto da antiga Exposição Universal, que com seus dois minaretes saúda na outra margem do Sena o outro vestígio histórico, a torre Eiffel, oferece em seu interior um espaço vazio, sóbrio e frio. Em geral serve a eventos musicais e raramente à palavra falada, pois o ambiente vazio absorve quase todos os sons. Só um gigante de voz, um Mounet-Sully, conseguia projetar suas palavras da tribuna até o alto das galerias, como quem lança uma corda por sobre um precipício. Era ali que Jaurès falaria, e a sala gigantesca cedo começou a encher. Já não lembro se era um domingo, mas todos vieram vestindo trajes de dia de festa, eles que normalmente fazem seu trabalho em camisas azuis nas caldeiras e fábricas, os trabalhadores de Belleville, de Passy, de Montrouge e Clichy, para ouvir seu tribuno, seu líder. O enorme salão estava negro de gente que se acotovelava já muito antes da hora, sem aqueles sons impacientes como nos teatros da moda, sem aqueles gritos reivindicatórios, rítmicos, pedindo que as cortinas logo se abrissem. A massa apenas ondulava, poderosa e agitada, cheia de expectativa, mas também de disciplina – imagem que por si só já era inesquecível e profética. Então surgiu um orador, uma faixa atravessada no peito, para anunciar Jaurès; mal se conseguia ouvi-lo, mas imediatamente fez-se o silêncio, um imenso silêncio que respirava. E ele entrou.

Com os passos pesados e firmes que eu já conhecia nele, Jaurès subiu à tribuna, subiu do silêncio absoluto para um trovão extático e tonitruante de boas-vindas. A sala inteira ficara de pé e as aclamações eram mais do que vozes humanas: eram a ansiosa gratidão acumulada, o amor e a esperança de um mundo que geralmente se encontra dividido e disseminado, individualizado em silêncio e gemidos. Jaurès precisou esperar minutos e mais minutos antes de conseguir fazer sua voz se distinguir dos milhares de gritos que o rodeavam. Teve de esperar e esperava sério, persistente, consciente do momento, sem o sorriso amigável, sem a falsa resistência que os comediantes nesses momentos costumam colocar em seus gestos. Só começou a falar quando a onda se apaziguou.

Sua voz não era a mesma daquela vez, uma voz que misturava amigavelmente brincadeiras e palavras significantes. Era outra voz, forte, lacônica, entrecortada pela respiração, uma voz metálica como minério. Nada havia nela de melódico, nada daquela maleabilidade vocal que tanto seduz no caso de Briand, seu perigoso companheiro e rival; a voz não era polida e não agradava os sentidos. Só se percebia nela acuidade – acuidade e determinação. Às vezes, arrancava uma única palavra da fornalha fogosa de sua fala como se fosse uma espada e a enfiava de um só golpe na multidão que gritava, atingida no fundo do coração. Não havia modulação nesse *pathos*, talvez lhe faltasse o pescoço flexível para amenizar a melodia do órgão vocal, parecia que sua garganta ficava no peito – mas por isso mesmo percebia-se tão intensamente que a sua palavra vinha de dentro, forte e excitada, diretamente de um coração forte e excitado, muitas vezes ainda arfando de ira, vibrando como a batida do coração em seu peito largo e forte. E essa vibração passava da sua palavra para todo o seu ser, quase o fazia perder o equilíbrio, ele caminhava de um lado para o outro, erguia o punho cerrado contra um inimigo invisível e o deixava cair sobre a mesa, como se fosse destruí-la. Toda a máquina a vapor de seu ser trabalhava com cada vez mais força nesse sobe e desce de touro enfurecido, e involuntariamente esse poderoso ritmo de uma excitação obstinada contagiava a multidão. Os gritos respondiam a seu chamado com uma força crescente, e sempre que ele cerrava o punho muitos o acompanhavam.

De repente, a sala fria, ampla e vazia estava repleta da excitação trazida por esse homem único, forte, que sua própria força fazia tremer, e sempre aquela voz aguda passava de novo por cima dos regimentos escuros de trabalhadores, qual um trompete, conclamando seus corações para o ataque. Eu mal conseguia escutar o que ele dizia, apenas percebia para além do sentido o poder dessa vontade e sentia que também me aquecia, por mais estranhos que fossem a mim, o estranho, tanto o ensejo quanto a hora. Mas eu percebia o homem de maneira tão forte como jamais percebera alguém, sentia-o, e sentia o imenso poder que dele exalava. Pois por trás desses poucos milhares que agora estavam enfeitiçados por ele, sujeitos à sua paixão, havia ainda milhares e milhares que sentiam o seu poder de longe, transmitido pela eletricidade da vontade contínua, da magia da palavra – as incontáveis legiões do proletariado francês e mais ainda seus companheiros além das fronteiras, os trabalhadores de Whitechapel, de Barcelona e Palermo, de Favoriten e St. Pauli, de todas as direções e cantos da Terra, que confiavam nesse seu tribuno e estavam dispostos a doar a sua vontade a ele a qualquer momento.

Com seus ombros largos, robusto, o corpo compacto, Jaurès podia dar, àqueles que só ligam ao tipo do francês as noções de delicadeza, sensibilidade e maleabilidade, a impressão de não ser da estirpe de um verdadeiro gaulês. Mas só se pode compreendê-lo enquanto francês, em sua terra, só no contexto, só como representante, último de uma estirpe. A França é o país das tradições, raras vezes um grande fenômeno ou uma pessoa importante é inteiramente novo; todos são resultado de coisas já intuídas e vividas, cada acontecimento tem a sua analogia (e não é difícil identificar analogias entre o atual fanatismo, esse sangrar por uma única ideia, e 1793). Eis o grande divisor de águas em relação à Alemanha. A França está constantemente se reproduzindo, e nisso reside o segredo da manutenção de sua tradição, por isso Paris é uma unidade, sua literatura um círculo fechado, sua história interna uma repetição rítmica de maré alta e baixa, de revolução e reação. Já a Alemanha evolui e se modifica constantemente, e esse é o segredo do constante aumento de seu vigor. Na França, é possível explicar tudo com analogias, sem se tornar violento, na Alemanha nada, pois nenhum estado psíquico ali se assemelha ao outro, entre 1807, 1813, 1848, 1870 e 1914 há enormes transformações que modificaram a essência de sua arte, sua arquitetura, suas camadas. Mesmo suas personalidades são únicas e novas – não há precedentes na história alemã para Bismarck, Moltke, Nietzsche ou Wagner. E os homens desta guerra, por sua vez, são o começo de um novo tipo organizatório, e não repetições de um passado.

Na França, o homem importante raramente é único, e esse também é o caso de Jaurès. E por isso mesmo ele é genuinamente francês, cria de uma estirpe intelectual que remete à revolução e que tem um representante em todas as artes. Sempre houve lá em meio à maioria delicada, frágil e de bom gosto esse tipo vigoroso com nuca de touro, ombros largos, sangue pesado, esses maciços netos de camponeses. Eles também têm nervos, mas seus nervos parecem ser envoltos por músculos; também são sensíveis, mas sua vitalidade é mais forte que a sensibilidade. Mirabeau e Danton são os primeiros intempestivos desse tipo, Balzac e Flaubert são seus filhos, Jaurès e Rodin, os netos. Em todos eles, surpreende a estatura larga, a robusteza do ser e da vontade. Quando Danton sobe à guilhotina, a armação de madeira estremece; quando querem baixar o gigantesco ataúde de Flaubert ao túmulo, este se revela pequeno demais; a poltrona de Balzac foi feita para o dobro do peso, e quem atravessa o ateliê de Rodin não consegue conceber que essa floresta de pedras foi criada por duas mãos terrenas. Trabalhadores titânicos, é o que todos eles são; honestos e sinceros, unidos no destino de serem empurrados para o lado pelos maleáveis, os astuciosos, os de bom gosto. O gigantesco trabalho da vida de Jaurès também foi frustrado: Poincaré foi mais forte do que ele, o mais forte, graças à sua maleabilidade.

Mas esse francês de velha cepa, como era Jaurès, indubitavelmente, era impregnado pela filosofia, a ciência, o espírito da Alemanha. Nada autoriza as futuras gerações a afirmar que *ele amava a Alemanha, mas uma coisa é certa: ele conhecia a Alemanha, e isso já é muito na França.* Conhecia pessoas alemãs, cidades alemãs, livros alemães, conhecia o povo alemão e, um dos poucos no estrangeiro, o seu vigor. Por isso, pouco a pouco, a ideia de evitar a guerra entre essas duas potências tornara-se a ideia mestra de sua vida, seu temor, e tudo o que fez nos últimos anos foi apenas pensando em evitar esse momento. Não se preocupou com humilhações, deixou que o chamassem de "deputado de Berlim", emissário do imperador Guilherme, permitiu que os chamados patriotas o ironizassem e atacou impiedosamente os que atiçavam e incitavam à guerra. Desconhecia a ambição do advogado socialista Millerand de exibir honrarias no peito; desconhecia a ambição de seu antigo camarada Briand, que passou de agitador a ditador; nunca quis enfiar seu peito largo em um fraque – sua ambição continuava sendo a de proteger o proletariado, que confiava nele, e todo o mundo da catástrofe, cujas minas e cujos túneis ele já escutava sendo escavados sob seus próprios pés em seu próprio país. Enquanto ele se lançava, com todo o dinamismo de Mirabeau, com o ardor de Danton, contra os que incitavam e inflamavam, ao mesmo tempo precisava barrar o zelo exacerbado dos antimilitaristas em seu próprio partido, sobretudo Hervé, que então conclamava aos brados para a revolta como hoje grita diariamente pela "vitória definitiva". Jaurès pairava acima deles, não queria nenhuma revolução, porque ela também precisava ser conquistada com sangue, e ele tinha horror ao sangue. Discípulo de Hegel, acreditava na razão, na evolução sensata através da constância e do trabalho, o sangue lhe era sagrado e a paz entre os povos, a sua profissão de fé. Trabalhador vigoroso e incansável que era, assumira o mais pesado compromisso, o de continuar sendo sensato em um país passional, e mal a paz foi ameaçada, ele continuava ereto como um posto pronto para tocar o alarme no perigo. O grito que deveria conclamar o povo da França já estava em sua garganta quando eles o derrubaram, eles que já o conheciam em sua força inabalável, e cujas intenções e aventuras ele conhecia. Enquanto ele permanecesse vigilante, a fronteira estava segura. Eles sabiam disso. E só por sobre o seu cadáver a guerra foi detonada, e os sete exércitos alemães invadiram a França.

Assassinatos

II. Walther Rathenau, o espírito de Weimar

RACIONALISTA, estudioso do misticismo judaico, antissionista, filósofo, escritor, estadista, esteta, grande empresário, industrial inovador, liberal e simpatizante das causas operárias, nacionalista alemão e internacionalista, poliglota, figura emblemática da República de Weimar (que substituiu o Império alemão depois da derrota na Primeira Guerra Mundial), anticomunista e adepto de uma aproximação com a recém-criada União Soviética.

Stefan Zweig fascinou-se com Walther Rathenau (1867-1922) como todos os que o conheceram ou dele se aproximaram. Preparava-se para o doutoramento na eletrizante Berlim do início do século XX, aproximou-se do círculo de amigos do jovem herdeiro do gigante industrial alemão, a AEG, e dele ouviu o conselho que marcará a sua vida: "Você não conhecerá a nossa Europa enquanto não vir o que existe além dela." O jovem poeta entendeu que para escrever sobre a vida deveria conhecer o mundo, pôs-se a viajar freneticamente e só parou quando a guerra o impediu.

Durante o primeiro conflito mundial, Rathenau foi encarregado de chefiar o esforço industrial germânico, depois do Armistício, em 1921, foi nomeado ministro da Reconstrução e, em seguida, recebeu a pasta de Relações Exteriores. Nesta condição, começou a negociar um abrandamento das reparações impostas pelos vitoriosos em Versalhes, enquanto concluía com as lideranças soviéticas o tratado de Rapallo, que permitiria à Alemanha fabricar aviões em território russo e assim contornar as exigências do tratado de paz.

Em junho de 1922 foi morto a tiros por dois ex-oficiais do Exército, fanáticos da extrema-direita (o Partido Nacional-Socialista fundado em 1920 ainda era inexpressivo). Dois dos assassinos suicidaram-se, o terceiro – o motorista – foi condenado a quinze anos de prisão. Quando Hitler tomou o poder declarou feriado o dia do atentado, 24 de junho.

A morte de Rathenau acionou a inflação, levou-a a níveis jamais igualados e marcou a política europeia empurrando-a decisivamente para a radicalização. A brutalidade de seu assassinato tocou todos os intelectuais de língua alemã: Albert Einstein, Joseph Roth, Emil Ludwig e Stefan Zweig deixaram depoimentos comovidos.

No ano seguinte, a mãe de Rathenau convidou Stefan para escrever a biografia do filho. Zweig preferiu homenageá-lo com um perfil no *Neue Freie Presse* no primeiro aniversário da sua morte.

As ÁGUAS DO TEMPO correm demasiado rápido em nossos dias agitados e não refletem mais plasticamente as figuras: o hoje já não sabe mais nada do ontem e as personalidades que um momento fugidio conclamou a ocuparem um poder fugaz passam como sombras. Quem ainda é capaz de nomear os chanceleres alemães da década passada, os ministros da Guerra? Quem ainda se lembra de seu espírito, de sua personalidade, muito embora – e nisso são suspeitamente parecidos com o infeliz ministro Émile Olivier, de 1870 – acumulem um livro após outro, concorrendo atabalhoadamente entre si com suas memórias? Porém nada os liberta da efemeridade sombria de sua atuação, nenhuma força imagética os eleva para acima de sua existência passada meramente documental. Não há um único entre todos os diplomatas profissionais da Alemanha, nem o trágico e fraco Bethmann Hollweg, que continue vivamente presente na consciência do mundo como perfil distinto, como personalidade, enquanto aquele homem que veio de fora, entrou naquele universo e nele esteve por apenas algumas poucas semanas preencheu de tal maneira o espaço tenso com a energia de seu ser, que ele se eleva com nitidez cada vez maior, como figura e personalidade, no horizonte da história mundial. Desde que uma paixão o desviou de seu lugar, Walther Rathenau é o mais inesquecível da história alemã, e sua ausência é hoje nitidamente mais palpável que a presença impessoal de seus sucessores.

De uma hora para a outra, ele saiu de uma trajetória aparentemente privada para um lugar visível. Mas ele sempre esteve presente, sua atuação tinha sido notada em toda parte, em toda a Alemanha se conhecia esse intelecto espantosamente destacado, só que esse efeito nunca tinha sido uniforme, nunca se fechara em um conceito palpável, pois cada um o conhecia a partir de uma determinada esfera. Em Berlim, durante muito tempo, tempo demais, ele tinha sido conhecido apenas como filho de Emil Rathenau, o magnata da eletricidade. Em Berlim, sua pátria, ele sempre foi o herdeiro. O setor industrial, no entanto, já o conhecia há muito tempo como membro do Conselho Administrativo de quase cem empresas; os banqueiros o conheciam como diretor da Sociedade Comercial; os sociólogos, como autor de livros ousados e modernos; os cortesãos, como homem de confiança do imperador; as colônias, como acompanhante de Dernburg;* o exército, como coordenador da campanha por matérias-primas; a Agência de Patentes, como dono de várias invenções químicas; os escritores, como um deles; e um diretor teatral ainda depois de sua morte encontrou em um armário empoeirado um drama de sua autoria. Alto e esguio, aparecia em todo lugar onde houvesse forças intelectuais em ação. Era visto nas estreias de Reinhardt, cujo teatro ajudou a fundar, no círculo de Gerhart Hauptmann, bem como no mundo das finanças. Saía de uma reunião de Conselho Administrativo para a estreia da *Sezession*, ia da *Paixão segundo são Mateus* para um encontro político, sem perceber nisso qualquer contrassenso. Em sua natureza enciclopédica, todas as atividades e todos os esforços, toda a problemática do intelecto e dos fatos se juntavam em uma única unidade ativa.

À distância, um caráter assim diversificado poderia ser visto com desconfiança, como diletantismo universal. Mas seu conhecimento e sua natureza eram o oposto de qualquer leviandade. Nunca conheci nada mais estupendo que a erudição de Walther Rathenau: ele falava as três línguas europeias – o francês, o inglês e o italiano – da mesma forma que falava o alemão; era capaz de, em uma fração de segundo e sem preparo, estimar o patrimônio nacional dos espanhóis ou identificar uma melodia de um determinado *opus* de Beethoven; lera tudo e estivera em todos os lugares;

---

* Bernhard Dernburg (1865-1937), político e banqueiro alemão, foi secretário de Assuntos Coloniais e dirigiu a Agência Colonial do Império, além de servir como ministro das Finanças e vice-chanceler da Alemanha em 1919. (N.T.)

e essa plêiade incomum de conhecimento e atividade só se explicava pela capacidade extraordinária de seu cérebro, talvez ímpar em nossos tempos. O intelecto de Walther Rathenau era de uma acuidade e concentração únicas. Para esse cérebro de precisão prodigiosa não havia nada vago ou indefinido. Seu espírito sempre vigilante não conhecia os estados sonâmbulos de sonho e fadiga. Estava sempre a postos e teso, capaz de clarear um problema na velocidade de um raio com ajuda de uma única luz intermitente; e, onde qualquer um necessitaria de todos os estágios intermediários que vão do pensamento nebuloso ao definitivo, ele diagnosticava a decisão de um só golpe. Seu modo de raciocinar era tão completo em termos funcionais que, para ele, não era preciso pensar antes ou depois, assim como ele desconhecia um rascunho para discursos ou textos escritos. Rathenau era um dos quatro ou cinco alemães entre setenta milhões no Reich (não acredito que haja mais) capazes de formular uma palestra, uma exposição, um folheto perante o secretário ou o ouvinte casual de maneira tão classicamente amadurecida que era possível estenografar o que ele dizia e mandar direto para a impressão, sem necessidade de revisão. Ele era de uma disponibilidade constante e de uma tensão contínua, e justo porque lhe faltasse tudo o que era passivo, sonhador ou deleitante, estava constantemente em ação. Só quem conhecia esse homem em conversas, com sua velocidade inaudita de compreensão, com aquela terrível e quase irreal abreviatura de todas as ilações, podia compreender o grande mistério de sua vida exterior: que esse homem ocupadíssimo sempre tivesse tempo para tudo.

Nada nele me surpreendia mais do que a genial organização de sua vida exterior concomitante com tal diversidade de interesses, essa liberdade e ter tempo para todos e qualquer coisa, apesar de sua atividade frenética. Foi minha impressão mais forte quando o vi pela primeira vez e a mais forte quando o vi pela última vez. A primeira vez – faz mais de quinze anos – quando liguei para ele em Berlim depois de trocar cartas por um bom tempo, ele me disse ao telefone que viajaria no dia seguinte para a África do Sul por três meses. Naturalmente, eu estava prestes a abdicar dessa visita mais do que casual, mas ele já calculara tudo, contara as horas e pediu que o visitasse um quarto para a meia-noite, assim poderíamos passar duas horas conversando agradavelmente. E conversamos duas e três horas, sem indícios de qualquer tensão, qualquer inquietação às vésperas de uma viagem de três meses para outro continente. Seu dia era dividido, tanto o sono quanto a conversa tinham uma determinada medida que ele preenchia por completo com sua fala passional e infinitamente inspiradora. Assim era sempre: podia-se chegar à hora que fosse e esse homem ativíssimo tinha tempo para o amigo mais casual de dia e de noite; no tumulto de suas atividades não existiam para ele promessas não cumpridas, cartas não respondidas, ensejos esquecidos, e com a mesma energia admiradora da primeira vez, senti esse gênio da sua organização de vida em nosso último encontro. Foi em novembro, faz um ano, eu devia ir a Berlim para uma palestra e já me deliciava antecipadamente com a oportunidade da conversa com ele, que para mim sempre foi o acontecimento mais precioso de uma estadia berlinense. Foi quando, inesperadamente, os jornais estamparam a notícia de que Rathenau deveria assumir aquela missão política em Londres. De um só golpe, ele foi levado da esfera privada para o mundo fatídico do Reich alemão.

Evidentemente não pensava mais encontrá-lo numa hora dessas; escrevi apenas uma linha dizendo que não gostaria de importuná-lo com uma mera conversa num momento em que uma decisão de âmbito mundial se aproximava dele. Mas quando cheguei a Berlim, havia no hotel uma carta dele, a única entre todas as cartas que eu esperava de outros. Dizia que efetivamente tinha pouco tempo, mas que eu fosse visitá-lo na noite de domingo. Chegou pontualmente, e entre duas conferências no ministério e inúmeras outras providências, era a calma em pessoa, plena superioridade e despreocupação em uma conversa puramente abstrata. E dois dias depois, numa pequena reunião na residência de um editor berlinense, ele chegou às nove e meia da noite, contou coisas do passado com a indiferença de uma pessoa despreocupada e relaxada, e continuou conversando no caminho de volta até a Königsallee (onde a bala o acertaria três meses depois). Era uma hora da manhã, todos foram dormir, e quando acordaram no dia seguinte os jornais já informavam que Walther Rathenau viajara para as negociações em Londres no primeiro trem da madrugada. O cérebro de Rathenau era tão coeso, tão funcional e sempre vigilante que, quatro horas antes de partir para participar de decisões históricas de alcance universal e que definiriam o destino de milhões de pessoas, exigindo toda a sua concentração, aparentemente conseguiu descansar durante a conversa amena, consciente de seu dever, mas sem trair qualquer nervosismo, cansaço ou fadiga. Sua superioridade era tão grande que ele nunca precisava se preparar para nada. Estava sempre pronto.

Essa organização, essa subordinação do pensamento à vontade, essa completude do intelecto analítico marcou a sua genialidade. E o que era trágico nesse homem era que ele não gostava dessa forma de seu gênio, assim como não gostava da ideia de organização. Em seus livros, repetiu diversas vezes que considerava toda forma de organização intelectual e material extremamente infrutífera e secundária enquanto não estivesse a serviço de um sentido mais elevado, altruísta, psíquico. E durante muito tempo ele não encontrou esse sentido. Escrevia muito em seus livros sobre a alma e a fé enquanto postulado, mas era difícil acreditar nesse hino à contemplação partindo de um homem tão ativo, e menos ainda nesse elogio da vida espiritual no caso de um milionário. Mesmo assim, havia nele uma profunda solidão e grande insatisfação. Para esse espírito superior, o mero acúmulo, amealhar cargos em conselhos, o furor de construir um império de empresas de um Stinnes ou Castiglione como fim em si mesmo não constituíam nenhum atrativo. Incessantemente, ele questionava por que e para que, buscava uma justificativa de sua gigantesca atividade acima da sua própria pessoa. Na camada mais básica desse que foi o mais intelectual de todos os intelectuais havia uma sede insaciável pelo religioso, por algum embotamento das emoções, por uma fé. Mas em qualquer fé existe um grão de loucura, um grão de limitação do mundo, e o aspecto fatídico e profundamente trágico de Rathenau foi não ter loucura alguma. Era um rei Midas do intelecto: não importa o que ele olhava, tornava-se cristal, ficava transparente e claro, arrumado em uma ordem espiritual; nem um grãozinho de loucura ou fé lhe dava calma e consolo. Ele não conseguia se perder, se esquecer: talvez tivesse dado sua fortuna em troca de criar alguma coisa em um solene embotamento do ser, um poema ou uma fé, mas estava condenado a ter sempre a mente clara, desperta, sentindo seu cérebro prodigioso rodar e faiscar em milhares de posições do espelho.

Por isso também exalava uma misteriosa frieza, uma atmosfera de pura intelectualidade, de uma clareza cristalina mas, por assim dizer, um vácuo. Era impossível aproximar-se muito dele, por mais cordial, solícito, solidário que fosse, e a sua conversa, que fluía abrindo cada vez mais horizontes, como cenários de um teatro cósmico, mais entusiasmava o interlocutor do que o inflamava. Seu fogo espiritual tinha algo de um diamante de brilho indestrutível e capaz de cortar a matéria mais dura: mas esse fogo estava aprisionado, brilhava somente para os outros, não o aquecia por dentro. Havia uma leve camada vítrea entre ele e o mundo – apesar ou justamente por causa dessa alta tensão intelectual –, e essa impenetrabilidade era perceptível mal se adentrasse sua casa. Essa maravilhosa mansão em Grunewald tinha vinte cômodos para música e recepções, mas nenhum deles transpirava o calor de estar sendo habitado, nenhum deles emanava o halo da satisfação e do descanso; seu castelo Freienwalde, onde passava os domingos, era uma antiga propriedade que ele comprara do *Kaiser*, mas dava a impressão de ser um museu, e no jardim percebia-se que ninguém se deliciava com as flores, ninguém passeava pelo cascalho e ninguém descansava à sombra. Ele não tinha mulher nem filho, ele próprio não descansava nem morava: havia algum canto nessas casas em que ele ditava ao secretário ou lia seus livros ou dormia seu sono curto e rápido. Sua verdadeira vida se passava sempre na mente, sempre na atividade, em uma peregrinação eterna, e talvez essa estranha falta de lar, essa dimensão abstrata do espírito judeu nunca tenha se expressado de forma mais completa em um cérebro, em uma pessoa do que nesse homem, que se defendia em seu íntimo contra a intelectualidade de sua mente e que com toda sua força e suas simpatias tentava se aproximar de um ideal imaginário alemão, prussiano, mas percebendo sempre que era de uma outra margem,* de um outro tipo de espírito. Por trás de todos esses aspectos mutantes, aparentemente férteis e sempre grandiosos de Rathenau, havia uma terrível solidão: jamais se queixou dela para ninguém, mas era percebida por todos os que o viam no corre-corre de suas atividades e de sua vida social.

Por isso, a guerra foi para ele – como para tantos outros que padeciam da solidão interna – uma espécie de libertação. Pela primeira vez conferia-se a essa incomensurável energia um objetivo que ia além dela própria, pela primeira vez essa mente de gigante tinha uma tarefa digna dela, pela primeira vez essa energia, que normalmente se espraiava por todas as direções do intelecto, podia ser descarregada em bloco em uma só direção. E com aquele inaudito olhar de águia que na situação mais intrincada logo detectava o nó, Rathenau interferiu então no enorme emaranhado da guerra. Nas ruas, o povo alegrava-se, os rapazes marchavam cantando rumo à morte, os srs. poetas escreviam a todo vapor, os estrategistas de botequim cravavam bandeirinhas nos mapas e contavam os quilômetros até Paris, e mesmo o estado-maior alemão calculava a guerra apenas em semanas. Para Rathenau, tragicamente clarividente, já na primeira hora estava mais do que certo que uma guerra em que a Inglaterra, a nação mais racional, enredara-se seria uma batalha de meses, anos, e seu olhar de águia desde o primeiro segundo detectou o ponto fraco no armamento da Alemanha: a falta de matérias-primas, que, no caso de um bloqueio por parte da Inglaterra, necessariamente ocorreria, em curtíssimo espaço de tempo. Uma hora depois ele estava no Ministério da Guerra, mais uma hora e iniciou o contingenciamento de todas as matérias-primas no Reich de setenta milhões de pessoas, ampliando o esquema de resistência econômica, sem o qual a Alemanha provavelmente já teria sucumbido meses antes.

Deve ter sido o primeiro momento de sua vida em que viu sentido em sua atuação, e não apenas obrigação, mas mesmo aqueles anos logo

---

* No original, *"von einem anderen Ufer"*, expressão idiomática que alude ao homossexualismo (Rathenau era homossexual). (N.T.)

seriam sombreados pela sua própria clarividência. Seu espírito superior, que nenhuma esperança animava levianamente, que nenhuma loucura sobrepujava por um segundo sequer, que era demasiado orgulhoso para mentir a si mesmo, depois dos primeiros golpes anteviu o trágico destino da guerra como inevitável e precisou suportar os que falavam e gritavam mais alto, os tristes heróis da vitória. Seu livro *Von kommenden Dingen* (*De coisas futuras*), publicado em 1917 como um primeiro alerta, mostrou à Europa o que aconteceria caso a loucura seguisse adiante. Foi um apelo que só a estultice poderia ignorar. Mas a loucura é sempre mais forte do que a verdade, e assim ele foi obrigado a enterrar seus pensamentos mais secretos com dentes dolorosamente cerrados, assistir à estupidez da guerra submarina, a loucura dos anexionistas se desenrolar, precisou silenciar, embora tanto para ele como para Ballin a clareza sobre o desfecho fosse quase suicida.

Foi da mesma forma trágica, clarividente, com plena consciência de que era em vão, totalmente sem esperanças e apenas por dever, que poucos meses após a derrocada esse mesmo Walther Rathenau assumiu o cargo pouco desejado de ministro de um império destruído. Não foi a vaidade, como muitos pensaram, que o seduziu, e sim uma sombria determinação contra si mesmo, contra o dever, a fim de medir suas próprias forças nunca totalmente experimentadas na grandeza de uma tarefa que até então ninguém ousara enfrentar. Ele sabia o que o esperava: os assassinos de Erzberger estavam bem protegidos pelos seus comparsas de Munique, incitando assim silenciosamente qualquer sucessor; ele sabia que, sendo judeu, não teria reconhecimento na Alemanha atual por nenhuma vitória política, nem mesmo pela maior, mas que qualquer deslize aparente seria carimbado como crime. Conhecia bem a histérica resistência da França e o mentiroso agitamento dos grupos pangermânicos que se forneciam armas mutuamente, sabia tudo e também sabia como tudo acabaria – não foi por dar ênfase aos sentimentos, como os outros, e sim como alguém que tragicamente sabia, que ele assumiu o lugar que o destino lhe indicou.

Nesses dias, Rathenau encontrou pela primeira vez uma medida para a sua energia, a história universal enquanto verdadeiro contendor para seu intelecto grandioso. Pela primeira vez, pôde usar sua energia, sua vontade, sua superioridade não para matéria comercial ou literária casual, e sim para acontecimentos atemporais, substância universal, e raras vezes um indivíduo único conseguiu sair-se tão bem num grande momento. Vários dos que estiveram presentes na Conferência de Gênova contaram com admiração quão heroico foi o seu desempenho lá, o quanto ele, o representante do país menos amado, obrigou todos os estadistas da Europa a admirá-lo. Seu vigor intelectual tinha dimensão napoleônica: tendo viajado da Alemanha via Paris, 58 horas num vagão, chegou trabalhando, recebeu os telegramas, mudou de roupa, fez duas visitas, foi – sem o menor sinal de cansaço – até a sala de negociações e proferiu sua grande fala durante duas ou três horas. Em seguida, iniciou-se um debate, um fogo cruzado de perguntas técnicas que exigiu tudo de sua concentração e força de vontade. Os delegados ingleses, franceses e italianos, que haviam se preparado, fizeram dezenas de perguntas para ele, cada um em sua língua. Sem ter se preparado, ele respondeu em italiano aos italianos, em francês aos franceses, em inglês aos ingleses, não ficou devendo nenhuma informação e lutou durante horas, respondendo a todos como se estivesse movimentando o cavalo no tabuleiro de xadrez. Quando a sessão foi encerrada, todos no salão ergueram seu olhar – e foi aquele olhar involuntário de respeito que o adversário sente pelo espírito que lhe é superior. Pela primeira vez em décadas, o estrangeiro voltara a ter respeito por um estadista alemão, pela primeira vez desde Bismarck um diplomata alemão impunha respeito por sua atuação pessoal. E assim foi que a última palavra daquela conferência foi dada a ele, para aquela fantástica fala no dia de Páscoa – quando, na sua pátria, os ginasianos já tramavam seu assassinato –, na qual ele deu forma ao apelo à razão, à harmonia da Europa com toda a paixão da convicção trágica, e sua última palavra foi o *"Pace! Pace!"* de Petrarca.

Ele teve uma morte rápida e boa. Os estúpidos rapazes que pretendiam servir ao espírito alemão com seu covarde ato heroico inconscientemente agiram de acordo com o sentido mais profundo de seu destino, pois só ao ser sacrificado tornou-se visível o sacrifício que Walther Rathenau assumiu. Mas provavelmente deve-se lamentar mais pela nação do que por ele nessa morte. Figuras de alcance universal não devem ser vistas pelo prisma sentimental, nem se deve desejar-lhes uma longa e confortável vida e uma morte assistida no leito como aos bravos pais de família burgueses: seu verdadeiro destino não é o pessoal, e sim o histórico, atemporal e formador, e esse está encerrado em alguns poucos momentos grandiosos. O apogeu reservado a essas figuras será sempre uma trajetória heroica no sentido de Schopenhauer. Rathenau atingiu essa forma última, máxima de vida através de sua morte. Uma breve hora de atuação no mundo lhe foi dada, e ele a aproveitou grandemente. Onde antes estava sua figura terrena, fugidia, muito fugidia, agora há um exemplo eterno. Nunca ele foi maior do que em sua morte, nunca mais visível do que hoje, quando está distante. O luto por ele é, ao mesmo tempo, um luto pelo destino alemão, que na hora decisiva rechaçou a sua ação mais forte e mais espiritual e despencou morro abaixo para a antiga e funesta desordem, para o furor desajeitado de sua política insistentemente irreal e, por isso, eternamente ineficaz.

O mundo insone

Quando em 28 de junho de 1914 soube do assassinato do arquiduque Francisco Fernando, herdeiro do Império austro-húngaro, e sua mulher, Stefan Zweig passava uma espécie de lua de mel rural com Friderike von Winternitz, sua primeira mulher, nos arredores de Viena. O otimismo europeísta não permitiu que interrompesse a rotina anual de visitar o mestre Verhaeren. Um mês depois, conseguia tomar um dos últimos trens que deixaram a Bélgica antes que os alemães a invadissem.

Nos primeiros dias do conflito vibrou com a vibração dos austríacos e alemães, mas logo começou a duvidar, dividido, inquieto – mergulhara na primeira crise existencial. Saiu dela amparado pela força de Friderike, pelas cartas de Romain Rolland e transformado num pacifista integral.

Para diminuir a ansiedade começou a escrever com mais frequência no folhetim do *Neue Freie Presse*. Um mostruário de cinco artigos (praticamente um por cada ano de conflito) foi incluído no primeiro livro de ensaios, enfeixados com o título "Durante a Primeira Guerra Mundial" (estava certo de que logo haveria outra guerra).

Zweig apresenta o conjunto com breves linhas: "A publicação na íntegra [destes textos] comprova que mesmo em meio à guerra era possível tomar uma atitude independente contra a maior das catástrofes europeias, não obstante a rigorosa censura."

"O mundo insone", o primeiro dos textos, foi publicado no dia 18 de agosto de 1914, três semanas depois de iniciado o conflito. O instigante título – um clássico zweiguiano – tem sido utilizado com frequência nas coletâneas de ensaios publicadas no pós-guerra.

Há menos sono no mundo agora, as noites são mais longas e mais longos os dias. Em cada país da infinita Europa, em cada cidade, cada ruela, cada casa, cada aposento, a respiração tranquila do sono tornou-se curta e febril, e o tempo ardente abrasa as noites e confunde os sentidos, tal qual uma noite de verão abafada e sufocante. Quantas pessoas, aqui e ali, que normalmente deslizavam da noite para o dia no negro barco do sono, embandeirado de sonhos coloridos e palpitantes, escutam agora os relógios andando, andando e andando todo o terrível caminho entre o claro e o claro, sentindo por dentro as preocupações e os pensamentos a corroer-lhes o coração, até este ficar ferido e doente! Toda uma humanidade arde agora em febre, noite e dia, uma vigília terrível e poderosa cintila pelos sentidos agitados de milhões de pessoas, o destino penetra, invisível, por milhares de janelas e portas e espanta de cada leito o sono, espanta o esquecimento. Há menos sono no mundo agora, as noites são mais longas e mais longos os dias.

Ninguém mais está a sós com o seu destino, todos espreitam ao longe. À noite, hora em que se está sozinho e acordado na casa protegida e trancada, os pensamentos voam até os amigos e os que estão distantes. Quem sabe a essa mesma hora se cumpre alguma parte do nosso destino, uma invasão em uma aldeia da Galícia, um ataque em alto-mar, tudo o que acontece nesse mesmo segundo a milhares e milhares de milhas de distância está relacionado com nossas vidas. E a alma sabe disso, ela se expande e, em seu pressentimento, em seu anseio, quer captar algo disso, o ar queima de desejos e rezas que agora vão e voltam voando de um lado do mundo para o outro. Milhares de pensamentos se movimentam, inquietos, das cidades silentes até as fogueiras de campanha, do solitário sentinela de volta à pátria; entre os que estão próximos e os distantes flutuam fios invisíveis de amor e de preocupação, um tecido do sentimento, infinito, encobre agora o mundo, de noite e de dia. Quantas palavras são sussurradas, quantas orações ditas ao espaço impassível, quanto amor saudoso flutua através de cada hora da noite! A atmosfera estremece continuamente em ondas misteriosas cujos nomes a ciência desconhece e cujas oscilações nenhum sismógrafo é capaz de registrar: mas quem poderia dizer se esses desejos são impotentes, se esse incomensurável querer, que irrompe ardente a partir das camadas mais profundas da alma, também não percorre distâncias como a vibração dos sons e o estremecimento elétrico? Onde antes havia sono, repouso imaterial, agora há o afã imaginativo: a alma não cessa de ver, através da escuridão, os ausentes que lhe são caros, e na imaginação cada um deles vive múltiplos destinos. Milhares de pensamentos escavam o sono, cuja construção oscilante desmorona sempre, e por cima do homem solitário ergue-se vazia a escuridão povoada de imagens. Mais vigilantes à noite, as pessoas também se tornam mais vigilantes de dia: nas pessoas mais simples que encontramos está vivo nessas horas algo do poder do orador, do poeta, do profeta, é como se o que há de mais misterioso nos homens tivesse sido vertido para fora pela incomensurável pressão dos fatos, cada pessoa potencializada em sua vitalidade. Assim como lá no campo, nos simples camponeses, que a vida toda aravam sua lavoura quietos e pacíficos, nessa hora inquieta subitamente se inflama o heroico, assim se inflama em pessoas normalmente opacas e torpes a capacidade da visão; todos vivenciam dentro de si uma visão que transcende a esfera normal de sua existência, e quem antes só tinha olhos para o seu trabalho diário vê agora realidade e imagens animadas em cada notícia. As pessoas revolvem constantemente com preocupações e visões a gleba árida da noite, e quando enfim se rendem ao sono, têm sonhos estranhos. Porque o sangue circula mais quente em suas veias, e nesse calor florescem plantas tropicais de terror e preocupação, sonhos dos quais é uma bênção acordar e sentir que não passaram de pesadelos inúteis e que só aquele mais terrível sonho da humanidade é uma verdade aterradora: a guerra de todos contra todos.

Os mais pacíficos sonham agora com batalhas, colunas se precipitam e atravessam o sono, o sangue ruge, escuro, com o tronar dos canhões. Acordando num sobressalto, ouvimos ainda o estrondo dos carros que passam, o bater dos cascos. Escutamos atentamente, inclinamo-nos da janela – e, de fato, ali embaixo passam as longas fileiras de carros e cavalos pelas ruas desertas. Alguns soldados levam um bando de cavalos no cabresto; pacientes, eles trotam com seus passos pesados e sonoros pelo calçamento ruidoso. Também eles, os animais que normalmente descansam à noite do trabalho, quietos em seus estábulos quentes, foram privados do sono habitual, as parelhas pacíficas foram separadas, as fraternais também. Nas estações escutam-se as vacas mugindo mansas nos vagões; retiradas de seus pastos cálidos e macios de verão para o desconhecido, até elas, as apáticas, tiveram o sono perturbado. E os trens partem para a natureza adormecida, que também se sobressalta com a agitação das pessoas. Tropas da cavalaria galopam à noite cruzando campos que desde a eternidade descansavam no escuro, por sobre a negra superfície do mar faíscam em milhares de pontos os faróis, mais claros que a luz da lua e mais ofuscantes que o sol, até mesmo lá no fundo a treva das águas está perturbada pelos submarinos à caça de presas. Disparos soam e ressoam através das montanhas caladas, acordando os pássaros, tontos, em seus ninhos; em nenhum lugar o sono é seguro, e mesmo o éter, desde sempre intocado, é atravessado pela pressa assassina dos aeroplanos, os fatídicos cometas do nosso tempo. Nada, nada mais pode ter sossego e descanso nesses dias, a humanidade arrastou animais e natureza em sua batalha assassina. Há menos sono no mundo agora, as noites são mais longas e mais longos os dias.

Mas pensemos e repensemos, mais uma vez, a amplitude do tempo e que isso que acontece agora não tem precedente na história. Vale ficar insone, sempre vigilante. Nunca o mundo, desde que é mundo, esteve tão agitado em sua totalidade, nunca tão excitado em sua comunidade. Uma guerra, até agora, nunca passou de uma inflamação no imenso organismo da humanidade, um membro purulento e que era cauterizado para sarar enquanto todos os outros ficavam desimpedidos e livres em suas funções vitais. Sempre houve pessoas que não participavam, em algum lugar ainda havia aldeias às quais não chegavam notícias daquela agitação e que dividiam calmamente sua vida em dia e noite, em trabalho e repouso. Em algum lugar ainda havia o sono e o silêncio, gente que acordava cedo, risonha, e que dormia sem sonhar. Mas a humanidade, quanto mais conquistou a Terra, mais unida ficou: uma febre sacode agora todo o seu organismo, um terror sacode o cosmo inteiro. Não existe nenhuma oficina na Europa, nenhuma granja solitária, nenhum casario de bosque de onde não tenham arrancado um homem para participar dessa luta, e cada um desses homens, por sua vez, está unido a outros através de vínculos de sentimento. Até o mais humilde emana tanto calor que, quando desaparece, tudo se torna mais frio, mais solitário, mais vazio. Cada destino forma outros destinos a partir de si, pequenos círculos que se dilatam em ondas no mar das emoções e se ampliam; em enorme união e mútua determinação da experiência, ninguém se precipita no vazio ao morrer: cada um arrasta algo dos demais consigo. Cada um é acompanhado de olhares, e esse olhar e ansiar, multiplicado por milhões e entrelaçado com o destino de nações inteiras, cria a inquietação de um mundo inteiro. Toda a humanidade escuta, e através do milagre da técnica recebe simultaneamente a mesma resposta. Os navios transmitem mensagens uns aos outros através de incontáveis ondas, das torres de telégrafos de Nauen e Paris uma mensagem é transmitida em questão de minutos para as colônias da África Ocidental e para o lago Chade, os hindus da Índia leem as decisões em suas folhas de cânhamo e de tela à mesma hora que os chineses em seus papéis de seda – a excitação se propaga até as últimas terminações nervosas da humanidade e afugenta a letargia. Cada qual espia pela janela dos seus sentidos em busca de notícias, sugando tranquilidade das palavras dos corajosos e temor e dúvida das dos desesperados. Os profetas, verdadeiros e falsos, voltaram a ter ascendência sobre a massa que agora escuta e escuta, caminhando e repousando no delírio da febre, dia e noite, os longos dias e as noites infinitas desse tempo digno de ser vivido na vigília.

Pois esses tempos não aceitam que alguém deixe de participar, e estar distante dos campos de batalha não significa estar de fora. Cada um de nós tem sua existência revolvida, ninguém mais tem o direito de dormir em paz em meio à tremenda exaltação. Nessa transformação das nações e dos povos, nós também nos transformamos, não importa que aprovemos ou não; cada um está enredado nos acontecimentos, ninguém permanece frio na febre de um mundo. Não há como ficar indiferente às realidades transformadas, hoje ninguém mais está a salvo em uma rocha, olhando com um sorriso para as ondas agitadas. Cada qual, querendo ou não, é arrastado pela maré, sem saber para onde está sendo levado. Ninguém pode se isolar, pois com nosso sangue e nosso intelecto giramos na correnteza de uma nação, e cada aceleração nos impulsiona, cada parada em seus pulsos barra o ritmo de nossa própria vida. Quando a febre ceder, tudo terá um novo valor para nós, e justo o igual será diferente. As cidades alemãs: com que sentimento as veremos depois dessa luta! E Paris: como terá se tornado diferente, estranha ao nosso sentimento! Sei desde agora que não poderei ficar na mesma casa hospitaleira em Liège com o mesmo sentimento, com os mesmos amigos, depois que as granadas alemãs caíram sobre a cidadela; entre tantos amigos, de um lado e outro da fronteira, estarão as sombras dos mortos, absorvendo com respiração fria o calor da palavra. Todos teremos que nos reorientar, do ontem para o amanhã, atravessando esse impenetrável hoje, cuja violência apenas percebemos agora, horrorizados, e teremos que chegar a uma nova forma de vida em meio a essa febre que agora torna nossos dias tão abrasadores e nossas noites tão sufocantes. Depois de nós surge uma nova geração cujos sentimentos foram forjados nesse fogo. Eles serão diferentes – eles, que viram vitórias naqueles anos em que nós só vimos retrocesso, lamento e lassidão. Da confusão desses dias surgirá uma nova ordem, e nossa primeira preocupação terá que ser nos sujeitar a ela com força e solidariedade.

Uma nova ordem – pois essa febre insone, a inquietude, a esperança e a expectativa que consomem a tranquilidade dos nossos dias e das nossas noites não podem continuar. Por mais que toda a destruição agora pareça se estender de forma terrível sobre o mundo aniquilado, ela é diminuta em comparação com a energia muito mais impetuosa da vida, que depois de cada tensão sempre consegue um repouso para sair transformada, mais pujante e mais bela. Uma nova paz – oh!, quão distantes brilham ainda suas asas luminosas através da poeira e da fumaça da pólvora! – haverá de reerguer a velha ordem da vida, o trabalho de dia e o repouso à noite. O silêncio voltará com o sono reparador aos mil lares que agora estão despertos na excitação e no medo, e estrelas tranquilas voltarão a olhar do alto para uma natureza que respira felicidade. O que agora ainda parece ser horror será então, em sublime transformação, grandeza. Sem lamento, quase com nostalgia, lembraremos essas noites intermináveis, durante as quais, em ampliação maravilhosa, percebíamos no sangue o destino em gestação e a cálida respiração do tempo sobre nossas pálpebras despertas. Só quem viveu a doença conhece a felicidade completa da cura, só o insone conhece a doçura do sono reconquistado. Os que regressaram e aqueles que ficaram em casa estarão mais contentes com sua vida do que os que se foram, saberão apreciar seu valor e sua beleza com mais seriedade e mais justiça, e quase ansiaríamos pela nova conformação se hoje – como nos dias antigos – o chão do templo da paz não estivesse regado com o sangue sacrificado, se esse novo e feliz sono do mundo não fosse comprado à custa da morte de milhões de seus filhos mais nobres.

A tragédia do esquecimento

Cerca de um mês depois de assinado o armistício que encerrou a Grande Guerra, Zweig escreveu ao mestre e confidente, Romain Rolland: "Há momentos em que me pergunto se valerá a pena viver os próximos vinte anos."* Em novembro de 1918 comemorara o fim das hostilidades, agora desesperava novamente. O tratado de paz assinado em Versalhes em junho de 1919 não o sossegou, muito menos o caos institucional que se instalou na Alemanha e na Áustria recém-convertidas em repúblicas.

Transbordando de confiança e planos, impacientava-se com os impasses políticos produzidos pelo novo mapa do Velho Mundo. O empenho americano na criação da Liga das Nações animou-o a sonhar com a fundação dos Estados unidos da Europa, esquecendo-se de que as pesadas reparações exigidas pelos vitoriosos e as perdas territoriais impostas aos vencidos haviam reacendido antigos ressentimentos.

Instalado na mansão arruinada que Friderike havia restaurado em Salzburgo, finalmente casado depois de uma maratona burocrática, com três novos sucessos nas livrarias e um empolgante projeto na editora Insel, ele sentia-se apto a soltar a voz, sobretudo porque suas bandeiras não eram políticas, mas humanitárias e internacionalistas.**

---

* Carta de 18 de dezembro de 1918; o armistício de Compiègne fora assinado em 11 de novembro daquele ano.
** *A vida trágica de Marceline Desbordes-Valmore*, *Três mestres: Dickens, Dostoiévski e Balzac* e a biografia de Rolland. Bibliotheca Mundi era o projeto editorial que tocava ao lado de Anton Kippenberg, dono da editora Insel, destinado a divulgar as grandes obras da literatura mundial.

As reedições do drama pacifista em versos *Jeremias* e os preparativos para a sua encenação em Viena o animaram a uma nova jeremíada. Em 1921, na recém-criada Tchecoslováquia, lança um patético apelo contra a apatia e a perda da memória.

É SEDUTORAMENTE BELO – e talvez seja até verdade – voltar sempre a ler a confissão idealista dos espíritos mais nobres de que o impulso para o conhecimento e para captar a verdade seja inato, tanto no indivíduo quanto na humanidade inteira. Todo acontecimento torna-se uma lição para o indivíduo, todo sofrimento ajuda-o a progredir em sabedoria, e assim sua vida se eleva das confusões da juventude a uma clareza e amplitude cada vez maiores. A partir de uma perspectiva histórica universal, essa ideia traz em si um consolo imenso, pois essa capacidade para uma compreensão cada vez mais clara, potencializada por milhões de destinos ao longo dos séculos, avalizaria uma ascensão inexorável da humanidade, uma unificação pacífica no sentido de uma cultura mais elevada.

Certamente é inato nos homens e na humanidade esse impulso rumo à verdade, essa paixão por compreender, mas da mesma forma é inato um estranho instinto que age na direção oposta e que, com sua força gravitacional, barra a ascensão para o infinito. Trata-se do desejo inconsciente – e, muitas vezes, consciente – de indivíduos, povos e gerações inteiras de esquecer de novo à força uma verdade à qual chegaram a duras penas, de abrir mão voluntariamente dos avanços da compreensão e de voltar a se refugiar na insensatez mais selvagem, porém também mais quente. Contra nossa vontade, age dentro de cada um de nós esse instinto de evitar a verdade – pois a verdade tem um rosto de Medusa, belo e terrível ao mesmo tempo – e de selecionar de cada vivência, em nossa memória, apenas aquilo que é agradável, conservando os traços simpáticos. Por isso, esse processo de seleção e falseamento unilateral faz parecer aos homens eternamente que sua juventude foi bela e a cada povo que seu passado foi grandioso, e talvez esse potente impulso para o embelezamento e a idealização da vida seja para a maioria das pessoas uma precondição para suportar a realidade e sua própria existência. Aqui a lassidão da emoção pessoal se mescla ao instinto mais profundo, inconsciente e impessoal da sobrevivência; aqui reinam leis ligadas inexoravelmente à lei última da natureza humana. Pois sem esse misterioso espírito do esquecimento o ciclo dos acontecimentos já teria terminado há muito tempo, figuras como Cristo e Buda já teriam realizado sua doutrina e a união da humanidade já teria deixado de ser um sonho.

Nunca uma época deixou transparecer com mais clareza do que a nossa esse impulso de todo um tempo, de toda uma geração para o esquecimento, para a vontade de esquecer, pois parece que há uma misteriosa relação entre a intensidade da verdade e a aceleração com a qual ela foge à consciência: quanto mais bem-sucedido o desejo de cognição, tanto mais forte a obrigação de se libertar da pressão, do sofrimento desse conhecimento. Caso contrário, jamais teria sido possível que nesse único ano depois da guerra mais terrível da humanidade a maioria já tenha esquecido tudo o que viveu e conheceu de trágico nesses cinco anos.

Recordemos com toda honestidade! Quando a guerra chegava ao fim, houve um momento maravilhoso na Europa, foi como abrir os olhos, despertar de um sonho ruim, cair em si. Cada um subitamente se deu conta de que, por trás de seu esforço heroico, não havia sua própria vontade e nem um impulso divino, humano, e sim pequenas compulsões, vaidades irritadas, arrogância alheia, orgulho alheio. O sofrimento mais profundo provocara um místico sentimento de solidariedade e em todos os povos irrompeu um desejo irresistível de uma solidariedade fraternal ainda mais elevada que a dos regimentos, dos exércitos e das nações. A constelação dos Estados unidos da Europa, da pacífica Liga das Nações, sonhada há séculos, surgia subitamente no horizonte, ardente. Horrorizadas, milhões de pessoas de repente viram o sangue alheio em suas mãos, e tudo nelas estava disposto a doar suas paixões a um objetivo mais elevado, o da confraternização, o da última união.

Faz um ano que vivenciamos esse instante do supremo conhecimento, esse instante em que a verdade apareceu por uma hora como uma suave lua entre as nuvens do ódio e da escuridão. E aprisionados, nós mesmos, em um engano esperançoso, imaginamos que as almas que uma vez olharam para essa claridade de seus corações e para os elevados céus da verdade jamais voltariam a ter esse conhecimento obnubilado. No entanto vivenciamos algo mais incompreensível ainda: que mesmo essa verdade nascida do mais profundo sofrimento submergiu para sempre, mal os povos e as nações voltaram a ter um pouco de repouso e tranquilidade e alegria e lassidão.

Um ano se passou de lá para cá, um único ano, um ano até sem sangue e morte, e eis que estamos vivendo em meio à velha mentira, em meio à insensatez. Mais do que nunca, os países se fecham uns contra os outros, os generais, mesmo os derrotados, voltaram a ser heróis, as frases mofadas voltam a servir de pão da vida. Novamente, os povos se deixam levar pelas mentiras de que estão sendo ameaçados por seus vizinhos, de que precisam se armar, de que a sua honra lhes manda fazer isso e aquilo, e assim voltam a marchar uniformizados e hasteiam bandeiras e constroem canhões, interiormente prontos para os velhos jogos sangrentos e insensatos. Como isso pôde acontecer – é o que nos perguntamos, nós que vivemos a transformação desse ano. O começo está claro: os culpados e responsáveis em todos os países que temiam a verdade resistiram a ela e voltaram a se superar nas mentiras, país por país, mas jamais teriam tido êxito com esse lamentável jogo político da sobrevivência se nas pessoas, com sua enorme fadiga, com sua lassidão psíquica, não lhes tivesse surgido um ajudante: essa vontade de esquecer a verdade. Basta perguntar a qualquer livreiro e ele dirá que hoje ninguém mais quer ler livros de guerra, que o público considera desnecessários os documentos que levam ao conhecimento. Não, nada de ler, de escutar, de enxergar, nada da verdade em letras escritas ou faladas, nada da verdade na figura dos aleijados, dos órfãos, dos desempregados, nada disso, somente esquecer, esquecer depressa a qualquer preço, somente gritar hurras para não escutar a própria consciência, para não escutar a própria voz, seguir correndo e fugir da realidade para o divertimento, para mentiras, o sonho. Tudo para fugir da verdade!

É bem isto o que torna o nosso tempo tão terrivelmente trágico, tão repugnante e tão desesperançado: o fato de ser um tempo da crença descrente, de todos os ideais nacionais e políticos que hoje são gritados terem um tom equivocado e soarem movidos por uma intenção, de não virem de dentro. Houve tempos em que a insensatez nacional teve uma beleza pueril e inocente, pura e inconsciente. Mesmo 1914 ainda era prenhe dessa confiança pueril. Quando então cada povo – e nenhum deles jamais vira uma guerra de verdade, nenhum deles nem em sonhos jamais olhara para o precipício – pensava que havia sido invadido, traído e que seus irmãos e companheiros corriam risco, estavam todos sendo vítimas sinceramente crentes e ignaras dessa sua crença pura. Às pessoas de hoje, no entanto, falta essa insensatez inocente. Comeram uma vez o fruto amargo da árvore do conhecimento e em cada uma de suas palavras há algo que os desmente, e qualquer um que escuta as palavras, mesmo quem as aclama, sabe no fundo do coração que são mentiras. Não há um só deputado de qualquer parlamento da Europa que não conheça o simples fato – que até uma criança de sete anos precisa entender quando se lhe explica – de que a nossa Europa não tem outra possibilidade de se manter economicamente senão através da união fraternal, de que usamos vinte milhões de pessoas como funcionários e soldados pagos inutilmente para alimentar nossa desconfiança mútua, enquanto nos Estados Unidos esses mesmos vinte milhões, em vez de onerar o Estado, geram trabalho produtivo e valores e, com essa superioridade, haverão de acabar um dia com todos os nossos países. Cada um desses parlamentares sabe que essa guerra foi para a Europa o que a guerra do Peloponeso foi para Esparta e Atenas: o êxito momentâneo de um partido, mas na verdade a decadência de toda uma cultura. Todos o sabem e ninguém tem coragem de dizê-lo, todos continuam falando da ameaça à pátria e da honra nacional, mas da mesma forma que não têm fé o mundo se tornou sem confiança, e o terrível vapor da mentira encobre os nossos dias. Nosso mundo escureceu porque eles preferiram a escuridão do esquecimento, porque não quiseram mais suportar a verdade que já haviam reconhecido.

Perspectiva trágica de uma hora trágica num mundo trágico! Novamente o velho sono encobre a Terra, ainda excitado pelos sonhos selvagens do dia sanguinolento. Agitada vai a respiração dos povos, e quando rolam de um lado para o outro no sonho as armas já soam, traiçoeiras. Debalde a razão olha para esse breu que nenhuma palavra consegue clarear, para esse sono embotado que nenhum grito de alerta consegue despertar, obrigada a admitir, impotente, que aparentemente há um sentido mais profundo nessa fuga para o esquecimento, nesse eterno retroceder da humanidade de seus alvos mais puros. Mas se também for imposto à humanidade como destino render-se sempre de novo à insensatez da divisão, continua sendo a eterna missão dos vigilantes advertir e resistir ao inexorável. Tudo o que vivemos é sem sentido se for transitório e desaparecer de novo, toda verdade é inútil se voltar a ser esquecida. Por isso, o sentido da vida de cada indivíduo vigilante deve ser reter para si a verdade uma vez claramente reconhecida e lembrar-se sempre da constelação sobre nossas cabeças, para estar preparado para a hora sagrada e rara de seu regresso.

A monotonização do mundo

EM SALZBURGO, no monte dos Capuchinhos, *au dessus de la mêlée* – acima da confusão –, Zweig não se desligou da realidade. O olho do historiador combinado à acuidade de jornalista (talento que não gostava de admitir) o mantinham ligado, pronto a pronunciar-se através de qualquer um dos gêneros que praticava simultaneamente.

A atualidade não se confinava nos *feuilletons* e na ensaística, ele com frequência transferia para a ficção ou para as biografias fatos marcantes da atualidade. Trocava velozmente de gênero sem estabelecer rígidas "temporadas" estilísticas. A criatividade e o ânimo mercurial, amparados na prodigiosa capacidade de trabalho, impunham um ritmo frenético que só Friderike conseguia administrar.

A catastrófica inflação alemã dos anos 20, alavanca decisiva na ascensão do nazismo, foi retratada na novela *A coleção invisível* publicada originalmente no seu jornal preferido, o vienense *Neue Freie Presse*. Quatro meses antes, em 31 de janeiro de 1925, no mesmo jornal, apareceu um dos seus mais conhecidos ensaios e um dos mais precisos *insights* sobre os primórdios da globalização moderna, "A monotonização do mundo".*

Não vacilou em adotar um neologismo que soa estranho em qualquer idioma, mesmo naqueles que se servem do radical francês, *monotonie*. Queria chamar a atenção, mesmo infringindo o vernáculo. No entanto, o fenômeno detectado nada tem a ver com pasmaceira ou apatia, ao contrário,

---

* "Die Monotonisierung der Welt" publicado em 31 de janeiro de 1925, *Die unsichtbare Sammlung*, exatos quatro meses depois, em 31 de maio de 1925. Da novela saíram três adaptações cinematográficas, a mais recente rodada na Bahia em 2012.

ele trata da velocidade, uma veloz transferência de costumes e modismos – "uniformidade" seria o substantivo mais apropriado.

Apesar da inflação galopante, ou talvez por causa dela, os povos se copiavam intensamente, e este seria um dado positivo se Zweig não estivesse tomado por um surto esnobe que discrepava do seu contumaz otimismo. Ele corrobora o diagnóstico utilizando quatro sintomas da "esterilização dos povos" – a dança, a moda, o cinema e o rádio – fabricados pelo fastio da América do Norte. Também cita o esporte, mais precisamente o *"football"*. Vai mais longe: esta massificação representa a conquista do Velho Mundo pelo Novo Mundo.

Mesmo ignorando a televisão, a internet e as redes sociais, Zweig incursiona por um profetismo apocalíptico que se tornará trivial oitenta anos depois. Ainda não é o nostálgico capaz de enxergar nas ruínas do mundo que desaba a força para reconstruí-lo, por enquanto é apenas o esteta, algo pedante, a espernear contra a mecanização da vida cotidiana. E especialmente contra o rádio, a ferramenta predileta de Hitler para motivar as massas. Uma década depois, em *Tempos modernos* (1936), Charlie Chaplin reclamará contra a mesma brutalização, mas de olho na melhoria das condições de vida e trabalho. O remédio para Zweig é outro: a fuga para o interior de si mesmo, a busca da liberdade íntima e plena.

MONOTONIZAÇÃO DO MUNDO. Impressão intelectual mais forte de todas as viagens dos últimos anos, apesar de todo o contentamento: um leve horror da monotonização do mundo. Tudo se torna mais uniforme nas manifestações da vida exterior, tudo se nivela de acordo com um esquema cultural homogêneo. Os hábitos individuais de cada povo se desgastam, os trajes se uniformizam, os costumes se internacionalizam. Cada vez mais os países parecem se encaixar uns nos outros, as pessoas agem e vivem conforme um esquema, as cidades se assemelham cada vez mais fisicamente. Setenta e cinco por cento de Paris está americanizada, Viena se budapestizou: cada vez mais se dissipa o sofisticado aroma das particularidades nas culturas, cada vez mais rápido as cores desbotam e sob a camada rachada de verniz aparece o êmbolo de aço da engrenagem mecânica, a maquinaria do mundo moderno.

Esse processo já começou faz tempo: ainda antes da guerra, Rathenau anunciou profeticamente essa mecanização da existência, a preponderância da técnica como principal fenômeno da nossa época, mas nunca essa precipitação na homogeneização das formas exteriores da vida se deu de forma tão rápida e temperamental como nos últimos anos. É preciso ter clareza a esse respeito! É talvez o fenômeno mais candente, mais decisivo do nosso tempo.

Sintomas: poderíamos listar centenas deles para tornar o problema mais claro. Escolho apenas alguns dos mais conhecidos, com os quais cada um de nós conta, para mostrar como os costumes e as tradições se tornaram monótonos e estéreis na última década.

O mais óbvio: a dança. Até duas ou três décadas atrás, a dança ainda era ligada às diferentes nações e ao gosto pessoal dos indivíduos. Em Viena, dançava-se valsa, na Hungria, a czarda, na Espanha, o bolero, de acordo com incontáveis ritmos e melodias diferentes, nas quais o gênio de um artista se formava visivelmente, assim como o espírito de uma nação. Hoje, milhões de pessoas, da Cidade do Cabo a Estocolmo, de Buenos Aires a Calcutá dançam a mesma dança ao som das mesmas cinco ou seis melodias rápidas e impessoais. Começam à mesma hora: assim como os muezins no Oriente chamam dezenas de milhares de fiéis à mesma hora do pôr do sol para uma única oração, assim como lá vinte palavras, agora vinte compassos chamam toda a humanidade ocidental para o mesmo rito às cinco da tarde. Nunca – exceto em determinadas fórmulas e formas da igreja – duzentos milhões de pessoas encontraram tal concomitância e uniformidade da expressão quanto a raça branca da América, da Europa e de todas as colônias na dança moderna.

Segundo exemplo: a moda. Jamais ela teve uma semelhança tão clara em todos os países quanto na nossa época. Antes, eram necessários anos antes de uma moda de Paris penetrar em outras metrópoles e outro par de anos antes de sair das grandes cidades para o campo, e havia certos limites do povo e da tradição que resistiam às suas demandas tirânicas. Hoje, a sua ditadura se universaliza no intervalo de uma pulsação. Nova York dita os cabelos curtos das mulheres: no espaço de um mês, como que cortadas por uma única foice, caem cinquenta ou cem milhões de jubas femininas. Nenhum imperador, nenhum *khan* da história universal jamais deteve tal poder, nenhum preceito do espírito se propagou a semelhante velocidade. O cristianismo, o socialismo precisaram de séculos e décadas para conquistar um séquito de discípulos, para conseguir que seus preceitos agissem sobre tantas pessoas como hoje um alfaiate parisiense consegue em oito dias.

Terceiro exemplo: o cinema. Novamente uma simultaneidade incomensurável que se estende sobre todos os países e todas as línguas, formando a mesma apresentação, o mesmo gosto (ou falta de gosto) em uma multidão de milhões. Completa anulação de qualquer matiz individual, embora os produtores alardeiem triunfantes seus filmes como sendo nacionais: os Nibelungos predominam na Itália e Max Lindner, de Paris, nos municípios mais tipicamente alemães. Também nessa esfera, o instinto de massa é mais poderoso e mais arrogante do que o pensamento. O triunfo e a chegada de Jackie Coogan foi um evento mais forte para a contemporaneidade do que a morte de Tolstói vinte anos atrás.

Quarto exemplo: o rádio. Todas essas invenções têm um só sentido: a simultaneidade. O habitante de Londres, Paris e Viena escuta a mesma coisa no mesmo segundo, e essa simultaneidade, essa uniformidade tem um efeito embriagante pela sua superdimensionalidade. Em todos esses novos milagres técnicos há uma ebriedade, um estímulo para a massa e, ao mesmo tempo, uma terrível sobriedade para a alma, uma perigosa sedução para a passividade do indivíduo. Também nesse caso, como acontece com a dança, a moda e o cinema, as pessoas se subordinam ao mesmo gosto uniforme do rebanho. Não escolhem mais a partir do seu ser interior, escolhem segundo a opinião do mundo inteiro.

Poderíamos multiplicar esses sintomas ao infinito, e eles se multiplicam por si sós a cada dia. O gosto pela autonomia se atrofia, a passividade no deleite inunda nosso tempo. Já se tornou mais difícil enumerar as particularidades de nações e culturas do que seus pontos em comum.

Consequências: o fim de qualquer individualidade, inclusive na aparência externa. O fato de todas as pessoas usarem as mesmas roupas, todas as mulheres se vestirem e maquiarem da mesma forma, não fica impune: a monotonia necessariamente se entranha. Os rostos se assemelham mais por paixões iguais, os corpos se assemelham mais por esportes iguais, os espíritos se assemelham mais por interesses iguais. Inconscientemente, do impulso acirrado de uniformização surge uma uniformidade das almas, uma alma de massa, uma atrofia dos nervos em favor dos músculos, uma morte do indivíduo em favor do gênero. A conversação, a arte da fala é destruída pela dança e pelo esporte, o teatro se brutaliza no sentido do cinema, na literatura vence a prática da moda rápida, do "sucesso da temporada". Como na Inglaterra, já não há mais livros para as pessoas, e sim cada vez mais o "livro da temporada", já se espalha, como no rádio, a forma meteórica do sucesso que é transmitido simultaneamente por todas as estações europeias e substituído no segundo seguinte. E como tudo passa a ser pautado pelo curto prazo, o desgaste se acelera: assim, a erudição, o amealhar pacientemente sensato de conhecimentos por toda uma vida, torna-se um fenômeno inteiramente raro da nossa época, assim como tudo o que só se consegue por esforço individual.

Origem: de onde vem essa terrível onda que ameaça levar de enxurrada tudo o que dá cor à vida, tudo o que é diferente? Qualquer pessoa que já esteve lá sabe: dos Estados Unidos. Os historiadores do futuro um dia haverão de registrar na página seguinte à da grande guerra europeia que na nossa época teve início a conquista da Europa pela América. Mais ainda: já está em pleno curso, mas nós ainda não o percebemos (todos os derrotados costumam pensar muito lentamente). Entre nós, qualquer país ainda se rejubila com todos os seus jornais e todos os seus estadistas quando recebe um crédito em dólares. Ainda nos iludimos a respeito dos objetivos filantrópicos e econômicos dos Estados Unidos, quando, na verdade, estamos nos tornando colônias de sua vida, de seu estilo de vida, servos de uma lógica profundamente alheia à europeia: a da máquina.

Mas tal vassalagem econômica ainda me parece reduzida, se comparada ao perigo intelectual. Uma colonização da Europa do ponto de vista político ainda não seria o pior, às almas servis qualquer servidão parece amena, e o homem livre é capaz de preservar a sua liberdade em qualquer lugar. O verdadeiro perigo para a Europa me parece estar no campo intelectual, na penetração daquele enfado americano, aquele enfado pavoroso, bem específico, que lá emana de cada pedra e casa das ruas numeradas, aquele enfado que não se origina da tranquilidade, como antes era o enfado europeu, das rodas de cerveja e dominó e cachimbo, um desperdício preguiçoso mas inofensivo do tempo: o enfado americano é relapso, nervoso e agressivo, atropelando-se com acalorados açodamentos, querendo se entorpecer com esporte e sensacionalismo. Esse enfado já não tem mais nada de lúdico, antes corre com uma obsessão louca numa eterna fuga do próprio tempo, inventando cada vez mais artifícios, como o cinema e o rádio, para alimentar os sentidos famintos com uma ração de massa e transformando a comunidade de interesses do divertimento em conglomerados tão gigantescos quanto seus bancos e trustes. É dos Estados Unidos que vem a terrível onda de uniformidade que dá a mesma coisa a cada um: o mesmo macacão sobre a pele, o mesmo livro nas mãos, a mesma caneta entre os dedos, a mesma conversa nos lábios e o mesmo automóvel no lugar dos pés. Fatidicamente, do outro lado do nosso mundo, da Rússia, chega-nos a mesma vontade para a monotonia, de maneira transformada: o desejo do parcelamento do homem, da uniformidade da visão do mundo, a mesma vontade pavorosa de monotonia. A Europa ainda é o último bastião do individualismo, e talvez essa tensão exagerada dos povos, esse nacionalismo irritado, apesar de toda a sua violência seja uma espécie de revolta febril inconsciente, uma última tentativa desesperada de resistir a essa uniformização. Mas precisamente essa forma crispada da resistência denuncia a nossa fraqueza. E já o gênio da sobriedade começa a obrar para apagar da lousa do tempo a Europa, última Grécia da história.

Resistência: o que fazer? Tomar o Capitólio, gritar para as pessoas: "Às barricadas, os bárbaros chegaram, estão destruindo o nosso mundo!" Repetir as palavras de César, agora num sentido mais sério: "Povos da Europa, preservem o vosso patrimônio mais sagrado!" Não, não somos mais tão cegos a ponto de acreditar que ainda poderíamos nos afirmar com associações, livros e proclamações contra um movimento mundial imenso e conter esse impulso rumo à monotonização. Não importa o que se escrevesse, não passaria de um pedaço de papel lançado contra um furacão, não atingiria os jogadores de futebol ou os dançarinos de *shimmy*, e mesmo que os atingisse eles não nos entenderiam mais. Em todas essas coisas, das quais insinuei apenas algumas poucas, no cinema, no rádio, na dança, em todos esses novos instrumentos de mecanização da humanidade reside uma força avassaladora que não pode ser domada. Pois todas elas preenchem o ideal mais elevado da média do povo: oferecer diversão sem exigir esforço. E seu poder invencível reside no fato de serem inacreditavelmente confortáveis. A empregada mais desajeitada aprende a nova dança em três horas, o cinema deleita analfabetos e não exige deles um grama de cultura, e para ter o prazer de ouvir rádio basta tirar o fone da mesa e colocar na cabeça para ter os sons e as valsas no ouvido. Contra tal comodidade até os deuses lutam em vão. Quem não exige mais do que um mínimo de esforço intelectual e físico e o mínimo de demonstração de vigor ético necessariamente prevalece na massa, pois a maioria estará passionalmente de seu lado, e quem hoje ainda exigisse independência, individualidade e personalidade mesmo no divertimento faria papel ridículo contra tal enorme supremacia. Se a humanidade agora se enfada e monotoniza crescentemente, no fundo não lhe ocorre nada diferente do que ela quer no seu íntimo. A independência no estilo de vida e mesmo no prazer representa agora um objetivo para tão poucos que a maioria das pessoas já nem sente como está se tornando uma partícula, átomos carregados por um poder gigante. Assim, banham-se no rio tépido que os arrasta para o nada; como disse Tácito, *"ruere in servitium"*, lançar-se à servidão, essa paixão pela autodissolução destruiu todas as nações. Agora é a vez da Europa: a Primeira Guerra Mundial foi a primeira fase, a americanização é a segunda.

Por isso, nada de resistir! Seria um imenso atrevimento tentar tirar as pessoas desses divertimentos (no fundo, tão vazios). Pois, sejamos francos, o que temos a lhes oferecer? Nossos livros não os atingem mais, porque há muito já não conseguem igualar em tensão fria, em excitação palpitante o que o esporte e o cinema lhes oferecem de sobra; na verdade, esses novos livros são até desavergonhados em sua pretensão de exigir esforço mental e cultura como precondição, a colaboração das emoções e a tensão da alma. Admitamos que nós nos tornamos muito distantes de todas essas alegrias e paixões de massa e, assim, do espírito da época, nós, para quem cultura intelectual é paixão vital. Nós que jamais nos enfadamos, cujos dias deveriam ter mais seis horas, nós que não necessitamos de equipamentos para matar o tempo nem de máquinas de diversão, nem dança, nem cinema, nem rádio, nem jogo de *bridge*, nem desfiles de moda. Basta passar pelos cartazes de uma metrópole ou ler um jornal em que partidas de futebol são relatadas com a minúcia de batalhas homéricas para sentir que já nos tornamos *outsiders*, como os últimos enciclopedistas durante a Revolução Francesa, algo tão raro, tão ameaçado de extinção na Europa atual como os cabritos monteses e o edelweiss nos Alpes. Quem sabe um dia construirão parques de proteção natural para nós, últimos exemplares, para nos conservar e preservar enquanto curiosidade de uma época – mas devemos ter clareza de que já nos falta qualquer poder de tentar o mínimo contra essa crescente uniformização do mundo. Só nos resta ficar na sombra dessa ofuscante luz de quermesse e, como os monges durante as grandes guerras e revoltas, narrar em crônicas e relatos uma situação que, como eles, pensamos ser uma confusão do espírito. Mas não podemos fazer, evitar ou mudar nada: qualquer apelo ao individualismo dirigido às massas, à humanidade, seria arrogância e pretensão.

Salvação: assim, já que consideramos a luta perdida, só nos resta uma coisa: fugir, fugir para dentro de nós mesmos. Não dá para salvar a individualidade no mundo, só se pode defender o indivíduo dentro de si próprio. A maior realização do homem intelectual é sempre a liberdade, a liberdade em relação às pessoas, às opiniões, às coisas, liberdade de ser ele próprio. Eis a nossa missão: tornarmo-nos cada vez mais livres à medida que os outros se vinculam voluntariamente! Ampliar de maneira cada vez mais diversificada os interesses em direção a todos os céus do intelecto, quanto mais uniforme, uníssona e maquinal se torna a inclinação dos outros! E tudo isso sem ostentação! Não mostrar, jactando-nos, "somos diferentes!" Não revelar desprezo por todas essas coisas, nas quais talvez resida um sentido mais elevado que não conseguimos apreender. Separarmo-nos interiormente, mas não por fora: usar as mesmas roupas, adotar todos os confortos da tecnologia, não nos desgastar em distanciamentos ufanísticos, em uma resistência néscia e impotente contra o mundo. Vivermos quietos, porém livres, encaixando-nos mudos e insignificantes nos mecanismos externos da sociedade, mas vivenciando no nosso íntimo apenas as inclinações próprias, conservando nosso próprio compasso e ritmo de vida! Não olharmos para o lado, arrogantes, não nos omitirmos, impertinentes, e sim observarmos, tentarmos reconhecer e depois recusarmos com conhecimento de causa o que não nos convém e recebermos com conhecimento de causa o que nos parece necessário. Pois mesmo que resistamos à crescente uniformização do mundo com a alma, ainda vivemos com grata fidelidade naquilo que é indestrutível nesse mundo, e que sempre fica além de todas as transformações. Ainda há poderes que zombam de toda divisão e de todo nivelamento. Ainda a natureza permanece mutável em suas formas, renovando montanhas e mares eternamente no ritmo das estações. Ainda Eros joga seu jogo eternamente diversificado, ainda a arte vive de forjar figuras múltiplas sem fim, ainda a música flui de fontes sonoras sempre diferentes do peito aberto de indivíduos, ainda de livros e quadros emana um sem-número de formas e comoções. Mesmo que tudo o que se chama de "nossa cultura" seja cada vez mais parcelado e revestido de sobriedade, com uma expressão adversa e artificial – o "patrimônio primevo da humanidade", como Emil Lucka chama os elementos do espírito e da natureza em seu maravilhoso livro, não pode ser disponibilizado para as massas; jaz muito fundo nos poços do espírito, nas galerias das emoções, está muito distante das ruas, da comodidade. Ali, no elemento sempre transformado, sempre a ser renovado, uma diversidade infinita aguarda o homem de boa vontade: ali é a nossa oficina, nosso mundo próprio, que jamais poderá ser monotonizado.

Revolta contra a lentidão

A BIOGRAFIA DE JOSEPH FOUCHÉ com o subtítulo "Retrato do homem político", de 1929, foi a primeira (e única) incursão de Zweig no universo político-partidário. Sucesso surpreendente: a meticulosa reconstituição da carreira do funcionário sem escrúpulos, criador da polícia política, que traiu e sobreviveu a todos os seus aliados, parece ter sido escrita com um olho na Revolução Francesa e outro no infame jogo de poder que precedeu a ascensão de Hitler.

Visível a repugnância pelo pragmatismo e o oportunismo e, não obstante, em setembro do ano seguinte (1930), diante do triunfo eleitoral dos nacional-socialistas, Zweig tenta ser objetivo, realista, equidistante. Procura entender acriticamente como, em apenas um ano, os nazistas saltaram das 12 insignificantes cadeiras no Parlamento para 107.

O fervoroso humanista e devoto da conciliação não se assusta com a maré montante do fanatismo nem com a violência das manifestações hitleristas. Prefere procurar as razões que levavam a juventude, parte do operariado e da classe média a aventurar-se no radicalismo.

"Revolta contra a lentidão" pretendia ser uma convocação contra a apatia e as manobras deletérias das elites políticas, mas acaba como uma resignada constatação da inexorabilidade da truculência.

O jovem amigo e protegido, Klaus Mann, filho de Thomas Mann, repudiou publicamente o psicologismo racional do escritor que tanto admirava. Trinta anos depois, a mesma biografia de Fouché fascinou o grupo de Fidel Castro nas discussões noturnas no acampamento de Sierra Maestra. Mas no íntimo de Zweig, aquela convivência com a lógica do poder anestesiou o seu instintivo horror à violência.

Tem sempre que acontecer um desabamento em uma mina soterrando centenas de pessoas para nos perguntarmos que medidas de segurança foram esquecidas. Ou ocorrer um incêndio num teatro antes de adotarmos precauções; irromper uma guerra antes de lembrarmos o que foi negligenciado em efetiva vontade de ter a paz. Tem sempre que acontecer algo violentamente avassalador para que o pensamento egocêntrico do homem seja desviado dos próprios interesses para os da coletividade. Assim, os sonolentos despertam agora de novo, assustados diante da súbita radicalização da Europa, esfregam os olhos e se perguntam, surpresos, como é possível que a vasta massa dos jovens já não vote mais comportadamente nos burgueses e nacionalistas ou moderadamente nos social-democratas, mas sim nos nacional-socialistas ou nos comunistas, deixando bruscamente o lugar aconchegante no centro e se colocando à extrema esquerda ou direita. Em sua confortável demanda, a sabedoria posterior dos áugures se lamenta e questiona, constrangida, e depois que tudo aconteceu, quer passar uma tranca na porta.

E, no entanto, a resposta é clara. O que ficou evidente nas eleições alemãs é uma revolta – talvez não sábia, mas no fundo natural e digna de apoio – da juventude contra a lentidão e a falta de determinação da alta política, contra a covardia e a indecisão dos métodos burocráticos, uma recusa à burguesia europeia que não quis concretizar o projeto essencial da Europa – a própria Europa! –, um alerta aos social-democratas, que em vez de jovens vivos da geração pós-guerra continuam escolhendo como líderes os inseguros anciãos de antes da guerra, como Scheidemann. Ao mesmo tempo, é uma revolta contra os nacionalistas comerciais, que

Revolta contra a lentidão 223

equiparam a nação ao seu patrimônio pessoal. Uma juventude irrequieta e radical como qualquer genuína juventude se defende por decepção e repulsa interior contra a política da negociação dilatória, do adiamento, da colcha de retalhos, que remenda e cola todos os conflitos ardentes e sangrentos. Ela reivindica energia, tratamento rápido, cortante e radical, em lugar desses adiamentos diplomáticos sem fim. Não tem clareza nem unanimidade sobre como tornar seu próprio país e a Europa novos, inteiros e sadios; só tem clareza e unanimidade num ponto – como não fazer, não fazer do jeito que se faz hoje – e vê com indignação como hoje, na Europa, os problemas importantes para ela são aguados e retardados por uma burocracia funcional e política. A radicalização ocorrida nada mais foi, no fundo, do que uma explosão muito justificada e necessária, talvez perigosa, mas inexorável, de uma decepção coletiva de milhões de pessoas com a velocidade da política.

Essa decepção é compartilhada por qualquer um entre nós que seja correto. Ardemos de amargura pelo tratamento vilmente relapso, mesquinho, irresponsável dispensado às nossas mais decisivas questões de vida por um punhado de velhos, em geral aqueles que foram corresponsáveis (ou pelo menos não inocentes) pela destruição da Europa. Com quanta expectativa ardorosa olhamos depois da guerra para aquela instância mais elevada, a Liga das Nações! Depois da terrível destruição, por fim deveria começar a reconstrução, a salvação do ódio estúpido através da confraternização, e esperávamos que em Genebra surgisse uma "Washington" dos Estados unidos da Europa, a capital de uma futura democracia que unisse as línguas e os povos, um fórum moral para todas as decisões entre todas as raças e tribos do nosso mundo branco, uma última instância criativa da justiça. Mas como essa ideia foi concretizada? Primeiro, empregaram-se funcionários, cem, duzentos, trezentos, quinhentos, oitocentos, mil, não sei quantos funcionários. Organizaram-se registros e fichários, compraram-se mesas, grandes mesas revestidas de verde e poltronas fundas e macias que convidam a dormir. Muito papel foi comprado, muitos belos formulários, centenas de milhares e milhões, todos sendo martelados com máquinas de escrever faiscantes de novas. Foram enviados estadistas, claro que aqueles tão maravilhosamente "experientes de guerra"; só não foram enviados – Deus nos livre! – jovens, jovens vivos. E pouco a pouco descobrimos o que aconteceu com Genebra: uma imensa máquina de retardamento de todas as questões importantes, um escritório internacional vazio e fraco. Começou um falatório enfadonho, um inútil vai e volta de gentilezas e elogios e garantias mútuas sem compromisso. Falavam em paz, mas queriam dizer armamento, diziam Europa, mas se referiam ao predomínio de seus próprios países, falavam dos Estados unidos da Europa, mas às escondidas folheavam as instruções de seus governos para descobrir como evitar aquilo da melhor forma possível. Doze anos já dura essa fantasmagórica fábrica de palavras vazias, que infelizmente custa incontáveis milhões. Mas o que foi que essa instância máxima fez nesses doze anos para a Europa? É o que nossa impaciência começa a se perguntar com cada vez mais ira. Fundou o Banco de Compensações Internacionais. Grandioso ato, sei disso! Mas é algo que uma dúzia de banqueiros judeus e cristãos teriam resolvido em doze horas, se isso lhes servisse aos seus fins comerciais. Essa fantástica Liga das Nações acaba de instituir um prêmio para o melhor filme sobre a paz. Maravilhoso! Mas será que esses mesmos cinquenta mil francos não poderiam ter sido também doados por um americano excêntrico, se devidamente estimulado para isso? O crédito da Liga das Nações para a Áustria, para a Hungria – sim, sim, eu sei, mas isso qualquer banco Morgan também teria feito contra o aval do monopólio do tabaco e dos impostos alfandegários. Tudo isso são pequenos detalhes, soluções práticas e táticas, mas, pergunto eu, que ideia intelectual foi criada nesses doze anos pelos diplomatas e delegados reunidos, pelos "experientes" homens da Europa com todos aqueles mil ou dois mil funcionários? Qual a ideia que poderia ter estimulado o sangue de uma juventude europeia, qual a ação que desperta entre as nações de nosso mundo dilacerado uma esperança radiante e criadora? O que fez essa Liga das Nações para aumentar o desejo de viver e de sarar da Europa, o que fez para uma juventude e sua fé nesses doze anos terrivelmente compridos? Nem o desarmamento, nem a união alfandegária, nem a paz econômica. Em suma: nada.

Mas a nova geração diz com toda razão: doze anos são uma quinta parte de uma vida humana consciente, e se a política europeia continuar nessa velocidade de lesma, se continuar tão viscosa, tão docemente pegajosa, tão lenta e reumática, nos próximos doze anos nada terá sido feito além de gastar mais falatório e conversa em mais trezentas sessões chatas, encher novamente milhões de folhas de papel, e a Europa continuará lotada de armas, nação contra nação, povo contra povo, as barreiras alfandegárias ainda fecharão fronteiras, encarecendo a vida, e essa terrível insegurança continuará pairando por sobre cada casa, cada cabana. E assim, essa juventude diz com razão: precisamos acabar com essa conversa fiada de velhos, é preciso ter homens de decisões rápidas (certas ou erradas, não importa, precisam ser rápidas, rápidas!), homens como Stálin ou Mussolini que fazem as coisas andar, ainda que seja para dentro do precipício. Mas é preferível ter um fim terrível a esse eterno horror das infinitas indecisões, dessa covarde falação que encobre todos os riscos reais! Pois o risco existe, não nos iludamos, e não nos deixemos iludir! Os jovens têm um melhor instinto para isso, e seu voto é um alerta.

A radicalização da juventude é um alerta contra a lentidão e a covardia das decisões na Europa: é nesse sentido que devemos saudá-la. Há um ano estive em Haia com um amigo, e ele me mostrou a cidade. Parou junto de um belo edifício, um palácio, e riu. Eu perguntei por quê. Então, ele disse: este é o famoso, o famigerado Palácio da Paz. Fundado no início do século por sugestão do czar, com a concordância de todos os imperadores e reis da Europa. Foi construído (veja as belas pedras, a maravilhosa arquitetura!) para ser um memorial eterno da paz, e, de fato, durante vários anos foram feitos discursos pseudopacifistas em seus salões de luxo. Altos diplomatas e juristas, cobertos de medalhas, nenhum deles com menos de sessenta anos, faziam conferências e conferências, e, homens sábios, experientes, contemporizadores, procediam lentamente a fim de não ir ao cerne do problema. Escreviam e falavam. *Ut aliquid fieri videatur.** Mas na realidade só queriam evitar que acontecesse algo de verdade. Afinal, dava tempo de

---

* "Para dar a impressão de que se faz algo." Em latim no original. (N.T.)

evitar a guerra, oh sim, dava tempo! E de repente, em 1914, essa maravilhosa casa da paz foi de fato o escritório de apoio à guerra que, no fundo, desde o início havia sido por sua vil lentidão, sua hipócrita técnica de retardamento.

Agora estão construindo um palácio da Liga das Nações em Genebra – com muita lentidão, claro, afinal temos tempo! –, provavelmente com belíssimos salões representativos, muitos armários para arquivos e mesas verdes. Mas a juventude da Europa não se deixa mais enganar em sua suspeita – e, Deus me ajude, ela tem razão! – de que aquelas muitas poltronas servirão apenas aos funcionários, esses pulhas da lentidão, e o principal problema do nosso tempo, a unificação e purificação da Europa, ficaria enterrado e coberto de poeira naquele cárcere de pedra. A juventude não acredita mais que ideias verdadeiramente criativas, ideias que entusiasmem e ações felizes possam ser concretizadas com os velhos métodos das comissões e delegações e dos banquetes. Está farta das deliberações vazias, dos adiamentos e fingimentos, nutre um ódio correto, sadio e maravilhoso contra essa vil lentidão da diplomacia dos idosos. Não acredita mais que essa chamada ordem das "pessoas corretas" e dos diplomatas profissionais e políticos internacionais seja a verdadeira ordem que a Europa requer agora, quando se encontra ameaçada em sua vontade de viver. O ritmo de uma nova geração se revolta contra o do passado. Um mundo jovem, acostumado à fluência dos motores, à frenética velocidade de suas motocicletas, automóveis e aviões, indigna-se contra a velocidade de charrete da diplomacia política europeia. Ou os políticos "velhos" enfim resolvem se adaptar a esse ritmo, desatolando seu carro da lama política das sessões e reuniões e deliberações, ou serão atropelados sem piedade por uma nova geração que dá mais e melhor valor ao tempo do que os avós de antes da guerra, porque ainda quer viver uma verdadeira Europa. A radicalização da Europa não é loucura nem estupidez, como os bravos otimistas se esforçam em acreditar. É um alerta, infelizmente perigoso, mas justificado. *Caveant consules!**

---

* "Cuidem-se os governantes!" Em latim no original. (N.T.)

Um protesto na gaveta

ATRIBUI-SE À PARCERIA com Richard Strauss na ópera *A mulher silenciosa* o comedimento de Zweig diante da violência adotada por Hitler imediatamente após sua posse. A colaboração com o compositor começara em 1931, antes que este fosse nomeado pelo *Führer* diretor da Câmara de Música. A ópera ainda não estava terminada, o judeu Zweig evitava constranger publicamente o gigante da música alemã, mas sua oposição discreta ao nazismo decepcionou muitos amigos e admiradores.

Tentou abandonar a cautela em junho de 1933, quando decidiu redigir o rascunho de um manifesto que seria assinado por intelectuais judeus de língua alemã e distribuído mundialmente. Enviou-o ao Nobel de física Albert Einstein (com o qual mantinha relações desde 1920) e a outras figuras expressivas. Como de hábito não pretendia um documento de combate, mas algo solene, "peça clássica e definitiva da prosa alemã".

Recusava o papel de protagonista que Romain Rolland o forçava a assumir, por isso o designou como "Pontos básicos de um manifesto a ser trabalhado coletivamente". Não era modéstia, pretendia acabar com a corrosiva cizânia, reunir as diferentes facções judaicas diante de um inimigo que ameaçava aniquilar todas, sem distinção.

Max Brod, sionista intransigente, também amigo e testamenteiro literário de Kafka, foi outro destinatário da minuta de quatro laudas, datilografadas e com correções manuscritas.*

---

* Também Felix Salten, romancista e ensaísta austríaco, recebeu uma cópia. Há indicações de que dois anos depois, em 1935, Zweig teria discutido o manifesto com o cientista Chaim Weizmann (posteriormente primeiro presidente do Estado de Israel) e com o financista alemão refugiado na Inglaterra Siegmund Warburg.

Ninguém aderiu, possivelmente pelo teor sereno, discursivo: a hora exigia ações drásticas, convocações veementes, ações – não eram a sua especialidade. Frustrado, desativou a recém-iniciada militância judaica e engajou-se na preparação do perfil biográfico do humanista Erasmo de Roterdã, a sua duradoura parábola contra a intolerância e o fanatismo.

SE COMPARECEMOS PERANTE O mundo com uma declaração conjunta, que nossa intenção não seja pedir compaixão. Há demasiado outro sofrimento em nossos tempos para que ambicionemos prioridade. Tampouco é nossa intenção conclamar ao ódio e pedir juízo. Há demasiado ódio no mundo. Não queremos senão dar claramente ciência da nossa posição frente aos acontecimentos dos últimos tempos, bem como levantar nossa palavra contra a tentativa sistemática, jamais empreendida contra um povo, de nos privar dos nossos direitos e da nossa honra.

Em nome de uma ideologia racial que não é reconhecida nem pela ciência nem pela moral do restante do mundo, buscou-se na Alemanha, através do ódio organizado e da perseguição oficial, desligar-nos de uma comunidade milenar e nos rebaixar a uma raça ou nação inferior. Criaram-se leis para tomar direitos que, no restante do nosso mundo civilizado, são considerados direitos humanos intocáveis e inalienáveis; cidadãos respeitados, há séculos vivendo ligados ao país, foram declarados hóspedes inoportunos. Declaramos aqui que jamais reconheceremos como válida tal diminuição dos nossos direitos humanos, mesmo no mais extremo desamparo e tormento, porque somos inflexíveis em nossa convicção de que Deus não dividiu os homens em raças superiores e inferiores, em povos dominantes e povos escravos, nobres e párias, mas que criou todos à Sua imagem. Acreditamos que, bem além do nosso destino pessoal, tal proclamação de princípio da superioridade ética de um povo sobre os outros invariavelmente conduzirá a amarguras e tensões bélicas, destruindo a unidade pacífica do nosso mundo. Por isso, rechaçamos qualquer presunção racial, não apenas enquanto mentalidade hostil a nós, mas também enquanto ideologia que vai de encontro à verdade e é perigosa para o mundo inteiro.

Se assim, com toda a determinação, recusamos como arrogância fatal toda e qualquer tentativa de designar qualquer raça ou nação da Terra como inferior ou parasitária, declaramos, ao mesmo tempo, que não nos sentimos desonrados por nenhum dos métodos que agora estão sendo experimentados contra nós no sentido deste rebaixamento. Não consideramos uma vergonha para nós quando mulheres de cabelos raspados são arrastadas pelas ruas porque se mantiveram fiéis a um amigo, quando ... o ódio do povo atiçado não se detém sequer diante das lápides sagradas dos mortos; humilhações desse tipo, em nossa opinião, não são ignominiosas para aquele que as sofre, e sim para quem as comete. Não importa o que aconteceu e ainda poderá vir a acontecer, não tangerá a nossa honra. Um povo que deu ao mundo o livro mais sagrado e precioso de todos os tempos, em cuja doutrina religiosa se baseia toda a moralidade da Terra, não precisa se defender quando é declarado inferior, nem necessita vangloriar-se das incessantes realizações em todos os campos da arte, da ciência, dos feitos do pensamento. Elas estão inscritas de maneira indelével na história de cada país em que tivemos guarida. E se, no campo da ciência alemã, entre milhares de realizações de sábios judeus, nenhuma outra tivesse acontecido além daquela de Ehrlich, que eliminou o pior flagelo da humanidade, a sífilis, tornando-se uma bênção para milhões de pessoas na Alemanha e no mundo, nós já teríamos pagado por todos os erros e todas as transgressões que hoje o ódio nos atribui.

Sem exaltação, mas com toda a determinação imaginável, descartamos, portanto, a tentativa organizada de desonrar o nosso povo da forma como hoje o fazem as ideologias raciais, e estamos dispostos a preferir sucumbir a reconhecer essa loucura como verdade. Mas isso não quer dizer de forma alguma que estejamos cegos para a existência do fato social de um problema dos judeus que com a guerra e a crise assumiu uma acuidade potencializada, assim como todos os demais problemas sociais e nacionais. Ninguém sabe mais desse problema do que nós, que o sofremos em dois mil anos de forçada falta de pátria. Mas não o evitamos, queremos continuar a vivenciá-lo em toda a sua profundeza, considerá-lo em toda a sua gravidade, queremos transformá-lo em ação e satisfação, assim como há trinta anos nossos melhores esforços são dedicados à sua solução. Nestes trinta anos, a partir de energia própria, mas sem violência, sem qualquer ajuda externa, e mesmo assim vitoriosos contra as piores resistências, conquistamos a velha pátria e, ao construí-la grandiosamente, fornecemos a evidência contra a calúnia de que só agimos para destruir; é nossa própria vontade não importunar ninguém que não nos reconhece plena fraternidade, e ninguém que conheceu a Palestina há de negar nossa vontade honesta de acelerar e concretizar de forma criativa a solução para o problema dos judeus.

Evidentemente, um destino de dois mil anos não se conclui de um só golpe, mas estamos no meio do caminho, no meio da tarefa de resolvê-lo com esforço próprio. O que reivindicamos agora não é nada além de que não nos importunem nesta obra, de que nossa tarefa seja resolvida junto conosco, e não arbitrariamente contra nós. Que seja finalizada no espírito da humanidade, e não com atitudes de ódio e amargura.

Por isso, declaramos aqui publicamente em nome do povo judaico: por mais que recusemos qualquer tentativa de privação de direitos e desonra por parte de qualquer nação, estamos prontos a contribuir com todas as nações e sua representação conjunta, a Liga das Nações, em qualquer solução do problema dos judeus, enquanto corresponder à nossa honra e à honra do século. Estamos dispostos a fazer qualquer sacrifício a fim de acelerar a construção de uma nova pátria para os degredados, examinaremos agradecidos qualquer proposta e receberemos com solicitude qualquer sugestão; o mundo verá o judaísmo alegremente à disposição para todos e para tudo que exigir energia, sacrifício, devoção e atitude – exceto reconhecer como válida a loucura racista, perigosa para o mundo, e chamar alguma vez a violência de justiça.

(Entrar aqui com uma frase conclusiva.)

A questão judaica

1. O que acontecerá com os judeus?

EM SUA VIENA, microcosmo judaico, não precisava manter contacto com entidades judaicas e em Salzburgo – sua fábrica de textos – a necessidade era ainda menor. Sozinho, desgarrado, no exílio londrino a partir de 1934, Zweig sentiu-se compelido a buscar vínculos com a comunidade. Começou pela JTA, Jewish Telegraphic Agency, a agência de notícias judaica onde conheceu e tornou-se amigo de Joseph Leftwich. Poeta, jornalista, ativista da JTO, Jewish Territorial Organization, que não combatia o sionismo, mas propunha outra solução para a questão judaica: reunir os judeus perseguidos em qualquer país que os recebesse, sem a necessidade de lá estabelecer um lar nacional.

Não foi uma opção política, combinava a sua inclinação internacionalista com um projeto humanitário destinado a abrigar as massas de judeus perseguidos, sem os obstáculos que impediam a fundação de um Estado. Incentivou o amigo a escrever um livro para difundir a agenda territorialista praticamente desconhecida no seio da diáspora judaica, dividida entre a passividade dos religiosos, o ativismo sionista e a adesão ao comunismo.

Os conflitos entre judeus e árabes na Palestina controlada pelos ingleses convenceram Zweig da necessidade de encontrar soluções imediatas para a questão judaica, antes que os alemães a resolvessem na Europa e à sua maneira.

Quatro meses antes de embarcar para a primeira viagem à América do Sul (onde a JTO examinava diversos projetos de colonização), escreveu o prefácio para *What Will Happen to the Jews?*. Fluente em alemão (e também ídisch), Leftwich traduziu-o para o inglês.

Prefácio

Meu caro Joseph Leftwich,

Fico muito contente por ter podido ver o seu livro antes de ser publicado. Aprendi muito com ele, pois, sob múltiplos aspectos, ele revela toda a complexidade do atual problema dos judeus, ainda que se abstenha de qualquer partidarismo político ou controvérsia. Compartilho totalmente sua ideia subjacente – a de que o problema dos judeus só se tornou um problema tão importante por causa dos desajustes econômicos da Europa, que, em seu todo, encontra-se em estado permanente de crise desde 1914. O que Clemenceau disse antes da guerra – palavras terrivelmente perigosas, porém terrivelmente verdadeiras – sobre a "Alemanha congestionada" pode ser aplicado hoje a todo o nosso continente. A Europa está *congestionada*, mais do que repleta de sangue, e por isso irritável, provocada, hiperdinâmica; e se quisermos evitar o método bárbaro de derramamento bélico de sangue, restam apenas uma cura e um tratamento: que, como há séculos, o excesso de pessoas dessa excessivamente populosa "pequena península da Ásia", como a chamou Nietzsche, seja desviado e canalizado para áreas esparsamente povoadas em outros continentes.

Esse é o rumo que você propõe aos judeus de todos aqueles países europeus em que se encontram sujeitos a pressões excepcionais, e assim você encontra o seu caminho talvez para uma certa antítese aos sionistas radicais, que insistem única e inteiramente na colonização e na reaquisição nacional da Palestina. Mas, em primeiro lugar, essa colonização nacional da Palestina ainda se vê confrontada por obstáculos políticos; e em segundo lugar, é impossível descartar a questão quanto a, depois de dois mil anos de contínua migração de povos, ser ou não possível retomar a reconstrução de um status original. Seja como for, o problema dos judeus é hoje bem maior do que a Palestina e clama por uma subsidência mais acelerada. É por isso que eu concordo com a tendência do seu pensamento, de que a emigração nacional e a internacional deveriam ocorrer lado a lado, e essa forma dual de ação me parece estar inteiramente dentro da tradição da história judaica. Sempre houve, na vida judaica, um poderoso movimento nacionalista e, ao mesmo tempo, uma tendência universal. Basta lembrar o relato de Flávio Josefo sobre o que teriam dito os defensores do Templo: "Se realmente formos derrotados, como diz César, a pátria não importa. Deus ainda possui o mundo, que é um Templo maior do que esse." Se os judeus saírem todos e apenas para a Palestina, eles assim subscreveriam voluntariamente as piores suspeitas de seus inimigos de que eles não eram senão um corpo estranho em toda parte. Fato é, no entanto, que nossa cultura espiritual tem sido preservada e desenvolvida em todas as línguas, tanto quanto na nossa própria. Em toda parte os judeus, como fator cooperativo e até mesmo estimulante, identificaram-se com os países nos quais encontraram um lar, e a ascensão de muitas nações e cidades foi promovida e acelerada pela sua presença. É uma conclusão inteiramente equivocada negar aos judeus a capacidade colonizadora, pois costumamos olhar apenas para os judeus da Europa ocidental, os quais, pela força das circunstâncias, têm se concentrado em ocupações intelectuais e comerciais. Isso significaria esquecer os milhões de pequenos artesãos e camponeses na Europa oriental, que vivem abstêmios e envolvidos no mais duro trabalho físico e que, transplantados para novas terras que lhes permitiriam espaço e liberdade, poderiam provar ser seus cidadãos mais valiosos. Há centenas de milhares de judeus dispostos a fazer qualquer trabalho, em qualquer lugar, e a tarefa de uma organização que trabalhasse sistematicamente seria direcionar essas forças para o lugar certo, como você corretamente percebeu, para que, graças às suas energias latentes, possam desbravar terras não desenvolvidas a fim de torná-las férteis e prósperas. Tal transplantação aliviaria a Europa não apenas de seu excesso populacional, mas também de seu excesso de inimigos. Os contrastes se modificariam, a harmonia se disseminaria e, assim, uma necessidade econômica preencheria uma obrigação moral.

Existe apenas um aspecto que deveria ser bem mais enfatizado. Uma organização externa para transplantar e colonizar pessoas pressupõe uma organização interior, uma vontade comum. Entre os estadistas e fatores políticos decisórios que poderiam promover esse trabalho de transplantação, provavelmente existem mais do que imaginamos prontos a se interessar por tal projeto e ajudar a executá-lo. Mas essas pessoas bem-intencionadas muitas vezes ficam confusas, porque estão constantemente sendo assediadas, pelo lado judeu, por frentes diversas, ora com um projeto, ora com outro, em vez de um único plano com o qual todos estejam de acordo. Nada me parece mais importante do que um tal plano acordado, representando a totalidade dos judeus, ser esboçado e colocado em prática; do que esses dezesseis milhões de judeus finalmente formarem um único corpo que represente seus interesses de forma autônoma e responsável, e do que todas as várias rivalidades e hostilidades dos diferentes grupos ficarem subordinadas à necessidade de uma tal representação unida e legítima diante do mundo. Só um plano claramente preparado e cuidadosamente considerado, uma ideia de fato criativa e, ao mesmo tempo, realizável, poderá converter as várias improvisações em uma proposta ou demanda definitiva. O seu livro me parece ser uma excelente preparação para um tal plano abrangente, e por isso é incomensuravelmente mais importante do que todas as vagas generalizações psicológicas sobre esse problema tão dolorosamente urgente.

Atenciosamente,

SZ
Londres, 23 de abril de 1936

A questão judaica
II. Medo e recuo

Em 1935, a convite do amigo londrino Joseph Leftwich, Zweig participou de um simpósio patrocinado por um periódico britânico onde ensaiou uma nova posição: a única forma de enfrentar o ódio seria recolher-se, calar, desistir de uma identidade pública, refugiar-se no "judaísmo interior". O texto foi vertido por Leftwich para o inglês e lido pelo próprio. Por alguma razão Zweig não pôde ou não quis apresentá-lo (talvez porque não gostasse de falar inglês em público, mais tarde acostumou-se).

Na Argentina, depois da feérica visita ao paraíso brasileiro, participou de um evento fechado com o intuito de recolher doações da comunidade de judeus de origem alemã para os refugiados que conseguiam entrar no país. Ele o leu: em tudo igual ao que Leftwich apresentara no simpósio londrino.*

Esqueceu a coragem moral que o inspirou em *Jeremias*, agora propõe abertamente a sufocação do que designa como "particularismo" judaico, condena a visibilidade dos judeus como responsável pelo aumento do antissemitismo, assume as culpas de provocar a intolerância. Cassandra acovardada, medo transformado em estratégia.

---

*Do texto lido por Leftwich sobrou apenas um fragmento, o teor é idêntico à palestra portenha. O simpósio londrino foi organizado pela publicação *Dos Yiddishe Vort* (*A palavra judaica*) e intitulado "Whither Jewry?" (Para onde o judaísmo?).

Faz muito tempo, muitos anos, foi ainda no século passado. Eu ainda frequentava a escola, mas me lembro nitidamente da comoção surgida em Viena quando saiu publicada a brochura de Theodor Herzl intitulada *O Estado judeu* [*Der Judenstaat*]. Quando digo comoção, não me refiro àquele entusiasmo apaixonado que, posteriormente, levantou-se no mundo judaico e que, como sionismo, tornou-se um fenômeno de importância histórica mundial. Não é o entusiasmo que está na minha lembrança, pois esse entusiasmo teve início em regiões totalmente diferentes, na Polônia, na Rússia, no Leste, entre as grandes massas proletárias oprimidas de judeus, que haviam conservado, inquebrantáveis, seu sentimento religioso e sua fé messiânica. A comoção à qual me refiro e da qual me lembro era totalmente diferente – era irritação e indignação nos círculos judaicos burgueses e intelectuais de Viena. Vivia-se bem na Áustria imperial, com conforto e sem preocupações, e os judeus já não se sentiam mais oprimidos. Raramente percebiam ódio ou um clima de adversidade rude, mas seus pais costumavam contar-lhes como sua juventude fora mais dura, difícil e hostil. De forma geral, prevalecia então nos círculos burgueses da Europa central a opinião de que a segregação dos judeus e o antissemitismo eram fenômenos em extinção, e que a chamada questão judaica se resolveria por si – devagar, sem estardalhaço. Os senhores haverão de compreender agora que a brochura de Theodor Herzl só podia gerar indignação nos círculos judaicos burgueses, que amavam a democracia e acreditavam em seu triunfo definitivo na Terra como se fosse uma religião, mais do que acreditavam em sua própria religião. Para que lançar uma pedra em um lago calmo? Para que despertar a questão judaica que parecia estar adormecendo para sempre? Por que os judeus deveriam novamente se segregar dos demais povos e religiões, se no espaço de algumas poucas décadas a assimilação interior haveria de apagar todas as diferenças?

Não quero aqui exagerar nem proferir inverdades. Não quero afirmar que o início do século tenha sido uma era dourada para o judaísmo na Europa. Mas havia uma vantagem em relação aos tempos atuais: o otimismo. A opinião unânime era a de que a época mais difícil, mais perigosa das nossas relações com todos os outros povos já estava superada. No início do século, nós – ou a maioria dos jovens – acreditávamos que esse século, depois de milhares de anos, finalmente traria a paz ao povo acossado e nômade. Afinal, o que mantivera tão acesas a hostilidade e a desconfiança contra os judeus na Europa durante todos esses séculos? Nada mais do que a segregação visível através da religião e dos usos e costumes que ela exigia. Há centenas de anos, desde os dias dos romanos, os povos sempre olharam com desconfiança para essa nação que não queria se adaptar de forma alguma, que com estranha obstinação queria continuar sendo diferente. Em tudo, esse povo era diferente dos outros povos: venerava um deus que era estranho a todas as outras nações porque não se podia vê-lo, porque dele não existiam imagens, sequer um nome; cumpria seus serviços religiosos em uma língua estrangeira e incompreensível; escrevia com uma escrita ilegível para os outros. Matava os animais diferentemente dos seus próprios açougueiros, preparava os alimentos segundo uma lei especial, cultivava outros feriados e, o mais incompreensível, não tentava converter ninguém para a sua religião, contrariamente ao que faziam as outras religiões. E onde quer que uma pessoa se feche, sem permitir que olhem para o seu interior, ela atrai desconfiança e ódio. Ora, se um povo inteiro se encapsulava e segregava de tal maneira, tinha que surgir a crença, principalmente entre as camadas mais baixas, sempre mais preconceituosas, de que havia algo especial, de que aquele povo tinha algo para esconder. Em grande parte, portanto, foram os costumes religiosos, a ortodoxia rígida, a sombria e impenetrável ênfase na particularidade que preservaram o ódio contra o judaísmo até os séculos XIX e XX.

Mas depois veio a chamada emancipação. O judaísmo na Europa se transformou, adaptou-se. Livrou-se do mistério e passou a se misturar livremente com os povos. Depois de se manter apartado durante séculos, tentou se adaptar às pessoas com que convivia. A grande massa dos judeus nas cidades se libertou dos dogmas milenares da Bíblia, passou a se vestir, comer, falar e escrever como os outros, e talvez somente em momentos muito primitivos e raros, nascimento e morte, a relação com o judaísmo se manifestava para os judeus liberais. Com isso, parecia que a verdadeira barreira caíra e o caminho para a confraternização mundial fora encontrado. Com uma velocidade cujos riscos somente hoje conhecemos, os judeus da Europa ocidental ingressaram na vida intelectual das nações. Nem preciso citar os nomes – pois levaria mais de uma hora – de todos os judeus que, no decorrer de um século, conquistaram posições de liderança na arte, na ciência, na medicina, no direito, na política, na economia, no comércio e nos negócios, e que elemento estimulante tornou-se para a vida intelectual da Europa a longamente oprimida atividade dos judeus. Com a adaptação deles à burguesia, a forma visível do fenômeno judaico enquanto unidade desapareceu e, dessa forma, os adversários perderam o seu alvo. O ódio organizado aos judeus parecia ter se extinguido com o simples fato de o judaísmo ter desistido de sua organização visível. E agora os senhores compreenderão por que os círculos burgueses, liberais, democráticos dos judeus que, maravilhosamente otimistas, sonhavam com a assimilação total ficaram tão indignados quando um entre eles voltou a abordar a "questão judaica" – que, para eles, há muito tempo deixara de ser questão e já era um problema resolvido do passado.

Mas eles esqueceram uma coisa: que com o judaísmo, o antissemitismo também tinha mudado sua forma. Enquanto, antes, sua ênfase era no campo religioso, agora se deslocava para o social e o etnológico. Se, antes, os judeus tinham chamado a atenção pelo fato de se manterem visivelmente distantes da vida dos outros povos, agora chamavam a atenção pela impaciência com que, no espaço de poucas décadas, se imiscuíram e avançaram na vida intelectual e cultural, como se quisessem recuperar mil anos com um só salto. Como faziam tudo – inconscientemente e com a intenção mais honesta possível – para se tornarem anônimos e equipararem-se aos demais, o antissemitismo precisava tornar a marcá-los. Portanto, teve início um total deslocamento do problema, mais perigoso ainda. O motivo não era mais a religião do outro, e sim seu ser pretensamente diferente e inferior. Não era mais a fé dos judeus que era proclamada como perigo, e sim seu sangue. Infelizmente, é desnecessário explicitar quais teorias foram encontradas para motivar a exclusão dos judeus da vida intelectual na Alemanha e outros países. Essas teorias encontram hoje uma ressonância demasiadamente grande para que ainda houvesse necessidade de explicá-las. Seria perda de tempo tratar do novo ideal da pureza da raça em um mundo que há mil anos é um cadinho de todos os povos e todas as tribos imagináveis, e em que nem os imperadores e reis da velha Europa conseguem provar essa pureza ideal. Não tem sentido brigar com uma teoria que de qualquer forma, no longo prazo, se revelará impraticável. Importante, por outro lado, será ser honesto e genuíno, enfrentar os fatos e constatar que essa ideologia atual ganhou um poder terrível, que num país de setenta milhões de pessoas virou religião de Estado e que suas práticas de agitação ultrapassam em muito os limites desse país. Seríamos mentirosos e covardes se não quiséssemos reconhecer que ela é um grave perigo, não apenas para a vida econômica dos judeus, mas também para a sua alma, e que depois de um tempo de otimismo a nação judaica novamente mergulhou em uma das crises mais graves de sua história milenar. Nada seria mais perigoso do que negar o quanto essa inesperada irrupção de ódio confunde e perturba a vida de cada indivíduo. E, já que não temos como eliminar esse ódio agora, externamente, uma vez que ele existe, forte e até vitorioso e triunfante, nosso único dever será o de resistir a ele internamente. Nunca foi mais necessário que o judaísmo e cada judeu tenham força psíquica e segurança do que hoje. Toda a nossa energia deve servir para conservá-las.

A primeira condição para enfrentar um perigo, parece-me, é conseguir identificá-lo em toda a sua amplitude. Não podemos, pois, omitir que o perigo ao qual estamos expostos é muito grande. Talvez essa tormenta ainda não tenha chegado ao seu ápice. Além disso, é preciso aperceber-se honestamente de que estamos enfrentando essa crise mais fracos e mais desarmados interiormente do que as gerações pregressas, e que não existe mais um grande amparo psíquico nessa resistência.

Pois nossos pais e ancestrais tinham um amparo que nós não temos, um amparo em si, uma fé a qual, infelizmente, não possuímos mais inteiramente. Eles encontravam um sentido no seu sofrimento, um sentido para o qual viviam e pelo qual estavam dispostos a morrer. Tinham a fé na Bíblia, tinham a religião. Para eles, era claro – e essa certeza pulsava em seu sangue – que o povo judeu era o eleito por Deus, mais sábio, justo, beato e pio do que todos os outros povos da Terra, e eles estavam dispostos a morrer por essa fé para não ter que abandoná-la. Para eles, a Bíblia era a verdade de Deus, e por isso iam para a fogueira com o rolo da Torá pressionado contra o peito. Seu sofrimento era um sofrimento pela verdade e sua morte, um testemunho para o Deus único que se revelou genuinamente ao mundo para esse povo único, nessa língua única, e só nessa religião. Com isso, seu sofrimento tinha um sentido profundo, consolador, e sua fé se tornou uma força que os preservou através dos tempos.

Essa força, não neguemos, já não a temos mais, não acreditamos mais que sejamos o único povo eleito de Deus, melhor, mais inteligente, mais justo e mais nobre do que as outras nações, e que Deus tenha falado unicamente para nós e tenha criado o mundo só para nós. Perdemos esse orgulho, esse fanatismo, essa obsessão de sermos únicos. Tornamo-nos mais justos em relação a todas as outras religiões e nações, embora muitas vezes tenham sido injustas conosco. Não acreditávamos mais que a salvação do mundo era privilégio nosso, e a Bíblia não é mais o único livro em que buscamos a verdade. Talvez tenhamos nos tornado mais humanos com essa descoberta, mais fraternais com todas as outras nações, mas ao não acreditarmos mais tão ardente e naturalmente quanto nossos ancestrais na nossa infalibilidade e nossa insuperabilidade, tornamo-nos mais fracos do que eles. Nosso sofrimento não tem mais o sentido que tinha para eles, não é mais um desafio de Deus para nos manter puros e para nos provar, mas nos parece sem sentido, uma insensatez humana, e não mais uma vontade divina. Provavelmente, hoje sofremos muito mais com a humilhação porque nos falta aquela soberba. Tornamo-nos mais fracos de alma desde que deixamos de crer.

Por isso, o sentido dessa nova provação só pode ser o de que devemos criar uma nova fé e, assim, uma nova força. Como o destino nos ataca a todos, devemos procurar um novo sentido de comunhão que possa ser tão forte quanto o foi, antes, a religião. Essa comunhão, no entanto, não pode ser apenas externa, pois as crises nunca são superadas por medidas externas, mas sempre de dentro para fora. Só a alma de uma pessoa, só a alma de um povo é capaz de vencer a sua penúria. Por isso me parece que de forma alguma podemos ver a Palestina como a única solução, por mais que possamos apreender hoje como foi grande, visionária e profética a ideia de Theodor Herzl. Certamente é um imenso benefício que uma nova pátria tenha sido criada hoje para milhares de pessoas expulsas, uma bênção para todos aqueles que não querem viver mais sob a opressão do ódio e do desprezo e da degradação, e que almejam a propriedade de uma terra própria para seus filhos e netos. Além disso, a Palestina ainda é extremamente significativa como um ponto ideal de coleta de todos os esforços judaicos, enquanto lugar visual de origem e unidade dessa nação espalhada por todos os ventos. Poderá formar um refúgio para os cansados, um lugar de trabalho precisamente para os que têm mais energia e fé. E, já que foi criada, percebemos como se tornou necessária para o destino do povo judeu, e que foi um momento abençoado na vida da nação quando Theodor Herzl, até então apenas um escritor talentoso e divertido, decidiu fazer da ideia uma palavra e da palavra uma ação. É um grande ideal, mas não é onivalente, não é válido para toda pessoa. Pois para alguns de nós pode parecer um retrocesso, como uma língua que se tornou estranha para nós, uma volta a um país que nos conquista com mil lembranças mas já não é mais pátria, volta a um novo nacionalismo quando no fundo esperamos que a ideia do nacionalismo mesquinho e fechado acabe, dando lugar a uma nova época do pan-humanismo. Felizes aqueles que lá se sentem felizes e se realizam! Mas essa terra é por demais apertada para poder abarcar toda a nação judaica, e muitos de nós se distanciaram demais dessa pátria original, por demais entranhados em outros países e outras línguas para que pudéssemos deixá-los. E enquanto aqueles lá constroem algo novo, também temos uma missão, não menos difícil, de cumprir o sentido da nossa comunhão interior sem uma terra própria, sem aquela fé ortodoxa, e de nos salvaguardar psiquicamente nessa gravíssima crise.

Essa tarefa não é menos difícil, e – esse é seu mérito – desafia todas as nossas forças interiores. Quem ultimamente tem conversado com judeus da Alemanha e alguns dos países vizinhos, pode ter se chocado ao perceber os distúrbios da alma, o estado de desorientação de toda essa gente. O golpe veio muito violento, muito inesperado, como um assalto. Pois tudo o que constituía os fundamentos orgânicos de uma vida ficou abalado da noite para o dia. Um perdera o emprego, o segundo a sua função, e quase todos, o que é mais perigoso ainda, a fé na justiça humana e divina. No curso da história, talvez já faça muito tempo que tantas pessoas foram atingidas ao mesmo tempo em seu sentimento de vida como os judeus da Alemanha por meio de seu ostracismo moral e da privação de seus direitos. Intencionalmente, nem me refiro ainda aos danos materiais, à perda de dinheiro, propriedade, reputação e função; isso tudo, nas últimas décadas de furacões econômicos, ocorreu também com muita outra gente. Mas essa perturbação psicológica tem sido incomparavelmente mais cruel, e é de se temer que gere um novo perigo para a alma judaica, uma psicose, uma grave moléstia. Alguns fenômenos já podem ser percebidos, em quase cada um dos atingidos, e mais ainda na massa. E como se trata de uma perturbação espiritual, parece-me ser dever de todos os intelectuais dedicar-lhe toda a atenção imaginável e enfrentá-la a tempo com toda a energia.

A grave moléstia que se abateu agora sobre incontáveis judeus é um sentimento de insegurança, de inferioridade. Há séculos e séculos, ele já vinha ameaçando o povo judeu, sempre hostilizado, sempre oprimido, sempre na defensiva. Minou durante muito tempo a própria raiz de nossas forças, infelicitou e apequenou inúmeras pessoas ao longo dos últimos séculos, dando-lhes o olhar cabisbaixo e o passo tímido e os nervos medrosos. Já no último século, esperávamos que essa velha doença do gueto tivesse sido definitivamente superada no organismo do nosso povo. Imaginávamos que – na Alemanha e em toda parte – tivéssemos conquistado o direito à verdadeira equidade através das grandes realizações em todos os campos da vida cultural, na poesia, pintura, música, ciência, no esporte e na vida pública dos cidadãos do mundo. Imaginávamos que a questão de raças e classes sociais estivesse definitivamente solucionada no espírito de uma democracia mais moderna, mais humana. Já antevíamos uma juventude feliz, já convivíamos livres, alegres e despreocupados com a boa sensação de estar contribuindo fraternalmente com todas as outras pessoas dessa Terra numa moralização do mundo. Por isso, alguns de nós se sentem tão duramente golpeados por esse retrocesso, e por mais insensato que lhes possa parecer, não são poucos os judeus na Alemanha que, por uma fraqueza de alma, de certa forma concordam com o ódio e o ataque contra nós, tentando encontrar em si próprios as qualidades inferiores que o antissemitismo lhes atribui. Alguns se deixaram amargurar, acrescentando um isolamento interno ao externo. Começaram a se odiar porque são odiados, e torturam sua própria alma mais do que a maldade de seus adversários, em busca de alguma culpa, para descobrir se o povo judeu não seria um povo questionável, pesado e perigoso para os outros povos. A antiquíssima melancolia, o grave pessimismo que pesa há séculos sobre o nosso povo acossado por sofrimentos e provações tornou-se cruelmente vivo entre muitos de nós nesse século.

Isso naturalmente representa um terrível perigo para a força e a segurança da nossa raça, e é nosso dever lutar com toda a nossa força mental, com toda a paixão da nossa fé contra essa tortura autoinfligida, essa desconfiança contra nós mesmos. Mas quem já observou sofredores, oprimidos e pessoas que já não confiam mais em si sabe que muitas vezes o sentimento de inferioridade se refugia em um orgulho atiçado, em uma autoestima potencializada e inflada. Com mais frequência escutamos agora palavras que nunca tinham sido pronunciadas em gerações passadas do judaísmo, como: "Tenho orgulho de ser judeu!" ou "Não quero ser nada senão judeu!". Com mais frequência lemos explanações que agora, quando o antissemitismo trata os judeus como seres inferiores, querem provar que, na verdade, são superiores a todas as outras raças e nações. E quem tem um ouvido mais apurado perceberá que essa maneira ruidosa de se ufanar do judaísmo como o que há de melhor, mais nobre, mais puro na Terra, única nação que tem razão e que é tratada com injustiça por todas as outras nações, que essas barulhentas manifestações de admiração do próprio umbigo são artificiais, e não genuínas. Nessa gritaria, nessa tentativa de se entusiasmar de como o judaísmo é maravilhoso e grandioso há algo da estratégia ingênua das crianças de cantar alto na floresta quando têm medo. Assim como cada um de nós precisa lutar dentro de si e na coletividade contra o pessimismo judaico tão genuíno, também temos que barrar esse otimismo – infelizmente não tão genuíno – no momento em que ele ultrapassa suas fronteiras e se torna uma arrogância judaica. No momento em que efetivamente declaramos ainda hoje sermos o povo eleito por Deus, superior a todos os outros povos, damos razão àqueles que, por seu lado, querem nos atribuir uma posição especial. Isolando-nos dos outros povos, movidos por orgulho, assim como eles nos querem isolar por ódio, acabamos benzendo e fortalecendo os livros dos teóricos da raça, aprisionando-nos em um novo gueto. Se quisermos conviver em paz e amizade e harmonia e dentro de um espírito verdadeiramente democrático com os outros povos e as outras *religiões*, não podemos nos permitir nenhuma espécie de aristocracia, da mesma forma que nos recusamos a ser vistos enquanto hilotas, enquanto raça inferior.

A verdadeira democracia só é possível sem o orgulho do indivíduo e através da alegria no coletivo. Por isso, precisamos nos resguardar de isolamentos arbitrários – cada um de nós, assim como a coletividade. Por esse motivo, também considero o ódio desprezível na batalha que somos obrigados a levar adiante em nome da nossa liberdade interior. Quando a terrível desgraça se abateu sobre os judeus alemães, muitos deles não tiveram outra arma contra essa terrível ofensa de seu orgulho, de suas emoções humanas, senão se refugiar em uma irrupção do ódio. Seu primeiro impulso foi o de romper para sempre com o povo que lhes infligiu essa humilhação quase insuportável, de cortar toda e qualquer ligação com ele e de revidar cegamente, a fim de vingar o ataque assassino à sua honra.

Contrariamente a muitos de meus irmãos de sangue, que haverão de me contradizer, creio que essa irrupção de paixão não seja a postura correta que devamos assumir. Pois odeio o ódio enquanto emoção indigna de uma pessoa de orientação intelectual, religiosa. Acredito que uma pessoa que sempre se renda ao sentimento do ódio perde boa parte de sua força moral, e acredito ainda – e isso eu disse também durante a Guerra Mundial – que o ódio jamais se pode voltar contra toda uma comunidade. Uma nação ou uma raça tomada como conjunto jamais pode ser responsabilizada pelos atos de seus líderes.

Sei muito bem que é natural odiar aquele que nos feriu, que o ódio ajuda a se libertar da sensação de uma humilhação sofrida. Mas acredito que tal comportamento no longo prazo seja indigno de nós. Somos um povo antigo, e nossa experiência tem suas raízes nos tempos antigos. Por três milênios, suportamos a inimizade de numerosas nações em parte já desaparecidas, a inimizade dos egípcios e dos caldeus, dos romanos e dos espanhóis, dos franceses, dos alemães e dos russos. Quase não há cidade na Europa onde nossos antepassados não tenham sido queimados na fogueira, quase não há estrada que nossos ancestrais não tenham trilhado para se refugiar no exílio. No entanto – e esse é o orgulho do povo judaico – não nos tornamos um povo do ódio. Amávamos o país em quem morávamos e a língua que falávamos. Enquanto judeu, não encontro nada mais nobre no nosso povo do que o fato de termos sempre sido os senhores – e não os escravos – do nosso sofrimento, do que a injustiça por nós sofrida nunca ter dado ensejo a inimizade eterna contra o povo que nos feriu. Sempre vivemos como amigos gratos em meio aos povos que cometeram injustiças com nossos pais e ancestrais, e espero que também a atual postura espiritual na Alemanha, com consequências tão tristes para nós, judeus, não dure eternamente.

Mesmo com muitos da nossa geração profundamente atingidos e feridos, que essas feridas pelo menos não tenham sido envenenadas pelo ódio e que não coloquem em perigo o organismo e a alma do nosso povo durante anos.

Talvez alguns divirjam, e sobretudo a juventude sonha hoje com a luta. Relembra os tempos dos heróis, dos macabeus, todas as lendas tradicionais da coragem agressiva e defensiva. Mas com todas as honras ao heroísmo judeu: os guerreiros, os macabeus, salvaram o judaísmo somente por um período de tempo curto, mínimo. Nossa força nunca esteve no desempenho das armas, e sim no plano mental. Não foi o fato de, em tempos míticos, termos travado sangrentos combates com outras nações e tribos que investiu o povo judeu de uma missão especial no mundo, e sim o fato de ter criado a Bíblia, as leis, as canções dos profetas e sua obra de arte máxima, eterna, a ideia do Deus invisível. Desde sempre, a contemplação, a grande renúncia e a limitação ao mundo interior foram a verdadeira força dessa raça, dos sábios da Bíblia até Espinoza e os doutos de hoje. A verdadeira e correta forma de nosso estilo de vida não é a agitação, essa terrível impaciência nervosa e o querer avançar rapidamente, essas qualidades que nos renderam tanta inimizade, mas precisamente a calma, realizada em uma vida inteiramente guiada pela ética, que nos foi mostrada pelos nossos grandes filósofos e os inúmeros e serenos mestres santos de comunidades anônimas. Acredito que nada seria melhor para o povo judeu de hoje nem mais apropriado enquanto postura do que certa renúncia ao mundo exterior. Quero dizer com isso: vencer a própria impaciência, o nervosismo psíquico e a cobiça – a elevada arte de viver sem chamar a atenção, que nossos ancestrais mais sábios sempre exercitaram. Precisamente porque sobre nós paira a suspeita – e, em parte, com razão – de que queremos avançar muito rápido, de forma açodada, cada um de nós deveria voluntariamente praticar o comedimento e exigi-lo também dos outros, o rico não deveria mostrar tanto a sua fortuna, o artista deveria evitar ser barulhentamente homenageado, o sábio não deveria se gabar de sua sabedoria e principalmente deveríamos abrir mão de querermos ser os líderes políticos das nações nas quais vivemos. Nada foi mais fatal para a marcha dos acontecimentos na Alemanha do que o forte surgimento dos políticos judeus depois da Revolução; nada foi tão fatal para o judaísmo em sua história de milênios quanto seu amor pelo visível, pelo esplendor e pelo fausto, pelo sucesso ruidoso e palpável. Quando lemos a Bíblia, nosso livro mais antigo, vemos que tudo se resume a uma única luta dos líderes e profetas do povo judeu contra essa funesta tendência. Sempre o povo judeu tenta fugir à sua maior ideia, a de venerar o invisível, a realização invisível, a boa ação invisível, o *ethos* invisível, o Deus invisível. Sempre querem construir seus ídolos, porque é tão mais confortável ajoelhar-se diante do bezerro de ouro ou inclinar-se diante dos deuses pétreos da fama. E sempre os líderes espirituais desse povo precisam destruir os ídolos, tentar empurrar esse povo inquieto, impaciente, que quer pegar o divino com as mãos, de volta para sua verdadeira missão interior. E quem sabe essas grandes e violentas provações, como essa que agora acomete o povo judeu, sejam necessárias para torná-lo modesto, para evitar que se levante, quem sabe sejam necessárias para nos reconduzir das externalidades para dentro, para renovar as forças psíquicas. Há milhares de anos a humanidade conhece a arte de produzir os melhores remédios a partir de venenos na justa proporção e liga. Assim, talvez esse perigo, o mais grave que se abateu sobre o povo judeu nas últimas décadas, nos últimos séculos, possa gestar uma renovação interior; talvez o que nos queria destruir possa se tornar em sentido mais elevado o que nos preservará. Identificar esse sentido: essa deve ser a nossa tarefa. Ela não pode ser resolvida coletivamente, e que ninguém espere que um outro a resolva. Ninguém pode esperar uma panaceia universal que valha para todos nós. Não existe regra para como os judeus devem se comportar agora, como devem enfrentar esse grave momento. Não, não podemos esperar comodidade. Cada um de nós, por assim dizer, deve cuidar do próprio nariz, examinar-se para tentar encontrar e potencializar em si próprio as forças mais puras para a realização altruísta. Precisamente quem serve assim, invisível, serve melhor do que qualquer outro ao sentido e à missão do nosso povo. Só ele realiza totalmente dentro de si a ideia do Deus invisível.

A unidade espiritual do mundo

No Rio de Janeiro, onde arribou em 21 de agosto de 1936, falou em três ocasiões: no dia 25, no salão nobre da Academia Brasileira de Letras pronunciou o "Agradecimento ao Brasil", coleção de platitudes apropriada ao estilo da Casa. Dia seguinte, no Centro Israelita Brasileiro, foi agendado um evento "íntimo", restrito à comunidade judaica, em benefício das vítimas da guerra, onde leu um fragmento da parábola "Candelabro enterrado" que acabara de escrever em Londres.

No dia 27, na grande e superlotada sala de concertos do Instituto Nacional de Música (na Lapa), lê a conferência "L'Unité spirituelle du monde" traduzida do alemão para o francês. Na mesa que preside o evento está o anfitrião, o chanceler Macedo Soares. Ao final foi ovacionado, abraçado, requisitado para autógrafos e fotos.*

A imprensa cobriu o evento com destaque, reproduziu trechos, a íntegra foi publicada semanas depois. Em retribuição pela hospitalidade, Zweig ofereceu o manuscrito original em alemão ao chanceler Macedo Soares. Deve ter guardado uma cópia, porque em 1940, ao regressar ao país para preparar o livro que prometera escrever e fazer uma turnê de conferências na Argentina, atualizou-a e pediu ao amigo-tradutor-editor, Alfredo Cahn, que a vertesse para um espanhol "facilitado" porque pretendia lê-la neste idioma. O sucesso em Buenos Aires foi tão grande

---

* No manuscrito em alemão, escreveu o título em francês, "L'Unité spirituelle de l'Europe", logo mudou de ideia: na imprensa brasileira e depois na argentina adotou o título mais abrangente, "Unidade espiritual do mundo", e assim foi catalogada por Randolph Klawiter na *Stefan Zweig International Bibliography*.

que os organizadores convocaram uma reprise, tão concorrida como a primeira sessão.*

Em 2004, mais de seis décadas depois, a ONU lançou um programa denominado Aliança das Civilizações – a mesma unidade espiritual do mundo em nova embalagem.

Zweig não incluiu a conferência na primeira antologia de ensaios e, ao organizar a coletânea póstuma, Friedenthal não sabia de sua existência. Inédita em alemão, só publicada em espanhol na versão simplificada de Alfredo Cahn.

Quando a apresentou no Rio, o sangrento ensaio da Segunda Guerra Mundial já começara na Espanha e a intenção conciliadora parecia superada pelos acontecimentos. O adjetivo diluía a premência, desarmava a veemência. O mesmo acontecera depois da Grande Guerra, quando passou a insistir na "superioridade moral dos vencidos". Em tempos de guerra, palavras como "espiritual" e "moral" soam vagas. Zweig, no entanto, insistiu e continuou empregando-as.

---

* As conferências realizaram-se na capital portenha em 29 e 31 de outubro de 1940, e se repetiram em Córdoba, Mendoza e Montevidéu. Quando foi a São Paulo, em setembro de 1940, a convite do jornalista Cásper Líbero para pronunciar uma conferência na sede da *A Gazeta*, usou a versão de 1936. O texto em espanhol foi incluído no volume póstumo *Los creadores*, organização de Alfredo Cahn, Buenos Aires, 1942.

Excerto da conferência inédita proferida por Stefan Zweig no Rio de Janeiro durante sua primeira viagem ao Brasil, em 1936

Uma verdadeira pacificação do mundo no presente momento não poderá mais partir da Europa, muito menos da Europa sozinha. Um outro idealismo, que não fique olhando para as fronteiras dos países como que hipnotizado, um idealismo que não esteja contaminado por antigos rancores e lembranças sentimentais – só ele pode ajudar a reconstruir a velha torre de Babel, a solidariedade da humanidade, e toda a nossa esperança é dirigida a vocês, povos jovens e ainda com frescor, que vivem para o futuro, não para o passado com suas ideias obsoletas. Vocês, os povos novos, jovens, vivem e pensam em dimensões mais amplas. Vocês não estão contaminados pelo entorpecente da guerra, não têm os instintos do ódio, não têm no sangue o desejo de revanche. Seus países não estão superpovoados, não estão congestionados, e por isso vocês ainda respeitam cada vida humana. Vocês sabem que ainda há muito que fazer em prol da nossa humanidade, em todo caso, coisas melhores do que sacrificar incontáveis seres humanos por conta de ciúmes nacionalistas. O idealismo melhor e mais belo da sua juventude está em vocês e, por isso, vemos os ideais mais puros da nossa própria juventude mais em vocês do que na Europa, encoberta pela névoa venenosa da desconfiança. Se hoje ainda acreditamos em uma pacificação e no reordenamento do mundo, é porque sabemos que vocês, países do futuro, haverão de colaborar; somente com vocês, através de vocês, pode ser realizado o antigo sonho da confraternização da humanidade. Nossas mãos estão estendidas em sua direção, nossos corações voltados para vocês, e eu sei, não sou o único que dominou a velha arrogância europeia dentro de si; somos muitos os que pensamos assim, que esperam a sua fraternidade, e assim como eu próprio não me senti um só minuto estrangeiro em seu maravilhoso país, assim – tenho certeza – mais e mais pessoas descobrirão que, entre vocês, os ideais para os quais vivemos conservam-se aqui com mais frescor, mais jovens e vivos do que em nossa própria pátria. Não é de nós, da Europa, que partirá a regeneração do mundo. Vocês precisam estar conosco, abrindo caminho!

Esta foi a primeira lição que aprendemos na guerra: a Europa perdeu o direito à liderança espiritual, porque não se revelou capaz de obter uma paz verdadeira em seu reduzido espaço nos vinte anos depois da assinatura do armistício. A segunda lição foi: apesar de toda a admiração, não esperar demais da tecnologia para o progresso moral da humanidade. Não confiamos mais nela, depois que ela nos ludibriou, depois que vimos como ela se coloca, submissa e obediente, a serviço da destruição. Queremos seguir admirando-a e preservando-a em todas as suas realizações, mas não temos mais fé em que a aproximação espacial possa significar uma ligação emocional mais forte. Mesmo que a máquina realize o trabalho de mil pessoas, ela não se torna mais humana por isso, permanece fria como o metal; ainda que encerre em si cem mil watts de força, essa energia por si só não fomenta a humanidade, e mesmo potencializada por mil não gera tanto quanto um único ato humano ou uma ideia criativa. A verdadeira transformação da nossa humanidade não pode vir do aumento da tecnologia externa, mas somente a partir do espírito e da vontade apaixonada de um melhor entendimento. Paremos, enfim, de confundir força exterior com realizações criativas. Por mais importante, por mais saudável que seja o esporte, deixemos de ver no campeão de boxe do ano um herói, e lembremo-nos sempre de que, ainda que um nadador seja um ou dois segundos mais veloz do qualquer outro já tenha sido, isso não faz a humanidade avançar uma mísera polegada. O interesse exagerado na força física gera somente prazer com a força, e o prazer com a força leva à guerra – mas, para colocar nosso mundo fragmentado em ordem, precisamos de outras forças, precisamos de muita paciência, uma atenção suave porém constante, um desejo ativo e apaixonado de compreensão e uma razão clara. Cada um de nós tem uma infinitude de coisas a fazer em silêncio: precisamos nos privar de qualquer palavra que possa aumentar a desconfiança entre pessoas e nações; ao contrário, temos o dever positivo de agarrar a menor oportunidade para julgar as realizações de outras raças, outros povos e países de acordo com o seu mérito, precisamos ensinar uma juventude a odiar o ódio, porque ele é infértil e destrói o prazer da existência, o sentido da vida; precisamos educar as pessoas de hoje e amanhã a pensar e sentir em dimensões mais amplas. Precisamos ensinar a elas que é mesquinhez e exclusão limitar a camaradagem apenas ao próprio círculo, ao próprio país, em vez de se ter fraternidade além dos oceanos, para com todos os povos do mundo. Nós, os mais velhos, precisamos mostrar – a partir do nosso próprio exemplo – que a livre admiração de valores estrangeiros não diminui a força interior da alma, ao contrário, só amplia, e que só aquele que sabe sempre renovar seu idealismo e entusiasmo tornará sempre a ganhar juventude espiritual. Somente se acreditarmos, no mais fundo da alma, em uma unidade espiritual da humanidade, e se aos poucos essa fé ganhar força religiosa, esse sonho milenar poderá se tornar uma verdade. Mesmo supondo que estejamos equivocados e que tenhamos servido a um delírio, teremos vivido o delírio mais nobre na Terra. Não sei o que poderia conferir mais satisfação à nossa pequena vida transitória do que a consciência de haver contribuído mesmo na forma mais invisível à pacificação, à unificação do mundo, e por mais impotentes que sejamos individualmente, nenhuma tentativa nesse sentido terá sido em vão; ainda que não mudemos o mundo com a nossa fé, com o nosso esforço, teremos nos transformado e desenvolvido, e cada um de nós é um mundo.

Senhoras e senhores, tentei falar-lhes sobre a unidade espiritual da humanidade, essa ideia ou esse ideal que sempre foi compartilhado pelos melhores de todos os tempos. Espero ter sido honesto, sem despertar nos senhores a fé equivocada de que amanhã ou depois de amanhã a reconciliação definitiva dos povos estará visivelmente realizada. Ao contrário: em nome da verdade, não podemos omitir que forças poderosas e egoístas trabalham contra qualquer concórdia – quem sabe a nossa esperança de uma reconciliação espiritual e política também será submetida pela segunda vez a uma prova sangrenta? Portanto, sejamos determinados e ao mesmo tempo pacientes: não nos deixemos confundir no fundo da alma por toda insensatez e desumanidade da nossa época, conservemo-nos fiéis à ideia atemporal da humanidade – não é tão difícil! Raramente percebi, como nesses dias no Rio de Janeiro, quanta beleza nossa Terra ainda tem para dar àqueles que estão dispostos a se deleitar com ela. Uma vez mais eu vi que não são as línguas e as montanhas e os mares que separam as pessoas, mas seus preconceitos e sua desconfiança. E qualquer terra estrangeira haverá de se abrir a quem chegar com o coração aberto para aceitar com alegria, e em toda parte pessoas de boa vontade poderão realizar o milagre que a humanidade em dois mil anos ainda não foi capaz de cumprir: entender-se através da confiança e do amor.

A História como poeta

ASSISTIU DISCIPLINADAMENTE a todas as sessões do 14º Congresso Internacional dos PEN Clubs em Buenos Aires, em 1936. Aceitou o convite, não decepcionaria os organizadores, mas a sua participação pública no evento foi insignificante, preferiu escapar dos confrontos partidários entre fascistas e antifascistas.

Em 1939, com o abismo escancarado e uma nova guerra mundial prenunciando-se inevitável, aceitou novamente o convite da entidade de escritores para participar do 17º Congresso Internacional em Estocolmo. Talvez pretendesse conhecer a Escandinávia, tal como acontecera três anos antes quando "descobriu" a América do Sul. Desta vez, dispunha-se a oferecer uma contribuição maior do que o elogio que fizera em Buenos Aires ao amigo H.G. Wells, que deixava a presidência internacional dos PEN. Preparou uma conferência sobre a disciplina na qual obtivera o doutoramento: história.

Pretexto para avaliar o estado do mundo, derradeira tentativa de oferecer esperanças. Apesar de todas as evidências em sentido contrário, tentou o otimismo. A História transformada em poeta, artista inspirada e inesperada, foi o recurso que inventou para desmontar a sensação de irreversibilidade e fatalismo.

Enganou-se: o início da guerra em 3 de setembro adiou o congresso e deixou a sua poeta muda e perdida.

Nosso primeiríssimo encontro com a História aconteceu na escola. Ali, pela primeira vez deu-se a entender a nós, crianças, que o mundo não começa nem começou conosco, e sim que tudo o que é orgânico veio surgindo, se formando, crescendo; que muito antes de nós, portanto, já existia um mundo, e antes dele, outro. Assim, a História nos acolheu, tomou nossas curiosas mãos infantis e nos guiou de volta pela colorida exposição de quadros dos tempos. Ela ensinou às crianças que éramos, ensinou aos imaturos que já houve uma época em que toda a humanidade também era imatura e infantil, em que nossos ancestrais viviam sem fogo e sem luz, como salamandras em cavernas. Mas a História também mostrou ao nosso espanto deslumbrado como a partir dessas hordas dispersas do início se formaram povos, e como a cultura, tal chama crescente, foi sendo levada de uma nação para outra de leste para oeste, iluminando o mundo. Passo a passo, a grande mestre História nos apresentou o incrível caminho da humanidade, o caminho que vai dos egípcios aos gregos, dos gregos aos romanos e do Império romano através de mil guerras e processos de paz até o umbral do nosso mundo atual. Essa foi e essa é a primeira e eterna tarefa da História, com a qual todos nós nos defrontamos em nossos anos de escola: transmitir ao ser jovem e em formação uma ideia do caminho e do desenvolvimento de toda a humanidade para enredar cada indivíduo espiritualmente com uma gigantesca galeria de ancestrais, cujas realizações e obras ele terá de completar com dignidade.

Como grande preceptora para a formação mundial: foi nessa condição que a História se apresentou a nós em nossa juventude. Mas educadores e professores quase sempre mostraram um rosto severo. Uma juíza impiedosa, que registra os fatos com giz intransigente, o rosto imutável, sem amor e sem ódio, sem emitir juízo nem preconceito, e que tentava nos fazer compreender o imenso caos dos acontecimentos, categorizados em números e grupos, enquanto ordem estabelecida – assim nos parecia ser a História, e nós não a amávamos muito. Primeiro tivemos de aprender História por obrigação (acho que todos sentiram assim), enquanto matéria escolar, enquanto tarefa, antes de começar a buscá-la, a reconhecê-la e a amá-la por impulso próprio. Muita coisa nos entediava, pouca coisa nos agradava na grande crônica do mundo; já então, nos anos da escola, nossa mente não era totalmente isenta de juízo e preconceito, de preferências pessoais. Lembremo-nos em detalhe daqueles anos escolares, e assim lembraremos também que não líamos sempre com o mesmo amor e o mesmo interesse a crônica do mundo desenrolada para nós pela História. Eram longos trechos e períodos naqueles livros que líamos contra a vontade, sem interesse, sem alegria, sem amor, sem paixão, que aprendíamos como se aprende algo obrigatório, imposto, uma "matéria escolar" – mas, repito, sem alegria interior, sem a nossa contraparte em imaginação. Mas depois vinham episódios na História que vivenciávamos apaixonadamente como se fossem aventuras, trechos isolados nos livros em que virávamos as páginas com avidez, em que nosso ser mais profundo, nossas forças mais escondidas ficavam apaixonadas, em que a nossa fantasia entrava nas figuras que admirávamos e em que nós, meninos, nos sentíamos como Conradino da Germânia, Alexandre, César e Alcebíades. A diferença que menciono aqui é um sentimento coletivo; acho que toda juventude em toda nação escolhe espontaneamente épocas e figuras prediletas na História, e acho até que em todos os países e em todas as gerações jovens o amor e o entusiasmo se voltam para as mesmas figuras e os mesmos episódios. Em todo lugar, por um lado, são os grandes vencedores como César e Cipião que excitam o entusiasmo da juventude, e, por outro lado, os que foram vencidos heroicamente, como Aníbal e Carlos XII, pois aqui entra a piedade apaixonada que estimula qualquer jovem de maneira tão bela. De forma geral, no entanto, no norte e no sul, no leste e no oeste, são os mesmos episódios dramáticos da História que alucinam os jovens de doze, treze, quinze anos com o mesmo efeito, e determinadas épocas vitais da humanidade como a Renascença, a Reforma, a Revolução Francesa têm a vantagem de ser entalhadas nos nossos sentidos com uma figuratividade e plasticidade especiais. Não pode ser nenhum acaso, porém, que certas figuras preferidas e trechos prediletos da História desde os tempos de Plutarco tenham se mantido igualmente eletrizantes para a humanidade; tal excitação unânime da fantasia deve ter um motivo determinado. Vejo essa lei oculta, esse motivo no fato de que a História, que conhecemos pela primeira vez enquanto professora, enquanto cronista impiedosamente justa, às vezes também é poeta. Eu digo expressamente: *às vezes*. Pois ela não o é sempre, continuamente; assim como qualquer poeta, qualquer artista não pode ser poeta vinte e quatro horas ao dia sem interrupção. Para o homem realmente criador, muitas vezes semanas e meses se passam totalmente em pousio, um tempo em que ele, cidadão e súdito, vive de maneira tão improdutiva quanto qualquer outro. Toda tensão precisa de um tempo de preparação, de concentração. A força poética, como qualquer outra, precisa, antes de uma investida maior, ser represada, descansar e se concentrar, para então subitamente irromper, vencedora. O estado visionário, realmente criador, jamais pode se tornar um estado permanente e normal, nem no indivíduo, nem em nações inteiras. Por isso, seria insensato se quiséssemos reivindicar que a História – essa "misteriosa oficina de Deus", como disse Goethe – fornecesse ininterruptamente apenas figuras e fatos grandes, excitantes, trágicos, apaixonantes. Não, nem a História pode produzir constantemente gênios e personalidades imensas, sobrenaturais. Ela também tem intervalos e pausas, e quem quiser lê-la como um romance policial, em que cada capítulo é carregado com uma tensão máxima, ofende o elevado espírito que nela reina. Constatemos, pois – a História não é poeta o tempo todo, geralmente é apenas cronista, relatora de fatos. Só muito raramente tem aqueles momentos sublimes que depois se tornam os trechos preferidos e as figuras prediletas da juventude. O que ela fornece em geral é apenas crônica factual, matéria mundial disforme, sequência seca de fatos logicamente fundamentados. Mas, assim como a natureza, sem interferência humana, às vezes forma em seu seio cristais imaculados, a História nos faz encontrar episódios, homens e épocas tão fascinantes, dramáticos, que se tornam inigualáveis enquanto obras de arte, e nelas a História enquanto poesia do espírito universal envergonha a poesia dos poetas e de qualquer espírito terreno.

Quero tentar dar um ou outro exemplo rápido de tais momentos heroicos e poéticos, que certa vez chamei em um livro de "momentos estelares da humanidade". Se escolhermos como amostra os séculos na Europa depois da migração dos povos, eles não renderão muito no sentido poético. Algumas figuras se cristalizam de modo grandioso – Átila, Carlos Magno e, na Itália, a súbita aparição de um Dante. Mas essas grandes figuras e épocas interessantes não se conectam para criar aquela excitante sequência que a verdadeira obra de arte exige. Não basta – seja uma peça de teatro ou um romance – que o autor ponha em cena apenas *uma* grande figura; para fascinar a obra de arte plena precisa oferecer uma contratensão, cada figura precisa ter seu grande adversário, pois para se desenvolver em sua plenitude e revelar sua verdadeira medida cada força precisa da resistência criativa. Assim também a História, para parecer verdadeiramente excitante no sentido poético, precisa sempre de *várias* grandes personalidades ao mesmo tempo. E seus momentos deveras excitantes são sempre os que lembram uma catarata, quando forças gigantescas colidem com o destino como a água colide com o rochedo. Durante muitos anos, a História flui em um ritmo quase monótono, mas em alguns segundos grandiosos de repente suas margens se estreitam, formando uma corredeira, o fluxo ganha velocidade, tensão excitante, e de repente a cena histórica se inunda com uma enchente de figuras genialmente contrastantes.

Tomemos como exemplo de tal enxurrada da cena histórica a época de Carlos V. Durante séculos, a Europa está dilacerada. De repente, de uma só vez, o maior poder já possuído por um homem cai nas mãos de *um* monarca, de *um* homem. Carlos V é imperador da Alemanha, rei de Espanha, dominador da Itália e dono de todos os novos continentes, e ele pode dizer, com orgulho: "Em meu reino, o sol nunca se põe." Que abundância de momentos dramáticos contrários a História precisa inventar para derrubar tal concentração de poder em poucos anos? Ela precisa compor um quadro colossal, precisa fazer poesia em dimensões gigantescas. Precisa chamar para o palco um número inaudito de figuras interessantes e enérgicas e precisa, sobretudo, inventar grandes adversários para tal príncipe, verdadeiros monarcas. Nesse exíguo tempo, a História coloca logo três grandes rivais contra Carlos V: Francisco I da França, Suleyman o Magnífico – o todo-poderoso paxá dos turcos – e Henrique VIII da Inglaterra. Mas três príncipes, mesmo aliados, não seriam suficientes para aniquilar tal poder em vinte anos. Portanto, continue inventando, História, seja mais ousada! Seja mais generosa! Para dinamitar o reino europeu de Carlos V, a História precisa inventar *novas* forças de um poder destruidor jamais alcançado, assim como inventou naqueles tempos a pólvora e a arte de imprimir livros. Essa nova força explosiva, ela esconde na alma de um pequeno monge agostiniano desconhecido, Martinho Lutero. Esse único homem se levanta e, apenas pela escrita, rasga a unidade da *fides catholica*. Só agora as forças adversárias se põem em marcha; é preciso que um exército de sonhadores selvagens, liderados por Thomas Münzer, sacuda o país com levantes, que a Reforma ganhe todos os príncipes alemães, até que aconteça a enorme mudança, que esse homem mais poderoso do mundo, Carlos V, abandonado por todos os seus seguidores, fuja através das montanhas, miseravelmente derrotado, buscando tranquilidade em um mosteiro espanhol. Pergunto: que poeta, que artista poderia ter criado um exemplo mais genial do que a História compôs aqui, ao levar esse homem mais poderoso a ser o único na sequência infinita de príncipes ao longo de séculos a renunciar voluntariamente e com genuína repulsa ao poder? Poderia existir um roteiro mais lógico – e, ao mesmo tempo, mais surpreendente – do que este? E quantos coadjuvantes reunidos nesse drama! Eu precisaria de algumas horas para nomeá-los, e cito apenas alguns nomes: Lutero, Zwingli e Calvino, os três grandes reformadores; Ticiano, Michelangelo, Benvenuto Cellini, Leonardo da Vinci e Roma, a cidade profanada, destruída e saqueada de suas obras de arte; Maquiavel e Erasmo de Roterdã, Holbein e os grandes mestres alemães; e ao mesmo tempo, do outro lado, na Espanha, Cervantes, que durante uma tormenta no infeliz ataque contra Argel sofreu um grave ferimento em seu braço; o descobrimento de novas províncias na América, a disseminação da imprensa em todo o mundo, no meio disso, como cena grotesca, o episódio tolo dos anabatistas, o trágico levante dos camponeses e a conspiração de Fiesco: dezenas, centenas de dramas, comprimidos em um único espaço de trinta anos – trinta anos tão densamente cheios de tensão e súbitas mudanças meteorológicas como talvez só mesmo a nossa própria época desde 1914. É assim que a História cria obras de arte quando tem suas horas "michelangelescas".

Ou pensemos em outro afresco: a Revolução Francesa, que em apenas cinco anos dissolve e transforma tanta matéria universal quanto um século inteiro costuma fazer – um tempo que expressa cada fase do pensamento e da mentalidade através do caráter de uma figura viva. Só para lembrar: Mirabeau, o verdadeiro estadista; Danton, o agitador; Robespierre, o político profissional frio e claro; Marat, o demagogo; e, entre eles, em todos os matizes, os idealistas puros e os corruptos puros, uma selvagem confusão e contraposição, um superar-se e perseguir-se até a morte. E essa inacreditável procissão rumo à guilhotina, para a qual cada um empurra seu antecessor sem imaginar que atrás dele já existe outro que o empurrará para baixo da mesma lâmina. Que dança mortal *à la* Holbein, e ela continua sempre se repetindo, até que a Revolução se extingue por seu próprio exagero, por seu próprio excesso, e seu herdeiro, Napoleão, precisa só esticar a mão a fim de tomar o trono abandonado.

E Napoleão: que imensa e insuperável invenção da História é esse homem que, ainda menino, anota em um bilhete na escola de guerra: "Santa Helena, pequena ilha no oceano Atlântico", sem imaginar que o caminho até essa ilha o fará passar, no espaço de vinte anos, por todos os países e todos os campos de batalha da Europa, ascendendo até o maior acúmulo de poder que alguém já teve na Europa desde Carlos V, e que ele perde tão subitamente quanto seu grande antecessor.

Aqui pode parecer por um momento que a História quisesse se repetir. Mas não, ela jamais se repete. Às vezes, brinca com analogias, mas é tão rica em material que sempre vai buscar novas situações em seu arsenal inesgotável. Ela não se repete nunca e em lugar algum, apenas transpõe o mesmo tema para outra tonalidade, à moda de um músico. Certo, às vezes ela nos ilude com semelhanças, mas ilude, e ai de quem crê nessa aparência, ai do político, do estadista que confia nessas analogias superficiais e acredita poder agir segundo um esquema, que imagina poder superar uma situação atual copiando uma situação semelhante do passado como modelo! Luís XVI tentou fazer isso, em parte, quando a Revolução Francesa começou; achou que o mais inteligente seria estudar nos livros como seu companheiro infeliz, Carlos I, se comportara com a Revolução de Cromwell. Era assim que esperava salvar sua cabeça do cadafalso. Mas precisamente por tentar evitar os mesmos erros, e porque os evitou e foi excessivamente condescendente, incorreu em outros equívocos. Não, a História não pode ser adivinhada antecipadamente: é por demais rica para se repetir e por demais diversificada para poder ser calculada, ela domina o solene golpe artístico do verdadeiro poeta que, ao criar um romance ou uma tragédia, deixa o leitor ou o ouvinte até o último momento sem saber como será o desfecho, que consegue transformar o mais improvável em realidade e sempre volta a surpreender, superando qualquer expectativa. O transcurso da História, tal como a roleta ou qualquer outro jogo de azar, é imprevisível e desconhece sistemas, pois seus eventos se desenrolam em dimensões tão imensas e dentro de possibilidades de acaso tão inacreditáveis que a nossa razão terrena limitada jamais basta para antecipá-la. Portanto, jamais será possível calcular como será o futuro a partir do passado. "Não existe nenhum passado do qual possamos ter nostalgia", diz Goethe, "existe apenas o eternamente novo que se cria a partir dos elementos ampliados do passado." Não, a História nunca se repete; às vezes, artista soberana, brinca com semelhanças, mas jamais permanece igual, sempre reinventa, pois sua matéria é matéria universal, inesgotável, e toda liberdade imaginável lhe é permitida por Deus; só ela, entre todos os artistas, é soberana nessa liberdade em uma Terra em que tudo obedece a leis e limites. Só ela é livre e faz o uso mais amplo e sábio dessa liberdade. Portanto, tenhamos mais respeito por ela, essa poeta inatingível! Será eternamente nossa mestre, nosso exemplo inalcançável!

Pois essa grande poeta, a História, não ignora nenhuma espécie de técnica ou de arte, em cada uma ela dá o exemplo decisivo para as nossas formas artísticas. Há pouco tentei insinuar rapidamente como, por exemplo durante a época de Carlos V ou da Revolução Francesa, a História cria painéis colossais com centenas de figuras e de fatos, do qual cada um por si já seria um drama inteiro, e como – bem no estilo de Michelangelo – ela comprime céu e inferno nos contrastes mais fantásticos em um gigantesco afresco de teto. Mas, mesmo quando não se trata de tempos tão fascinantes, épocas tão dramaticamente condensadas, a História se afirma como mestre da forma. Ela não precisa ser sempre palpitante para ser grande. Escolho como exemplo de como ela sabe contar uma evolução *lenta*: a primeira história de Roma, conforme narrada por Lívio e Salústio. Em toda a literatura de romances não conheço nada comparável a essa estrutura em termos de composição clara, incremento gradual e tensão constante. Essa evolução suave, porém contínua, que em três ou quatro séculos transformou uma pequena aldeia na região do Lácio, pouco mais do que um monte de toupeira, na cidade mais poderosa, o centro do mundo ocidental e culto. Nesse desenvolvimento de Roma, a História não se serve de nenhuma forma de arte romântica, patética, dramaticamente tensa, mas nos revela de forma exemplar a arte da narrativa clara, representação épica em grande estilo, como fez Tolstói em nosso século.

Não, a História não é apenas grande artista quando é patética – nesse caso, sua técnica apenas chama mais a atenção. Mas, ao conhecedor, ela se revela também nas pequenas formas. Lembremo-nos: a História não é arrogante demais para, às vezes, escrever um verdadeiro romance policial, como a fraude do falso Demétrio, como a conspiração da pólvora, como o escândalo do colar de Maria Antonieta; mais: às vezes, ela não teme nem a farsa atrevida, como a de um impostor enganando todo o seu tempo, como Caliostro, como John Law ou – o mundo não aprende… – como os "fazedores de ouro" de hoje, como o capitão de Köpenick ou o ladrão da Mona Lisa. A História domina todas as formas de arte, as mais solenes e as mais divertidas e populares, com a mesma perfeição. É capaz de expressar com a mesma excelência – nos tempos dos trovadores ou no tempo de Werther – a fraqueza sentimental das sensações, assim como os mais profundos abalos religiosos nos tempos dos flagelantes, na Cruzada

Infantil e na queima de livros de Savonarola. Ela é capaz de representar o heroísmo em sua última expressão, quando já se torna ato de desesperados, como, por exemplo, na conquista do México ou na da Sibéria com menos pessoas do que cabem em um único vagão de trem. E a História também consegue escrever baladas sombrias, bélicas, que são como poemas, tão redondos, tão fechados como a cavalgada de Carlos XII da Suécia voltando para casa da Ucrânia, ou as viagens dos vikings, ou o fim dos godos na Itália. Mas assim como a História cria aqui as formas líricas e dramáticas mais elevadas, ela é capaz de, quando está bem-humorada, se abreviar para uma anedota, só de brincadeira, e mesmo nessa forma mais estreitamente próxima da piada suas situações são insuperáveis. Em toda parte, em todas as suas formas artísticas e em todos os caracteres que cria, ela supera em muito aquilo que o poeta ou o artista seria capaz de criar individualmente.

Mas como pode ser que, se a História em si já é tão perfeitamente poética, existam tantos poetas e artistas que se apropriam dela como uma matéria dada, e que, com ousadia, tentam recriar com a própria imaginação o que já foi criado por ela, escrevendo dramas históricos, romances históricos – ou seja, que querem ser melhores poetas do que a realidade? De onde, podemos nos perguntar, essas pessoas audaciosas tiram a coragem para querer inventar mais que a a História, essa mestre da invenção – querer ser mais poeta do que uma tal poeta? Nada mais justificado do que essa pergunta, essa objeção. Quero lembrar, no entanto, o que já foi dito: nem *sempre* a História é poeta, há pontos vazios, desenvolvimentos demasiadamente largos e lentos em seu decurso, trechos improdutivos no gigantesco campo. Além disso – o que é ainda mais decisivo – tudo o que nos é transmitido como sendo História nunca é o fato inteiro, nunca é a imagem integral e total de uma pessoa, mas sempre apenas uma sombra de seu verdadeiro ser, sempre algo fragmentário. Já o indivíduo, cada um de nós, só conhece algumas coisas, alguns fatos decisivos a respeito de si próprio, e os leva consigo ao túmulo. Que dirá então no caso de tal abundância de fatos e figuras tão distantes! A História universal – lembremos sempre disso – não é um livro completo impresso que pode ser lido do início ao fim, e sim um enorme palimpsesto, não, um manuscrito do qual nove décimos estão estragados: centenas de páginas são indecifráveis, milhares se perderam e só podem ser completadas em seu contexto através de combinação e de imaginação. Esses inúmeros trechos enigmáticos na História obviamente seduzem o poeta a completá-los. Aqui ele tentará interferir para fantasiar e combinar o que falta no sentido da História tal qual *ele* o compreende, portanto, fazer aquilo que, por exemplo, Michelangelo fez com uma estátua grega, ao tentar substituir o braço que faltava, a cabeça que faltava a partir da visão da essência da escultura. Claro que o poeta somente deveria tentar fazer isso nas passagens ambíguas em que a História ainda não completou a sua poesia, e não nas passagens inequívocas, perfeitamente claras. Em suas passagens deveras geniais, o poeta não deveria tentar superá-la. Até o maior de todos os dramaturgos, até Shakespeare percebeu isso. Quando atinge o auge da tragédia sobre Júlio César, a alocução fúnebre de Marco Antônio que incita o povo à vingança, Shakespeare não se permite inventar: ele não inventa a fala de Marco Antônio, mas recorre ao livro da verdadeira História, a Plutarco, transpondo quase que literalmente a fala histórica deste em seus versos. Se até um Shakespeare se obriga a tamanha consideração respeitosa, imaginem o que devem fazer todos os outros! Felizmente, esse respeito aos fatos, à energia criadora original da História, volta a aumentar; foi-se o "romance histórico", a grosseira falsificação da História dos tempos dos nossos avós. Passou o tempo em que um Walter Scott brincava com a História, criando personagens como bonecos pintados; hoje seria impossível até o que Schiller ainda ousou: fazer a Virgem de Orléans morrer em campo de batalha, em vez de queimada. Nós nos tornamos mais claros, mais precisos, mais objetivos e assim mais honestos em nosso pensar; não acreditamos mais ter sempre de romancear e incensar para poder ver beleza em uma figura, e veneramos por demais a verdade na História para querer modificá-la de forma leviana. Pois, perguntamo-nos, quem tem o direito de inventar uma verdadeira vida de gênio, quão grandiosa deve ser uma figura poética para ousar colocar na boca de um César, um Napoleão, um Lutero, um Goethe, em um drama ou em um romance, palavras que ele próprio, o contemporâneo insignificante, *inventou*? Tal audácia pode valer para Shakespeare, quando ele faz um César falar, ou Strindberg um Lutero; ali, a capacidade do gênio de penetrar na alma dos outros é tão poderosa que efetivamente pode atrever-se a falar a partir de um espírito fraterno, grandioso: mas quão poucos são os que têm essa prerrogativa, e por isso a maioria do que se apresenta enquanto romance histórico ou novela histórica torna-se caricatura da História, uma forma ambígua inválida, um aborto literário. Pois não esqueçamos: a força do nosso pensamento tem limites terrenos, enquanto a lógica da História tem espírito mundial. Nossas medidas provêm de uma corporalidade imóvel, enquanto as medidas da História nascem do arsenal da infinitude, e por isso tais invenções dos romances históricos geralmente rebaixam seus heróis para o próprio nível dos poetas; reduzem a História para torná-la mais digerível para o estômago do público e, com isso, desrespeitam ambos, a História e seus próprios contemporâneos.

Semelhante falta de respeito diante da supremacia poética da História é, na minha percepção, o gênero hoje tão comum da "biografia romanceada", quer dizer, a representação da vida requentada em um romance, em que a verdade se mistura a bel-prazer com o inventado, o documental com a mentira, em que grandiosos personagens e fatos são iluminados a partir de uma psicologia particular, e não pela lógica impiedosa da História. Nessas biografias romanceadas, o artifício consiste em retocar os traços considerados "pequenos" e reforçar os heroicos e interessantes. Mas assim surgem cartazes, e não retratos psicológicos do gênero dos grandes mestres. Pessoalmente, prefiro a representação historicamente fiel, que *abdica* de qualquer fantasia, pois ela *serve* fielmente submissa ao espírito superior da História, não se rebela contra ele, teimosa e atrevida. A biografia fiel não inventa nada de novo, apenas interpreta o que já existe, segue respeitosamente os traços semiapagados das runas, e, em vez de mentir, dirá, em algumas partes, com honestidade: "*Nescio*, aqui não conheço a verdade, aqui não posso decidir." Mas por meio dessa renúncia a biografia severamente objetiva e histórica não precisa se tornar uma mera coleção estéril de documentos, relato frio *a posteriori*. É verdade que, quem quiser compreender a História deve ser psicólogo, deve ter uma capacidade especial de ouvir, de entrar fundo no acontecimento e ouvir, e uma capacidade conhecedora da diferenciação das *verdades* históricas. Não estou confundindo palavras quando falo agora das *verdades* da História e não da chamada *verdade* histórica. Pois na dimensão da História quase nunca existe apenas *uma* verdade, a verdade única, apodíctica, mas centenas de relatos e interpretações e tradições diferentes que confluem a cada evento importante. Lembro aqui o célebre episódio da vida de Walter Raleigh, o grande herói marítimo e pirata inglês, que começa a escrever suas memórias preso na Torre de Londres. Ele busca relatos contemporâneos e descobre que as batalhas das quais participou foram narradas de forma totalmente diferente daquilo que vê em sua própria imaginação. Isso o abala de tal maneira que ele desacredita da possibilidade de uma verdade histórica plena e lança o seu manuscrito nas chamas. Essa anedota, de que Goethe também gostava, é instrutiva, mostra o que sabemos da psicologia, que a verdade tem camadas como uma alcachofra. Que atrás de cada verdade geralmente há uma outra escondida, que não existe uma crônica absoluta dos fatos da alma, um protocolo verídico da História, mas – e aqui retorno ao meu tema – que a História sempre precisa ser, até certo ponto, algo poetado. A mera coleta de assunto resulta somente em contradição, e um determinado olhar sintético, associativo, sempre foi e será necessário. A dimensão criadora precisa partir do homem, e jamais o frio especialista atingirá esse efeito vivo e vivificador se não houver um átomo de poeta dentro dele, algo de um visionário. Sim, podemos dizer até que, em todas as passagens onde a História do mundo não parece ser interessante, o motivo não está nela, e sim no narrador – não foi contada de forma visionária o bastante. Pois se olharmos para a História com olhos verdadeiramente atentos, veremos – ou pelo menos o poeta verá – que não existem caracteres sem interesse. Ninguém, nem mesmo o homem mais insignificante, anônimo, modesto continua sendo entediante e indiferente para outros depois que um verdadeiro poeta olhou para a sua vida. Do mesmo modo, também quase não existem épocas mortas e maçantes no passado, apenas maus narradores. Talvez eu possa me expressar de forma ainda mais ousada e dizer: talvez nem exista a História em si, só através da arte da narrativa, através da visão do narrador o mero fato *se torna* História; cada vivência e fato, em última análise, só é verdade quando relatado de maneira verídica e provável. Em si, não existem fatos menores ou maiores, e sim fatos que permaneceram vivos ou fatos mortos, fatos criados e passados.

Permitam-me dar um exemplo disso. Há três milênios, inúmeros povos viviam espalhados em torno do Mar Mediterrâneo, e, no entanto, hoje só conhecemos mesmo dois, a cultura grega e a cultura judaica. Todo o resto se perdeu e submergiu. Mas por que conhecemos apenas esses dois povos? Eram maiores, mais importantes, acontecia mais entre eles do que entre os outros? De forma alguma. Sólon o Sábio era um pequeno prefeito de uma minúscula cidade, do tamanho de uma aldeia atual, e as batalhas entre Esparta e Roma, entre a Judeia e os amalequitas não foram, na verdade, mais do que brincadeiras. E no entanto tudo isso hoje é forte e plástico em nossa memória, faz parte da nossa história do espírito interior saber de Maratona e das Termópilas, de Salamina e da conquista de Jericó. Cada um de nós tem, gravada na alma, alguma imagem, alguma visão desses eventos. Por quê? Não porque tenham sido acontecimentos significativos em termos espaciais ou quantitativos, mas porque a Bíblia, de um lado, e os gregos, de outro, eram narradores incomparavelmente grandiosos e cheios de imaginação; porque aqui o requisito poético foi cumprido à perfeição. Aqui e em milhares de outros exemplos vemos que não bastam as grandes realizações, as grandes façanhas na História; um efeito duplo sempre faz-se necessário: as grandes realizações *e* o grande narrador, o personagem fascinante *e* o intérprete imaginativo. O que era Aquiles senão o velho combatente simples, corajoso e forte, como existem centenas em cada aldeia e milhares em cada povo, dos negros de Papua aos índios iroqueses? Mas somente *esse* Aquiles se tornou um herói do mundo, porque um Homero o viu grandioso e o fez grandioso, porque aqui um caráter foi totalmente dissolvido no mito. Só há, portanto, uma forma de preservar os acontecimentos, que é elevá-los para a História poética; somente ela é capaz de conservar a imagem colorida inalterada através de milênios, como o mistério da mumificação egípcia. Isso também o sabiam todos os príncipes e califas da Antiguidade e da Idade Média: não basta o fato, tem de haver um narrador que o mantenha vivo, e por isso tinham seus cantores, seus alaudistas, seus cronistas. César e Napoleão e Bismarck o sabiam, por isso escreveram logo a história de seus feitos, a fim de influir na lenda segundo a sua vontade; e o sabem mesmo hoje nossos estadistas e diplomatas, e por isso procedem tão bem com os jornalistas e gostam de lhes dar entrevistas. Também essa gente pequena sabe que tudo o que acontece apenas continuará existindo para a posteridade enquanto relato bom e legendário – ainda que à custa da verdade. Povos e pessoas precisam de lendas, ouso até dizer que faz parte da natureza do grande homem estar envolto em uma aura poética, criar uma lenda em torno de si, ter a posteridade sempre tentando recriar ou interpretar psicologicamente a sua personalidade. Certos tipos, como Napoleão, Gustavo Adolfo, César, sempre voltarão a seduzir os dramaturgos e épicos. Mesmo depois de séculos, o seu impulso psicológico não se esgotou, continua fazendo efeito, como uma árvore que floresce sempre de novo ao longo dos tempos.

Mas o que vale para o indivíduo também vale para as nações, pois o que são os povos senão indivíduos coletivos? Assim, podemos dizer que a força de uma nação no espaço espiritual global depende da maneira poética com que apresentou a sua natureza histórica e o seu desenvolvimento ao mundo inteiro. Não basta que um povo, uma nação tenha realizado grandes atos na guerra ou na cultura, isso é só a metade. Há povos, os albaneses dos Bálcãs em primeiro lugar, que há séculos travam guerras, para os quais o levante é um estado permanente. Em verdade, no entanto, quem está à frente na história da nossa cultura mundial são aqueles povos que souberam se mostrar melhor e da forma mais poética, que souberam elevar toda a trajetória do seu povo a uma saga, a um mito plástico. Para o valor atual e da posteridade, não importa a quantidade numérica de um povo, nem o número de mortos e o tamanho da zona de destruição nas guerras, mas de cada povo só permanece enquanto lucro no contexto da História universal aquilo que ele integrou em forma de valor artístico plástico ao arsenal poético da humanidade inteira. A História, pois, não é criada pelos povos guerreiros, e sim pelos *poéticos*; não é a massa que decide, mas a humanidade nesse sentido de reivindicação criadora.

Permitam-me tomar por exemplo a Escandinávia, que para a Europa já está na periferia mais externa, e cuja trajetória há centenas de anos, desde Carlos XII, já não influiu mais sobre a conformação da Europa no aspecto bélico-imperialista. Mesmo assim, com que plasticidade e realidade esses países estão presentes, para todos nós do continente! Como conhecemos sua história, suas realizações culturais e seu presente, simplesmente porque a literatura escandinava conquistou a Europa inteira na virada do século, porque a Suécia e a Noruega durante um período possuíram o primado inquestionável da arte da narrativa e porque sua literatura foi líder na Europa. Graças a Strindberg, Selma Lagerlöf, Werner von Heidenstam e numerosos outros autores, conhecemos a alma social, histórica, sociológica, ética da Suécia simplesmente porque foram poetas que falaram conosco, porque a história e a cultura desse país não nos foram trazidas de forma seca e sem plasticidade, e sim potencializada e bela, enquanto obra poética. Mesmo as nações mais pobres em número de habitantes, política ou militarmente não tão significativas, podem se tornar visíveis para o mundo, e nós austríacos sentimos com o mesmo orgulho que não é preciso ser politicamente desafiador, economicamente muito rico ou poderoso para se tornar importante para o grande mundo com sua própria vida cultural. Basta que se deem asas à respiração de um povo através da música, que a sua existência se transforme em algo agradável ao mundo porque lhe é dado aquele misterioso sotaque poético que torna tudo o que existe essencial e real. Sempre, repito, a História é mais poderosa, ou melhor, vive de verdade só quando atinge grandeza poética, e por isso a maior façanha de um povo é quando consegue transformar o máximo possível de sua História *nacional* em História *universal*, quando consegue elevar o seu mito particular e popular a um mito mundial. Sempre, portanto, depende afinal de quanto uma nação dá para a humanidade inteira em termos de criação. Esperemos que não esteja distante a hora em que os povos somente competirão nesse sentido de se doar mutuamente, em que um poderá convencer o outro de sua justificativa de existir não por violência, mas por seu talento artístico, e que a História, em vez de seguir sendo uma balada de guerras intermináveis, elevar-se-á como um hino, um poema heroico da ascensão conjunta.

Tentei apresentar a História enquanto "oficina de Deus", uma câmara artística sem igual, um arquivo dos documentos mais edificantes e fascinantes. Mas isso não deve ter sido para nos tornar injustos contra o presente vivo em favor do passado. Claro, nosso presente não nos facilita amá-lo; raras vezes uma geração precisou viver em um tempo tão tenso e exaltado como o nosso, e todos provavelmente temos o mesmo desejo de descansar um instante do excesso de acontecimentos, respirar fundo na tempestade política incessante. Mas precisamente quando conhecemos a História universal, quando a amamos, podemos criar coragem no presente, lembrando-nos que *no longo prazo* não acontece nada de absurdo, que tudo o que, em épocas passadas, parecia sem função e sem sentido aos contemporâneos, revelou mais tarde, visto sob um aspecto mais elevado, uma ideia criativa ou um sentido metafísico. Assim, todas as nossas confusões e preocupações de hoje também são ondas e vogas a nos trazer algo de novo, de futuro – não se vive nada em vão. Todo instante se torna passado ainda enquanto pronunciamos a palavra, não existe presente que não se transforme imediatamente em história, e assim estamos todos metidos o tempo todo como figurantes e participantes em um drama em desenvolvimento: esperemos com tensão e respeito pelo seu desenlace. Quem ama a História como algo poético e com sentido, precisa considerar também o presente e a própria existência como algo com sentido, e com isso cresce em nós, em todas as adversidades, a consciência de que cada um, produzindo e agindo e escrevendo, preenche uma missão de vida, cada um uma missão diferente, mas todos a mesma, aquela missão extrema e atemporal para a qual Goethe encontrou a fórmula imorredoura: "Estamos aqui para nos perpetuar."

Aos que não podem falar

Hannah Arendt, então uma convicta sionista-socialista, desaprovou o suicídio, criticou o distanciamento político-partidário de Zweig, resenhou ceticamente seu livro de memórias (*Die Welt von gestern* [O mundo de ontem], em português *O mundo que eu vi*), mas reconheceu "O grande silêncio" como um de seus melhores textos.*

Por ironia, "Das grosse Schweigen" foi lido no meio de comunicação que Zweig mais detestava: o rádio. Em abril de 1940, já casado com Lotte e morador em Bath, ele fez sozinho a última visita à França (arranjada pela primeira mulher, Friderike, que lá se instalara depois da anexação da Áustria).

No Théâtre Marigny, pronunciou a conferência "Vienne d'autrefois", Viena de ontem, que apesar da guerra lotou a tradicional sala de espetáculos. Os amigos tentaram organizar uma reprise, contudo, sem datas disponíveis, aceitou participar de três emissões da Radio Paris, em alemão, dirigidas aos territórios ocupados.

Uma delas é esta peça vigorosa contra a censura e o silêncio impostos pelos nazistas aos 40 ou 50 milhões de cidadãos da Europa central e Polônia. Seu pacifismo radical o impedia de fazer um apelo às armas, porém seu compromisso vital com a liberdade de pensamento e a sua aversão à violência produziram um de seus brados mais veementes.

---

* Hannah Arendt, "Stefan Zweig: jews in the world of yesterday", em *The Jewish Writings* (Nova York, Schoken, 2007). Publicado originalmente como "Portrait of a period" em *The Menorah Journal* (outubro de 1943), reproduzido em *The Jew as Pariah* (Nova York, Random House, 1978).

Acompanhado por Friderike viu pela derradeira vez os velhos amigos Julien Cain, Georges Duhamel e Paul Valéry. Não foi ao encontro de Rolland, porém falaram pelo telefone. Dois meses depois, a Wehrmacht marchava debaixo do Arco do Triunfo e ele se apavorava com a certeza de que Hitler logo atravessaria o canal da Mancha.

Acredito que o primeiro dever de todos os que têm a liberdade de se expressar hoje em dia é falar em nome de milhões e milhões de pessoas que já não podem mais fazê-lo porque foram alienadas desse direito inalienável. Nunca na história exerceu-se tal violência de maneira tão difundida, tão metódica, tão sistemática. A minha voz, pois, esforçar-se-á para ser a voz dos quarenta ou cinquenta milhões de vítimas na Europa central cujas vozes foram sufocadas, estranguladas. Quarenta milhões, cinquenta milhões, talvez até mais. A agressão e o estrangulamento de todos os direitos são práticas tão espantosamente frequentes hoje em dia que só com muita dificuldade conseguimos nos acostumar à ideia da imensa e impenetrável zona de silêncio criada no meio da nossa Europa. Poderíamos dizer que o polo Norte subitamente estendeu-se sobre toda a Polônia, toda a Áustria, a Tchecoslováquia, a Dinamarca, numa imensa e desoladora solidão. Uma visão terrível: quarenta ou cinquenta milhões de seres humanos sofrendo essa condição de humilhação, quarenta ou cinquenta milhões vivendo, ou melhor, vegetando sem a menor possibilidade de expressar suas ideias, seus desejos, suas queixas, suas esperanças.

Todos sabem como a tragédia começou. Foi quando o nacional-socialismo se instalou na Alemanha, desde o primeiro dia com o lema: sufocar. Sufocar todas as vozes, menos uma. Erradicar todas as manifestações da palavra livre, não importa se na forma artística, literária, jornalística – até mesmo de simples entretenimento. Aplanar, exterminar, destruir qualquer liberdade de expressão.

Alguns dias depois obedeceram à terrível ordem. Livros foram queimados, os doutores foram expulsos de seus laboratórios, os sacerdotes de seus púlpitos, os atores do palco. Os jornais e a liberdade de reunião foram reprimidos. Homens que enriqueceram a cultura europeia com suas ideias e obras foram perseguidos como animais selvagens. Foi o súbito desatamento de um rancor, tanto mais odioso por não ser espontâneo em nenhum lugar, e sim sofisticadamente elaborado e frio. O mundo inteiro viu-se terrivelmente perplexo. Foi como se alguém, despencado das alturas sob o efeito de um grande choque, voltasse a se erguer e se perguntasse: "Onde estou? Estamos realmente no século XX da humanidade?"

Mas nesse mesmo mundo logo se ouviram vozes que tentavam apaziguar: "Sejamos prudentes. Esse é um assunto interno que só diz respeito aos alemães. Que os alemães façam em sua casa o que quiserem. Que os alemães se entendam. O que está entre as suas fronteiras não é da nossa conta."

Fatal equívoco! Um equívoco, no entanto, que é inevitável e se mantém sempre igual, toda vez que o espírito humano aceita manipular com fronteiras nacionais em seu julgamento; quando ele esquece que a humanidade, com seus direitos e deveres sagrados, é uma unidade indivisível e que crime é crime, não importa em que latitude, sob que bandeira e em nome de que ideologia é cometido.

Mas o estrangulamento da liberdade de pensar, a violência contra os intelectuais da Alemanha não passou de um prelúdio. Todos conhecem o calendário sangrento das agressões de Hitler a indivíduos e povos. As vítimas mudaram, o método continuou o mesmo. Sempre um ataque brusco contra um país fraco, um grito já meio sufocado: "Ajudem, ajudem" – e depois o silêncio. Silêncio gelado, silêncio completo. Nem mais um gemido, nem o menor suspiro. Como se esse país com suas cidades e aldeias, com seus milhões de seres humanos, tivesse submergido sob a face da Terra. Cessaram as cartas, as notícias confiáveis. Morreu a voz dos parentes e amigos, morreu a voz dos poetas e escritores; nem um sinal deles, o silêncio... Um silêncio que hoje pesa como chumbo sobre tantas nações, sobre tantos povos que ainda ontem eram livres e cuja voz para nós era como a voz de irmãos.

Esse silêncio, esse terrível silêncio impenetrável e infinito, eu o escuto de noite, eu o escuto de dia; ele preenche meu ouvido e minha alma com seus horrores indescritíveis. É mais insuportável do que qualquer barulho; há mais terror nele do que no trovão, nos uivos das sirenes, nos estampidos das explosões. Dilacera os nervos, é mais deprimente do que os gritos ou os soluços, pois a cada segundo estou consciente de que há nesse silêncio a servidão de milhões e milhões de seres. De maneira alguma se assemelha ao silêncio da solitude. Quando o silêncio reina sobre as montanhas, sobre um lago, uma floresta, é como se a paisagem prendesse a respiração para descansar, para sonhar. Esse silêncio é natural. Mas esse que me tortura, que me deprime, eu sei que é um silêncio artificial, forçado através de ameaças, ordenado, imposto, pressionado, um silêncio do terror. Sob essa imensa mortalha tecida de mentiras, percebo os estertores desesperados daqueles que não querem ser enterrados vivos; por trás desse silêncio eu intuo e sinto a humilhação e a indignação desses milhões de vozes amordaçadas e sufocadas. Seu silêncio perfura meus ouvidos, cria feridas, atormenta minha alma dia e noite.

Às vezes, eu me esqueço dele. Estou com amigos, conversando, rindo. Mas de repente, como se eu despertasse assustado, escuto, por cima da conversa amigável, a terrível voz desse silêncio, e o riso morre nos meus lábios, eu paro e emudeço. Falar, enquanto esses milhões de seres arquejam sob a mordaça, é para mim uma vergonha, e eu me esforço para escutá-los. Lembro então daqueles que, quem sabe?, naquela mesma hora clamam por mim em pensamento, e evoco suas almas distantes... Começo a enxergá-los através de uma distância impenetrável. Penso em Praga, em um laboratório, no químico que me explicava suas pesquisas. O laboratório está vazio, as garrafas, os vidros, os tubos foram quebrados; o meu amigo desapareceu. Penso em um poeta de Viena e sei que está em um campo de concentração. Vejo a Universidade de Cracóvia, lembro da algaravia de vozes animadas que escutei pelos corredores: as vozes foram sufocadas, os corredores estão desertos e mudos. Eu me esforço para imaginar os rostos, as posturas e os movimentos dos amigos encarcerados no cárcere gigantesco da ocupação alemã, mas sei que me iludo. Sei que não têm mais os mesmos rostos, e sim máscaras cinzentas e exaustas; sei que perderam os movimentos descontraídos e espontâneos de homens livres e que se mantêm escondidos sob a sombra do terror em suas casas. Não ousam sair, a rua é vigiada por soldados de capacetes de aço. Seu ouvido está sempre atento. Ao menor passo na escada eles se perguntam se não é a Gestapo para levá-los. Sentada à mesa, a família não ousa nenhuma palavra: quem sabe se a empregada não está espionando? Portanto, o silêncio, silêncio, silêncio.

O mesmo silêncio no vizinho ao lado, na casa em frente, em todas as casas da cidade, em todas as casas de todas as cidades e aldeias da Polônia, da Tchecoslováquia, da Áustria. E novas torturas em meio às suas torturas: todas essas pessoas sabem que no éter flutuam as vozes amigas que vêm da França ou da Inglaterra e as vozes consoladoras dos neutros. Quão próximas estão aquelas vozes, tão fáceis de captar: para se extrair força delas, bastaria girar o botão do rádio para que se soubesse na Polônia, na Tchecoslováquia, dos esforços inaudíveis empreendidos para que reconquistem sua liberdade e para evitar que toda a Europa caia na servidão que lhe foi imposta. Mas, para que a tortura seja ainda mais cruel, os esbirros não esquecem nada. Confiscaram os aparelhos de rádio... Não lhes bastou emudecer suas vítimas, era preciso torná-las também surdas, surdas para qualquer som de esperança. Só quando cai a noite começam a sussurrar com suas vozes quebradas: "Quando nos devolverão nossa língua, quando vai acabar essa tortura do silêncio?" – a mais cruel mutilação da alma já inventada neste mundo.

Às vezes, um deles escapa ao cárcere de ferro, correndo mil riscos, e atravessa a fronteira. É recebido, abraçado. "Conta", pedem. "Descreve o que se passa." Mas ele ainda não aprendeu a língua. Temeroso, olha para os lados, o terror nos olhos, como se ainda estivesse sob o controle de seus guardiões impiedosos. Pressionam-no a dar notícia sobre isso ou sobre aquele. Ele não sabe nada muito exato. Desaparecido o primeiro, talvez morto. Encarcerado o outro. O irmão não sabe mais nada de seu irmão. A mãe não sabe mais o que aconteceu com seu filho. O silêncio, o terrível silêncio rasgou qualquer contato entre as pessoas. Inútil insistir: o que uma única pessoa pode relatar é apenas uma gota no oceano de miséria que inundou uma quarta parte da nossa Europa. Um dia, mais tarde, quando conhecermos toda a sua dimensão, quando soubermos de milhões e milhões de vidas felizes que ele engoliu, a humanidade terá vergonha daqueles que conspurcaram um século com atos de crueldade inútil, um século cujo progresso, cujas ciências, cujas artes e maravilhosas invenções eram o orgulho e a crença de todos nós.

Portanto, não esqueçamos nunca, em nossas conversas, em nosso silêncio, de dia ou de noite, daqueles que doariam o seu sangue, gota a gota, se o pudessem transformar em palavras, em súplicas, em prece. Nós também, na Inglaterra, na França, sofremos com o fato de termos sido lançados pela segunda vez na bocarra devoradora da guerra; também nossas alegrias tornaram-se sombrias, também nossas horas de relaxamento são sofridas. Mas pelo menos conservamos a fala, e através dela a alma respira, como o corpo através dos pulmões. Através da palavra podemos libertar nosso coração, quando está muito oprimido, podemos nos fortalecer em nossa confiança, um ao outro. Mas para eles, esses quarenta milhões de irmãos, não sobrou nada mais do que a derradeira arma do fraco: a esperança e a prece. De milhares de casas, de milhões de corações, ascende essa prece secreta ao céu. E a vida não significaria mais nada para mim se eu não tivesse a convicção ardente de que a justiça eterna escutará o seu silêncio acusador.

A Viena de ontem

DEPOIS DA PUBLICAÇÃO do seu único romance, *Coração inquieto*, dominado pela certeza de que a guerra seria prolongada, drástica e o mundo jamais o mesmo, Zweig trabalha seriamente no livro de memórias num esforço de reconstituir aquele mundo que desaparecia com enorme velocidade.

Abrigado na Inglaterra, não poderia ignorar Viena, a Vindobona romana, cidade natal, um dos polos da cultura europeia que Hitler queria arrasar, naquele momento transformada em província do III Reich. Decidiu que em Paris falaria sobre a sua Viena reencontrada ao mergulhar nas memórias.

Demorava em encontrar o título para a autobiografia, mas foi rápido, instintivo, ao escolher o da conferência parisiense. Seis meses depois da leitura em Paris, repetiu-a no Rio de Janeiro, em francês, na magnífica sede da ABI, Associação Brasileira de Imprensa. Enquanto colhia material para o livro sobre o Brasil de amanhã e enfiava-se no passado para enriquecer as memórias, percebeu a extensão e a profundidade do advérbio, "ontem". Mais do que nostalgia (posteriormente sua marca registrada), além da transição temporal, *"gestern"* naquele momento significava um corte abrupto, violento, total. Consumado em Petrópolis logo depois.

SE AGORA LHES FALO sobre a Viena de ontem, não será nenhum necrológio, nenhuma oração fúnebre. Ainda não enterramos Viena em nossos corações, recusamo-nos a acreditar que uma subordinação temporária possa ser igual à subjugação total. Lembro-me de Viena assim como os senhores pensam em irmãos, em amigos que agora [1940] estão no *front*. Passaram juntos a infância, conviveram durante anos, agradecem-lhes muitas horas felizes passadas conjuntamente. Agora, esses irmãos e amigos estão distantes e sabemos que correm perigo sem que possamos ajudá-los, sem que possamos dividir esse perigo. Precisamente nessas horas de distância forçada sentimo-nos mais ligados aos que nos são próximos. E assim quero lhes falar de Viena, a minha cidade natal e uma das capitais da nossa cultura europeia.

Os senhores aprenderam na escola que Viena desde sempre foi a capital da Áustria. Está correto, mas a cidade de Viena antecede a Áustria, é mais antiga que a monarquia dos Habsburgo, mais antiga que o antigo Reich alemão e do que o atual. Quando Vindobona foi fundada pelos romanos, que, como experimentados fundadores de cidades, tinham um talento especial para situações geográficas, não havia ainda nada que se pudesse chamar de Áustria. Nem Tácito, nem qualquer outro historiador jamais mencionaram um ramo austríaco. Os romanos só ergueram um *castrum*, assentamento militar, nos locais mais adequados do Danúbio a fim de defender seu Império contra a invasão dos bárbaros. A partir dessa hora, estava circunscrita a missão histórica de Viena: a de ser um lugar de defesa de uma cultura superior – então, a latina. Em meio a terras ainda não civilizadas e que na verdade não tinham dono, foram erguidos os alicerces romanos sobre os quais depois se ergueria o castelo dos Habsburgo, o Hofburg. E em um tempo em que povos alemães e eslavos ainda vagavam incivilizados e nômades ao longo do Danúbio, na nossa Viena o sábio imperador Marco Aurélio escreve suas imortais *Meditações*, uma das obras-primas da filosofia latina.

A primeira certidão literária, a primeira certidão cultural de Viena, portanto, já tem quase mil e oitocentos anos de idade. Entre todas as cidades de fala alemã, ela confere a Viena o grau de antiguidade espiritual, e ao longo desses mil e oitocentos anos Viena se manteve fiel à sua tarefa, a maior que uma cidade tem a cumprir: criar cultura e defender essa cultura. Enquanto posto avançado da civilização latina, Viena se manteve firme até a queda do Império romano, para depois ressuscitar enquanto bastião da Igreja católica romana. Quando a Reforma rasgou a unidade espiritual da Europa, ali foi o quartel-general da Contrarreforma. Duas vezes o avanço dos otomanos fracassou nas muralhas de Viena. E quando, nos nossos dias, novamente a barbárie irrompeu, mais dura e arbitrária do que nunca, Viena e a pequena Áustria agarraram-se, desesperadas, à sua mentalidade europeia. Durante cinco anos, resistiu com todas as suas forças, e somente ao ser abandonada na hora decisiva essa residência imperial, essa capital da nossa antiga cultura austríaca foi degradada para uma província da Alemanha, país ao qual nunca pertenceu. Apesar de ser uma cidade de fala alemã, Viena nunca foi uma cidade ou a capital de uma Alemanha nacional. Foi a capital de um império que ultrapassou em muito as fronteiras da Alemanha para leste e oeste, sul e norte, chegando até a Bélgica ao norte, até Veneza e Florença ao sul, incluindo a Boêmia, a Hungria e a metade dos Bálcãs. Sua grandeza e sua história nunca foram ligadas ao povo alemão e a fronteiras nacionais, e sim à dinastia dos Habsburgo, a mais poderosa da Europa, e quanto mais o reino dos Habsburgo evoluía, mais cresciam a grandeza e a beleza dessa cidade. Foi a partir do Hofburg, o seu coração – e não a partir de Munique ou Berlim, então ainda cidadezinhas insignificantes –, que durante séculos se determinou a história. Nela, sempre se sonhou o velho sonho de uma Europa unida, um reino supranacional, um "sacro império romano" era o que os Habsburgo imaginavam, e não um poder universal do germanismo. Todos esses imperadores pensavam, planejavam, falavam de maneira cosmopolita. Na Espanha aprenderam a etiqueta, com a Itália e a França sentiam-se unidos pela arte, e, através de laços matrimoniais, com todas as nações da Europa. Durante dois séculos, falou-se mais espanhol, italiano e francês na corte austríaca do que alemão. Da mesma forma, a nobreza que rodeava a casa imperial era totalmente internacional; havia os magnatas húngaros e os senhores feudais poloneses, havia as antigas famílias húngaras, boêmias, italianas, belgas, toscanas, brabantes. Mal se encontra um nome alemão entre todos os suntuosos palácios barrocos que se enfileiram em torno do palácio de Eugênio de Savoia; esses aristocratas casavam entre si e com dinastias aristocráticas estrangeiras. Sempre entrava sangue novo para esse círculo cultural, e assim também a burguesia se mesclava com afluxo constante. Da Morávia, da Boêmia, das montanhas tirolesas, da Hungria e da Itália vinham os artesãos e os comerciantes: eslavos, magiares e italianos, poloneses e judeus afluíam para a cidade, que se espraiava cada vez mais. Seus filhos, seus netos falavam então alemão, mas as origens não desapareciam por completo. Só por meio da mescla os contrastes perdiam sua severidade, tudo se tornava mais ameno, mais educado, conciliador, solidário, amável – ou seja, mais austríaco, mais vienense.

Por se constituir de tantos elementos estrangeiros, Viena se tornou o solo apropriado para uma cultura coletiva. O que vinha de fora não era considerado hostil, antinacional, não era arrogantemente rechaçado como algo não alemão, não austríaco, e sim venerado e procurado. Cada estímulo de fora era aceito e recebia a coloração vienense especial. Essa cidade, esse povo pode ter cometido erros, como qualquer outro. Mas Viena teve uma vantagem: não era arrogante, não quis obrigar de maneira ditatorial o resto do mundo a adotar seus costumes e sua maneira de pensar. A cultura vienense não foi uma cultura conquistadora e, precisamente por isso, seduzia qualquer visitante da cidade. Misturar os contrários e criar, a partir dessa constante harmonização, um novo elemento de cultura europeia: esse foi o verdadeiro gênio dessa cidade. Por isso, tinha-se constantemente a sensação de respirar um ar universal em Viena, e não de estar aprisionado em uma língua, uma raça, uma nação, uma ideia. A cada minuto, Viena fazia lembrar que se estava no centro de um reino imperial, um reino supranacional. Bastava ler os nomes nas placas das lojas – um soava italiano, o outro tcheco, o terceiro húngaro, e em todas as partes ainda havia um aviso especial de que também se falava francês e inglês. O estrangeiro que não entendesse alemão não estava perdido. Graças aos trajes nacionais que eram usados de maneira livre e despreocupada, por toda parte sentia-se a presença colorida dos países vizinhos. Havia a guarda húngara com suas espadas típicas e seus sobretudos com debruns de pele, as amas da Boêmia com suas largas saias coloridas, as camponesas da região do Burgenland com suas toucas e seus corpetes bordados, exatamente os mesmos que trajavam para ir à igreja na aldeia natal; havia as feirantes com seus aventais berrantes e lenços de cabeça, os bósnios com suas calças curtas e o fez vermelho, que iam de porta em porta vender "djibuks" e adagas, os habitantes dos Alpes com seus joelhos à mostra e o chapéu de penas, os judeus da Galícia com seus cachos enrolados e longos cáftans, os rutenos com suas peles de ovelha, os viticultores com seus aventais azuis; e no meio de tudo isso, como símbolo da unidade, os uniformes coloridos dos militares e as batinas do clero católico. Todos andavam por Viena em seus trajes típicos, como andariam em sua terra natal, ninguém se sentia fora de lugar, pois todos se sentiam em casa, era a sua capital, não se sentiam estranhos, e nem eram vistos como estranhos. O vienense fazia piadas benevolentes sobre eles, nos dísticos dos cantores populares havia sempre uma estrofe sobre o boêmio, o húngaro e o judeu, mas era uma ironia condescendente entre irmãos. Ninguém se odiava, isso não fazia parte da mentalidade vienense.

E nem faria sentido, pois todo vienense tinha um avô ou um cunhado polonês, tcheco ou judeu; todo oficial, todo funcionário passara um par de anos nas guarnições da província, onde aprendera a língua, onde se casara; assim, mesmo nas famílias vienenses mais antigas volta e meia nasciam filhos na Polônia ou na Boêmia ou em Trentino; em cada lar havia empregadas ou cozinheiras tchecas ou húngaras. Assim, cada um de nós lembrava uma ou outra expressão da língua estrangeira aprendida na infância, conhecia as canções eslavas e húngaras que as meninas cantavam na cozinha, e o dialeto vienense era colorido com vogais que haviam gradualmente recebido o polimento alemão. Dessa forma, o nosso alemão não se tornou tão duro, tão acentuado, tão angular e preciso como o dos alemães do norte, era mais atenuado, indolente, musical, e assim tornou-se mais fácil para nós aprender línguas estrangeiras. Não precisávamos superar adversidades ou resistências, nos círculos mais elevados era costume expressar-se em francês, em italiano, e também tomávamos emprestada a musicalidade dessas línguas na nossa. Todos, em Viena, éramos nutridos pelas particularidades dos povos vizinhos – quando digo nutridos, quero dizer isso no sentido mais literal, material, pois a famosa cozinha vienense também era um *mixtum compositum*. Ela trazia as famosas especialidades da Boêmia à base de farinha, o *gulash* e as outras feitiçarias com páprica da Hungria, pratos da Itália, da região de Salzburgo e do sul da Alemanha; tudo isso se misturava e se fundia até criar o novo – a culinária austríaca, vienense.

Tudo se tornou mais harmônico, suave, polido, inofensivo com a constante convivência, e essa conciliação, que foi um mistério da natureza vienense, também pode ser encontrada na literatura. Em Grillparzer, nosso maior autor dramático, há muito da força criadora de Schiller, mas felizmente falta a dimensão patética. O vienense é por demais autoobservador para poder ser patético. Em Adalbert Stifter, o aspecto contemplativo de Goethe foi, por assim dizer, traduzido para o austríaco, de forma mais suave, mansa, harmoniosa, pitoresca. E Hofmannsthal, que era um quarto nativo da Alta Áustria, um quarto vienense, um quarto judeu e um quarto italiano, mostra de maneira simbólica que novos valores, delicadezas e surpresas felizes podem resultar de tais misturas. Em sua linguagem, tanto nos versos quanto na prosa, existe talvez a maior musicalidade já atingida pela língua alemã, uma harmonização do gênio alemão com o latino que somente poderia ocorrer na Áustria, país entre os dois idiomas. Mas esse sempre foi o verdadeiro segredo de Viena: aceitar, absorver, unir através da conciliação espiritual e dissolver dissonâncias em harmonia.

Por isso, e não por um mero acaso, Viena se tornou a clássica cidade da música. Assim como Florença teve a bênção e a fama, quando a pintura atingiu o seu auge, de ter reunido em seus muros todas as figuras criadoras no espaço de um século, Giotto e Cimabue, Donatello e Brunelleschi, Leonardo e Michelangelo, assim Viena reúne em seu círculo quase todos os nomes no século da música clássica. Metastasio, o rei da ópera, fixou residência do outro lado do castelo imperial, o Hofburg, Haydn mora no mesmo prédio, Gluck é preceptor dos filhos de Maria Teresa, depois de Haydn vem Mozart, depois de Mozart, Beethoven, e a seu lado há Salieri e Schubert, e depois deles Brahms e Bruckner, Johann Strauss e Lanner, Hugo Wolf e Gustav Mahler. Não há um único intervalo ao longo de cem, cento e cinquenta anos, não há um século, um só ano em que não se criou alguma obra de música imortal em Viena. Nunca nenhuma cidade foi mais abençoada pelo gênio da música do que Viena nos séculos XVIII e XIX.

Agora os senhores poderão objetar que, entre todos esses mestres, nenhum – exceto Schubert – era vienense nato. Não refutarei isso. Certo: Gluck veio da Boêmia, Haydn da Hungria, Caldara e Salieri da Itália, Beethoven da região do Reno, Mozart de Salzburgo, Brahms de Hamburgo, Bruckner da Alta Áustria, Hugo Wolf da Estíria. Mas por que vinham de todas as direções para Viena, por que resolveram ficar e trabalhar lá? Por ganharem mais? Certamente não. Nem Mozart, nem Schubert foram especialmente mimados com dinheiro, e Joseph Haydn ganhou mais em um ano em Londres do que em sessenta anos na Áustria. A verdadeira razão pela qual os músicos iam para Viena e lá ficavam: eles percebiam que ali o clima cultural era o mais favorável ao desenvolvimento de sua arte. Assim como uma planta precisa da terra adubada, assim a arte produtiva precisa do elemento acolhedor para poder se desenvolver; assim como aquela precisa do sol e da luz, ela precisa do calor estimulante de um vasto envolvimento – o grau mais elevado da arte é sempre atingido onde ela é a paixão de todo um povo. Se todos os escultores e pintores da Itália se reúnem em Florença no século XVI, não é apenas porque ali estão os Médici, que os patrocinam com dinheiro e encomendas, mas porque para todo o povo a presença dos artistas era o seu orgulho, porque cada novo quadro se torna um acontecimento, mais importante do que política e negócio, e porque assim cada artista se vê obrigado a constantemente ultrapassar e superar o outro.

Assim, os grandes músicos também não podiam encontrar cidade mais ideal para a criação e a ação do que Viena, porque Viena tinha o público ideal, porque seu conhecimento, o fanatismo pela música ali perpassava todas as camadas sociais da mesma maneira. O amor à música morava na casa imperial; o imperador Leopoldo compunha, Maria Teresa supervisionava a educação musical dos seus filhos, Mozart e Gluck tocavam em sua casa, o imperador José conhecia cada nota das óperas que mandava apresentar em seu teatro. Negligenciavam até a política por amor à cultura. Sua orquestra, seu teatro imperial eram seu orgulho, e não resolviam nada no vasto campo da administração de forma tão pessoal quanto nesses assuntos. Preferiam se preocupar em saber que ópera será encenada, que regente, que cantor devem ser contratados.

Nesse amor à música, a alta nobreza provavelmente ainda quer superar a casa imperial. Os Esterhazy, os Lobkowitz, os Waldstein, os Rasumowsky, os Kinsky, todos imortalizados nas biografias de Mozart, Haydn, Beethoven, têm suas próprias orquestras ou no mínimo seus próprios quartetos de cordas. Todos esses orgulhosos aristocratas, cujas casas aliás jamais se abrem para os burgueses, subordinam-se ao músico. Não o consideram seu empregado, ele não é apenas convidado, e sim o convidado de honra em suas casas, e eles se submetem a suas vontades e caprichos. Dezenas de vezes, Beethoven deixa o seu aluno imperial, o arquiduque Rodolfo, a ver navios, esperando pela aula, e o arquiduque nunca ousa reclamar. Quando Beethoven resolve cancelar a apresentação do *Fidélio*, a princesa Lichnowsky se ajoelha diante dele, e hoje mal conseguimos imaginar o que significa uma princesa se jogar de joelhos diante do filho de um regente de província beberrão. Quando, certa vez, Beethoven se irrita com o príncipe Lobkowitz, vai até a porta da casa dele e berra diante de todos os lacaios: Lobkowitz, seu burro! O príncipe é informado, tolera e não se ofende. Quando Beethoven quer deixar Viena, os aristocratas se juntam para lhe assegurar uma pensão vitalícia generosa, sem qualquer outro compromisso do que o de permanecer na cidade para criar livremente. Eles, de resto gente mediana, sabem o que é a grande música, e como é precioso e venerável um grande gênio. Não promovem a música apenas por esnobismo; promovem a música e lhe atribuem uma posição acima da sua própria porque vivem dentro da música.

O músico encontra o mesmo conhecimento, a mesma paixão na burguesia vienense no século XVIII e XIX. Praticamente em cada lar faz-se música de câmara uma vez por semana, toda pessoa culta toca algum instrumento, qualquer filha nascida em uma família com alguma posição social sabe cantar lendo notas e participa de coros e orquestras. Quando o cidadão vienense abre o jornal, seu primeiro olhar não busca o que se passa no mundo da política; ele procura o programa da Ópera e do Burgtheater, procura pelo nome dos cantores, dos regentes, dos atores. Uma nova obra se torna um acontecimento, uma estreia, a contratação de um novo regente, de um novo cantor na Ópera provoca infindáveis discussões, e os rumores de bastidores sobre os teatros invadem toda a cidade. Pois para o vienense o teatro, mais precisamente o Burgtheater, é mais do que apenas um teatro; é o microcosmo que reflete o macrocosmo, uma Viena sublimada, concentrada, dentro de Viena, uma sociedade dentro da sociedade. O teatro da corte mostra à sociedade de maneira exemplar como se comportar em sociedade, como praticar a arte da conversação em um salão, como se vestir, falar e se comportar, como tomar uma chávena de chá, como entrar e como se despedir. É uma espécie de *Cortigiano*, um espelho moral do bom comportamento, pois assim como na Comédie-Française, não se pode errar uma só palavra no Burgtheater, não se pode cantar uma nota falsa na Ópera; seria uma vergonha nacional. Seguindo o exemplo italiano, vai-se à ópera e ao teatro como se frequenta um salão: você encontra gente, conhece pessoas, cumprimenta, convive, está em casa. No Burgtheater e na Ópera confluem todas as camadas, a aristocracia e a burguesia e a nova juventude. Formam um grande coletivo, e tudo o que ali acontece pertence à cidade inteira. O dia em que o velho prédio do Burgtheater foi demolido, o palco em que o *Fígaro* ecoou pela primeira vez, foi um dia de luto para toda Viena. Às seis da manhã, os entusiastas começaram a fazer fila diante das portas e ficaram treze horas em pé, até à noite, sem comer, sem beber, só para poder assistir à última apresentação nessa casa. Arrancaram fragmentos do palco e os guardaram, assim como outrora os fiéis conservavam pedaços da cruz sagrada. Não apenas o maestro, o grande ator, o bom cantor é venerado como um deus: essa paixão também é transferida para o espaço físico. Eu próprio assisti ao último concerto no velho salão Bösendorfer. Nem era especialmente bonito aquele salão, que foi demolido, a antiga escola de equitação do príncipe Liechtenstein, singelamente revestido com madeira. Mas ele ressoava como um velho violino, e Chopin e Brahms haviam tocado nele, e Rubinstein e o Quarteto Rosé. Muitas obras-primas haviam soado ali pela primeira vez, fora o lugar onde todos os amantes de música de câmara durante muitos e muitos anos se encontravam, semana após semana, uma única família. E ali estávamos nós depois do último quarteto de Beethoven no velho salão, recusando-nos a aceitar que aquilo havia acabado. O público bramiu, gritou, alguns choravam. As luzes se apagaram no salão. Não adiantou. Todos permaneceram no escuro, como se quisessem forçar aquela velha sala a continuar a viver. Em Viena, esse fanatismo não existia apenas para a arte, a música, mas também para os prédios que lhe serviam.

Exagero, dirão, ridículo exagero! E era isso que nós próprios achávamos às vezes desse entusiasmo quase insano dos vienenses pela música e pelo teatro. Sim, às vezes era ridículo, eu sei, como por exemplo quando os bons vienenses juntaram como preciosidade a crina dos cavalos que puxavam a charrete de Fanny Elssler, e também sei que pagamos por esse entusiasmo. Enquanto Viena e a Áustria se apaixonavam pelos seus teatros, pela sua arte, as cidades alemãs nos superavam em técnica e laboriosidade, precedendo-nos em muitos quesitos práticos. Mas não esqueçamos: tal supervalorização também cria valores. O artista só se sente bem onde existe verdadeiro entusiasmo pela arte, e a arte só dá muito de si onde se exige muito dela. Acho que mal existiu uma cidade onde o músico, o cantor, o ator, o regente, o diretor eram mais severamente controlados e mais obrigados a um grande esforço do que em Viena. Pois ali não havia apenas a crítica por ocasião da estreia, mas uma crítica constante e inflexível de todo o público. Em Viena, nenhum erro passava durante um concerto. Cada apresentação, mesmo que fosse a vigésima ou a centésima, era sempre vigiada por uma atenção treinada em cada cadeira da plateia; estávamos acostumados a um alto nível, dispostos a não ceder nem um único centímetro. Todo esse conhecimento se formava em cada um de nós precocemente; quando eu ainda frequentava o liceu, não era o único, mas um em vinte que não faltavam a nenhuma apresentação importante no Burgtheater ou na Ópera. Nós, jovens, como autênticos vienenses não nos preocupávamos com política ou economia, e teríamos nos envergonhado de saber alguma coisa de esportes. Até hoje não sei distinguir o críquete do golfe, e a seção de futebol, nos jornais, é chinês para mim. Mas já aos catorze, quinze anos eu notava o menor corte, o menor desleixo em uma apresentação teatral ou musical; conhecíamos perfeitamente a dinâmica típica de cada regente. Tomávamos partido desse ou daquele artista que nós, os vinte da nossa classe, idolatrávamos ou odiávamos. Mas agora imaginem esses mesmos vinte alunos de uma única classe escolar multiplicados por cinquenta escolas, uma universidade, toda uma burguesia, uma cidade, e haverão de compreender o nível de tensão que surgia forçosamente em todas as coisas musicais e teatrais, e como esse controle impiedoso e infatigável era um poderoso estímulo para o nível geral da vida musical e teatral. Todo músico, todo artista sabia que não podia esmorecer em Viena, que precisava se doar até o extremo para passar na prova.

Esse controle, porém, permeava até as camadas mais baixas do povo. As bandas militares de cada regimento competiam entre si, e nosso exército – lembro apenas o início da trajetória de Lehár – tinha melhores maestros do que generais. Qualquer bandinha de damas no parque Prater, qualquer pianista nas tabernas de vinho estava sujeito a esse controle impiedoso, pois para o vienense médio a qualidade da banda era tão importante quanto a do vinho, e assim o músico precisava tocar bem, senão estava perdido, senão era demitido.

Sim, era curioso: na administração, na vida pública, nos costumes, em qualquer parte, havia em Viena muito descuido, muita indiferença, muita indolência – desleixo, *Schlamperei*, como dizemos. Mas nessa única esfera da arte nenhum passo em falso tinha desculpa, nenhuma indolência era tolerada. Talvez essa supervalorização da música, do teatro, da arte, da cultura tenha privado Viena e os Habsburgo e a Áustria de muitos êxitos políticos. Mas a ela devemos nosso império na música.

Em uma cidade que vivia tão intensamente na música, que tinha nervos tão acirrados para o ritmo e o compasso, a dança forçosamente também tinha de se transformar de divertimento social em arte. Os vienenses dançavam apaixonadamente; eram loucos por dança, do baile na corte e na Ópera até as tabernas da periferia e os bailes populares. Mas ninguém se contentava em apenas gostar de dançar. Em Viena, dançar bem era uma obrigação social, e quando se dizia de um jovem insignificante que era um ótimo dançarino, ele já ganhava certa qualificação social. Ascendia para uma esfera da cultura, uma vez que a dança fora elevada a uma categoria cultural. E, vice-versa, como a dança era considerada arte, ela ascendia para uma esfera mais elevada, e a chamada música ligeira, a música de dança, tornava-se música completa. O público dançava muito e não queria escutar sempre as mesmas valsas. Por isso, os músicos se viam obrigados a sempre oferecer novidades e a se superar uns aos outros. Assim, ao lado da fileira de grandes músicos como Gluck e Haydn e Mozart, Beethoven e Brahms, formou-se outra fileira de Schubert e Lanner e Johann Strauss pai e Johann Strauss filho até Lehár e os outros grandes e pequenos mestres da opereta vienense. Uma arte que pretendia tornar a vida mais leve, vivaz, colorida, excitante – a música ligeira ideal para os corações ligeiros dos vienenses.

Mas vejo que corro o risco de passar uma imagem da nossa Viena que se aproxima perigosamente daquela imagem adocicada e sentimental que conhecemos das operetas. Uma cidade louca por teatro e leviana, onde sempre se dança, canta, come e ama, onde ninguém tem preocupações e ninguém trabalha. Como em qualquer lenda, há nisso um fundo de verdade. Claro, vivia-se bem em Viena, vivia-se de maneira leve, procurando afastar qualquer coisa desagradável ou opressora com uma piada. Amava-se ir a festas e divertir-se. Quando passava uma banda militar, as pessoas abandonavam seus negócios e saíam pelas ruas atrás dela. Na época do desfile de flores no Prater, trezentas mil pessoas iam assistir, e até um enterro se tornava pompa e festa. Uma leve brisa soprava do Danúbio, e os alemães olhavam com certo desprezo para nós, assim como se olha para crianças que se recusam a compreender o lado sério da vida. Para eles, Viena era o Falstaff entre as cidades, aquele que se delicia de maneira bem-humorada e feliz, e Schiller nos chamou de feaces, o povo para quem todo dia é domingo, sempre com um espeto na brasa. Todos achavam que em Viena se amava a vida de maneira excessivamente solta e leviana. Acusavam-nos de *"jouissance"*, gozo, e nos criticaram ao longo de dois séculos porque nós, vienenses, gozávamos as boas coisas da vida.

Bem, eu não nego essa maneira vienense de gozar a vida e até a defendo. Acredito que as boas coisas da vida foram destinadas a serem gozadas e que é o direito mais elevado do homem viver despreocupado, livre, isento de inveja e de maneira bem-intencionada, assim como vivíamos na Áustria. Acredito que um excesso de ambição na alma de uma pessoa, assim como na alma de um povo, destrói valores preciosos, e que o velho lema de Viena – "viver e deixar viver" – não apenas é mais humano mas também mais sábio do que todas as severas máximas e todos os imperativos categóricos. Eis o ponto em que nós, austríacos, que sempre fomos não imperialistas, nunca conseguimos nos entender com os alemães – e nem mesmo com os melhores entre eles. Para o povo alemão, o conceito de *"jouissance"* está ligado a desempenho, ação, êxito, vitória. Para sentir a si própria, toda pessoa tem que superar a outra, se possível derrotá-la. Até Goethe, cuja grandeza e sabedoria veneramos sem limites, erigiu em uma poesia esse dogma que desde a minha mais tenra infância me pareceu artificial. Ele conclama o homem:

Du musst herrschen und gewinnen,
Oder dienen und verlieren,
Leiden oder triumphieren,
Amboss oder Hammer sein.*

---

* "Deves dominar e vencer,/ Ou servir e perder,/ Sofrer ou triunfar,/ Ser bigorna ou martelo." (N.T.)

Bem, espero que não achem impertinente quando refuto essa alternativa de Goethe, "deves dominar ou servir". Acredito que uma pessoa – assim como um povo inteiro – *não* deva dominar *nem* servir. Deve antes de tudo permanecer livre e deixar aos outros a sua liberdade, deve, como aprendemos em Viena, viver e deixar viver e não ter vergonha de sua alegria diante de todas as coisas da vida. *"Jouissance"* me parece ser um direito e até mesmo uma virtude do homem, enquanto não o enfraquecer ou tornar mais burro. Sempre percebi que justo aquelas pessoas que, enquanto podiam, gozavam a vida livre e genuinamente eram as mais corajosas, assim como sempre os povos e as pessoas que não lutam por prazer no militarismo – e sim apenas quando são obrigados – acabam sendo os melhores guerreiros.

Viena mostrou isso nos tempos da sua maior provação. Mostrou que é capaz de trabalhar quando precisa trabalhar, e as mesmas pessoas supostamente tão levianas souberam ser maravilhosamente sérias e decididas quando foi necessário. Nenhuma cidade foi mais duramente atingida pelo armistício de 1919 do que Viena. Imaginem: a capital de uma monarquia de cinquenta e quatro milhões de repente tem apenas quatro milhões. Já não é mais a cidade imperial, o imperador foi expulso e, com ele, qualquer brilho de festividades. Todas as artérias para as províncias que abasteciam a capital com alimentos foram cortadas, os trens não têm mais vagões, as locomotivas não têm mais carvão, as lojas foram saqueadas, não há mais pão, frutas, carne, legumes, o dinheiro se desvaloriza a cada hora que passa. Em toda parte vaticinam que o fim definitivo de Viena está próximo, que a grama cobrirá as ruas, que dezenas e centenas de milhares de pessoas terão de se mudar para não morrer de fome. Cogita-se seriamente vender as coleções de arte para comprar pão e demolir uma parte das casas frente à ameaça de despovoamento.

Mas nessa velha cidade havia uma força vital de que ninguém suspeitava. Ela sempre estivera ali, essa força da vida, essa força do trabalho. Apenas não nos gabáramos dela tão ruidosamente quanto os alemães, nós mesmos tínhamos nos iludido com a aparência de leviandade que não deixava transparecer as realizações nunca alardeadas dos artesãos e dos artistas. Assim como os estrangeiros gostam de ver a França como o país do esbanjamento e do luxo porque não vão muito além das joalherias da rue de la Paix ou da vida noturna internacional de Montmartre, porque nunca pisaram em Belleville, nunca observaram os trabalhadores, os burgueses, a província em sua atividade quieta, persistente, econômica, assim todos se enganaram com Viena. Mas agora Viena estava desafiada a dar tudo de si, e não desperdiçamos nosso tempo. Não esbanjamos nossas forças psíquicas – como se fazia incessantemente do outro lado, na Alemanha – renegando a derrota e explicando que fomos traídos e nunca vencidos. Dizíamos honestamente: a guerra acabou. Vamos recomeçar! Vamos reconstruir mais uma vez Viena, a Áustria!

Foi quando aconteceu o milagre. Três anos e tudo estava restabelecido, cinco anos e surgiram aquelas magníficas casas comunitárias que se tornaram um exemplo social para toda a Europa. As galerias, os jardins se renovaram, Viena ficou mais bonita do que nunca. O comércio ressuscitou, as artes floresceram, novas indústrias surgiram e logo estávamos à frente em cem campos diferentes. Tínhamos sido fúteis, levianos enquanto nos nutríamos do velho capital; agora que tudo estava perdido, surgiu uma energia que nos surpreendeu a nós mesmos. Estudantes do mundo inteiro afluíram para a universidade dessa cidade empobrecida; em torno do nosso grande mestre Sigmund Freud, que acabamos de enterrar no exílio, formou-se uma escola que influenciou todas as formas de atividade intelectual na Europa e na América. Enquanto, antes, fôramos inteiramente dependentes da Alemanha no comércio livreiro, passaram a surgir grandes casas editoriais em Viena; comissões inteiras vinham da Inglaterra e da América para estudar a exemplar previdência social do município de Viena, as artes conquistaram um lugar predominante graças às suas particularidades e ao bom gosto. De repente, tudo era atividade e intensidade. Max Reinhardt abandonou Berlim e organizou a vida teatral de Viena. Para a Ópera de Viena vieram Toscanini de Milão e Bruno Walter de Munique. E Salzburgo, que resumia de maneira representativa todas as forças artísticas da Áustria, tornou-se a metrópole internacional da música e um triunfo sem igual. Em vão, as associações artísticas da Alemanha com seus recursos ilimitados tentaram em Munique e outras cidades nos roubar essa afluência de gente de todos os países. Não conseguiram. Pois sabíamos por que lutávamos, da noite para o dia a Áustria conquistara mais uma vez uma missão histórica. Afirmar mais uma vez diante do mundo a liberdade da palavra alemã, que na Alemanha já estava sendo escravizada, defender a cultura europeia, nossa antiga herança. Isso conferiu a essa cidade, supostamente tão brincalhona, uma força maravilhosa. Não foi uma única pessoa que realizou esse milagre da ressurreição, não foi o católico Seipel, não foram os social-democratas, nem os monarquistas; foram todos juntos, e posso dizer sem patriotismo mesquinho: nunca Viena atestou sua particularidade cultural de maneira tão gloriosa, nunca conquistou de tal forma a simpatia do mundo inteiro como uma hora antes do grande ataque à sua independência.

Foi o dia mais belo e cheio de glória da sua história. Foi sua última batalha. Havíamos nos resignado sem resistência em tudo o que era poder, fortuna e posse. Havíamos sacrificado as províncias, ninguém pensava em reconquistar nem um centímetro sequer de um país vizinho, da Boêmia, da Hungria, da Itália, da Alemanha. Talvez sempre tenhamos sido maus patriotas no sentido político, mas agora sentíamos: nossa verdadeira pátria era nossa cultura, nossa arte. Aqui não queríamos ceder, aqui não queríamos nos deixar superar por ninguém, e eu repito: é a página mais honrosa na história de Viena como ela defendeu sua cultura. Só um pequeno exemplo: viajei muito, vi muitas maravilhosas apresentações, com Toscanini na Metropolitan Opera, e os balés de Leningrado e Milão, ouvi os maiores cantores, mas devo confessar que nunca fiquei tão comovido com um desempenho no setor da arte como com o da Ópera de Viena imediatamente depois do colapso, em 1919. Nós nos esgueirávamos até lá pelas ruelas escuras – a iluminação das ruas estava limitada por causa da falta de carvão –, pagávamos o ingresso com montanhas de notas bancárias sem valor, entrávamos finalmente na casa tão conhecida e nos assustávamos. A sala com poucas luzes estava cinzenta e gelada; nenhuma cor, nenhum brilho, nada de uniformes ou trajes de noite. Espremidas no frio, em velhos sobretudos rasgados e fardas reformadas, as pessoas, uma massa cinzenta e sem brilho de sombras e lêmures. Então, vinham os músicos, tomando seus lugares na orquestra. Conhecíamos cada um deles, mas mal os reconhecíamos. Emagrecidos, envelhecidos, os cabelos embranquecidos, eles estavam ali em seus fraques desgastados. Sabíamos que aqueles grandes artistas estavam ganhando menos do que qualquer garçom, qualquer trabalhador. Nossos corações estremeciam, tanta pobreza e preocupação e penúria naquela sala, um ambiente de Hades e transitoriedade. O regente erguia seu bastão, a música começava, a escuridão tomava conta, e subitamente o velho brilho volta. Nunca se tocou melhor, nunca se cantou melhor na nossa Ópera do que naqueles dias quando não se sabia se no dia seguinte a casa teria de ser fechada. Nenhum dos cantores, nenhum dos nossos maravilhosos músicos se deixara levar por melhores honorários em outras cidades, cada um percebera que era seu dever dar precisamente agora o melhor de si, o mais elevado, a fim de preservar o que havia de comum e que era tão importante para nós: a nossa grande tradição. O reino havia acabado, as estradas estavam destruídas, as casas pareciam ter enfrentado um tiroteio, as pessoas pareciam ter sofrido uma grave moléstia. Tudo estava abandonado e já meio perdido; mas a arte, nossa honra, nossa fama, essa nós defendemos em Viena, cada um de nós, milhares e milhares de indivíduos. Cada um trabalhou em dobro e dez vezes mais, e de repente sentimos que o mundo olhava para nós, que passaram a nos reconhecer, assim como nós nos havíamos reconhecido.

Assim, salvamos Viena mais uma vez através desse fanatismo pela arte, dessa tão frequentemente ironizada paixão. Expulsos da ala das grandes nações, conservamos nosso velho lugar dentro da cultura da Europa. Esse dever de defender uma cultura superior contra qualquer ataque da barbárie, esse dever que os romanos cinzelaram nos muros da nossa cidade, cumprimos até a última hora.

Cumprimos esse dever na Viena de ontem, e queremos e vamos continuar cumprindo-o no estrangeiro e em qualquer parte. Falei da Viena de ontem, da Viena na qual eu nasci e vivi, e que hoje talvez ame mais do que nunca, desde que se perdeu para nós. Da Viena de hoje [1940] nada sei dizer. Nós todos não sabemos muito bem o que acontece ali, temos até medo de imaginar. Li nos jornais que Furtwängler foi chamado para reorganizar a vida musical em Viena, e certamente Furtwängler é um músico de cuja autoridade ninguém duvida. Mas o simples fato de que a vida cultural de Viena precisa ser reorganizada revela que o velho e maravilhoso organismo está correndo grave perigo. Pois não se convoca um médico para ver uma pessoa sadia. A arte, assim como a cultura, não pode prosperar sem a liberdade, e justo a cultura de Viena está incapacitada de dar o melhor de si, se está privada da fonte viva da civilização europeia. No terrível combate que hoje abala a nossa velha Terra será decidido também o destino dessa cultura, e eu nem preciso dizer de que lado estão nossos desejos mais ardentes.

Nessa hora sombria

DEPOIS DAS PESQUISAS na biblioteca da Universidade Yale, despachados para o Rio os originais de *Brasil, um país do futuro*, aceita nova incumbência do PEN Club: falar no jantar da inauguração da seção europeia instalada na metrópole americana. Única exigência: não faria apelos belicistas.

Registro na primeira página do *New York Times* de 16 de maio de 1941: "Mil autores desafiam o poder nazista". Zweig abre o evento com um emocionado pedido de desculpas à humanidade pisoteada em sua dignidade pelos bárbaros que se servem do mesmo idioma com que os escritores de fala alemã enfrentam os demônios do nacionalismo.

No mesmo dia, o texto original é publicado no semanário *Aufbau* dos refugiados alemães, editado em Nova York com inspirado e solene título. Última aparição pública de Zweig, derradeiro brado do pacifista desnorteado clamando por uma quimérica unidade espiritual naquela hora sombria.

Entre os escritores europeus unidos nessa hora a fim de confirmar nossa antiga profissão de fé em prol da unidade espiritual, nós, que escrevemos em língua alemã, temos uma prerrogativa dolorosa, trágica. Fomos os primeiros contra os quais a brutalidade que hoje aterroriza o mundo experimentou suas forças. Nossos livros foram os primeiros a serem lançados na fogueira. Nós marcamos o início da expulsão de milhares e milhares de pessoas de suas casas e lares. De início, foi uma dura prova para nós. Mas hoje já não lamentamos mais essa expulsão. Pois como poderíamos subsistir perante este país livre ou perante nós mesmos, se a atual Alemanha tivesse nos poupado ou até homenageado? Nossa consciência se sente mais livre por estar visivelmente dissociada daqueles que trouxeram para o mundo a maior calamidade da história. No entanto, por mais isentos que possamos nos sentir da responsabilidade pelos crimes que hoje acontecem em nome da cultura alemã, sua sombra pesa de maneira misteriosa em nossas almas. Pois para vocês, meus outros amigos europeus, tudo é mais fácil. Diante das terríveis medidas que rebaixam a dignidade da humanidade, pelo menos podem afirmar, orgulhosos: "Não somos nós! Trata-se de um espírito estrangeiro, uma ideologia estrangeira!" Mas nós, escritores de língua alemã, experimentamos uma vergonha oculta e terrível face a essas violações. Pois esses decretos foram redigidos em língua alemã, a mesma em que nós escrevemos e pensamos. Essas brutalidades acontecem em nome da mesma cultura alemã à qual tentamos servir com as nossas obras. Não podemos renegar que foi a nossa pátria que trouxe esses horrores para o mundo. E embora há muito tempo já não sejamos mais vistos como alemães pelos alemães, tenho a sensação de que devo aqui pedir desculpas a cada um dos meus amigos franceses, ingleses, belgas, noruegueses, poloneses, holandeses por tudo aquilo que hoje é feito com seus povos em nome do espírito alemão.

Talvez se surpreendam pelo fato de que, apesar disso, prossigamos a criar e escrever nessa língua alemã. Um escritor pode até deixar a sua pátria, porém jamais se libertará da língua que, nele, pensa e cria. Foi nessa língua que, durante toda a vida, lutamos contra o autoendeusamento do nacionalismo, e é a única arma que nos restou para continuar lutando contra a ideologia criminosa que transtorna o nosso mundo e arrasta a dignidade da humanidade para a lama.

No entanto, meus amigos, por mais que tenhamos perdido em fé, em otimismo face a esse macabro retrocesso da humanidade para a bestialidade, alguma coisa ganhamos com essa provação. Acredito que cada um de nós tenha hoje uma consciência nova, mais passional da necessidade e da sacralidade da liberdade de espírito do que jamais teve antes. Pois estranhamente é o que acontece com os valores mais sagrados da vida. Esquecemo-nos deles enquanto nos pertencem, damos-lhes tão pouca atenção nas horas despreocupadas de nossa vida quanto reparamos nas estrelas durante a claridade do dia. Sempre é preciso primeiro escurecer para reconhecermos quão gloriosas as eternas constelações pairam sobre as nossas cabeças. Da mesma forma, foi preciso que primeiro viesse essa hora sombria sobre nós, talvez a hora mais sombria da história, para que reconhecêssemos que a liberdade é tão indissociável da nossa alma como a respiração do nosso corpo. Sei que jamais a humanidade teve sua dignidade tão rebaixada como hoje, jamais os povos foram tão escravizados e seviciados, jamais a imagem de Deus em todas as suas formas foi violada e torturada de forma tão vil – mas nunca, meus amigos, nunca e nunca, por outro lado, a humanidade reconheceu tão claramente o quão indispensável é a liberdade para a alma do ser humano. Nunca tantas pessoas odiaram a tirania e a opressão de forma tão unânime, nunca tantas pessoas estiveram tão ávidas por uma mensagem salvadora como agora, com a mordaça na boca. Se hoje uma única palavra nossa penetrar em seu cárcere, perceberão aliviadas que seus tiranos comemoraram seus triunfos cedo demais. Pois reconhecerão que ainda existem homens livres em países livres que não querem liberdade apenas para si próprios, mas para todas as pessoas, todos os povos, a humanidade inteira.

    Precisamente essa liberdade que nos é concedida aqui nesse país livre, impõe a nós, escritores e poetas, uma missão sagrada, e jamais, em toda a nossa vida, tivemos outra mais premente, mais decisiva. Hoje depende de nós, que temos a palavra, num mundo destruído e já meio aniquilado, manter a fé na força moral, a confiança na invencibilidade do espírito, apesar de tudo, inabalavelmente. Por isso, mantenhamo-nos unidos, deixemnos cumprir esse dever com nossa obra e nossa vida, cada um em sua língua, cada um para seu país. Somente se nos mantivermos fiéis a nós mesmos nessa hora, e fiéis ainda uns aos outros, teremos cumprido nossa tarefa com honradez.

Posfácio

O ensaio que faltou escrever

Alberto Dines

Sete dias antes de morrer, Stefan Zweig discutiu longamente com o seu melhor (e único) amigo no Brasil, o jornalista alemão, também refugiado, Ernst Feder, um projeto literário que não se consumou. Mesmo assim, muito significativo. É mais um dado que se acrescenta às razões do suicídio.

Segunda-feira de Carnaval (16 de fevereiro de 1942), os casais desciam de Petrópolis para o Rio no carro que Abrahão Koogan mandara buscá-los.

Zweig está animado, curioso para conhecer a grande festa popular que mencionou no livro brasileiro, mas jamais assistiu. Os amigos conversam descontraidamente e Zweig revela a encomenda de *Seleções do Reader's Digest*, então a revista de maior tiragem no mundo e que preparava o início da edição em português. Zweig deveria escolher um dos mais famosos romances da literatura mundial, comentá-lo sem revelar o seu nome ou autoria, e os leitores deveriam identificá-lo.

Refinado, Feder ofereceu sugestões, mas Zweig já fizera a sua opção: o romance *Coronel Chabert*, de Honoré de Balzac. Discutiram a dramática história do bravo oficial de Napoleão Bonaparte dado como morto na campanha da Rússia. Sua jovem viúva recebe a Legião de Honra, a herança, casa-se com um fidalgo e com ele tem dois filhos.

Porém Hypolite Chabert não morreu; um golpe de sabre na cabeça afetou a sua memória. Voltou à França, perambulou por hospitais e hospícios, aos poucos recompôs a sua identidade, escreveu à mulher, ficou sem resposta. Viveu miseravelmente até que um famoso advogado ouviu a sua história, levantou a documentação, procurou a viúva – agora Condessa de Ferraud – e levou Chabert até ela.

A condessa o reconhece: assustada com a possibilidade de ser considerada bígama e perder os filhos, tenta seduzir o ex-marido, oferece uma grande quantia desde que esqueça a sua identidade para sempre. Diante do notário que deveria registrar a transação (nome original do romance), Chabert esquece a revolta que o domina. Recusa o dinheiro e volta para o hospício, para a miséria, para o esquecimento. Volta a ser o morto-vivo, sem nome, nem passado.

Feder percebeu que Zweig refletira muito sobre a história, estava impregnado e maduro para comentar essa obra de Balzac, seu ídolo literário e cuja biografia deixara incompleta. Não notou a semelhança entre a renúncia de Chabert e a do advogado vienense que capitula e desiste de vencer o campeão mundial na novela *Uma partida de xadrez*, terminada em Petrópolis dias antes.

No Rio, os casais se separaram: Zweig saiu com Lotte à noite para assistir à animação da Praça Onze e, no dia seguinte, Terça-Feira Gorda, retornou apressadamente a Petrópolis. Quarta de Cinzas, manchetes emocionadas anunciam o torpedeamento do primeiro navio brasileiro por submarinos nazistas. A guerra finalmente o alcançara do outro lado do Atlântico.

Não houve tempo para Zweig escrever sobre a renúncia de Chabert e o seu desgosto com a humanidade. Era a sua vez de abdicar.*

---

* Os diferentes relatos de Ernst Feder sobre os seus últimos encontros com Stefan Zweig, publicados no Brasil e no exterior (foram mais de trinta até 1947), registram a conversa que mantiveram sobre o Coronel Chabert e o interesse do amigo em desenvolver o assunto. Seria uma forma de reaproximar-se da biografia de Balzac, cujos originais, deixados na Inglaterra, recebera poucas semanas antes. O testemunho de Feder mais completo em língua portuguesa está em "Os últimos dias de Stefan Zweig", incluído no volume *Diálogos com os grandes do mundo* (Rio de Janeiro, Dois Mundos, 1944).

Créditos dos textos

Montaigne e a liberdade espiritual (p.15-74)

Título original: "Montaigne"

Traduzido a partir de: Stefan Zweig, *Europäisches Erbe*, org. Richard Friedenthal, Frankfurt am Main, Fischer, 1960.

Texto de 1942. Inédito em português. Fragmento. Prefácio para uma biografia apenas pesquisada e anotada.

Os mestres: Émile Verhaeren (p.75-123)

Título original: "Erinnerungen an Emile Verhaeren" ["Recordações de Émile Verhaeren"]

Traduzido a partir de: Stefan Zweig, *Begegnungen mit Menschen, Büchern, Städten*, Viena/Leipzig/Zurique, Herbert Reichner Verlag, 1937.

Texto escrito em 1916 em seguida à morte do poeta, publicado no ano seguinte em edição reduzida, fora de comércio. Primeiramente publicado em português em *Encontros com homens, livros e países* (Rio de Janeiro, Guanabara, 1938).

Os mestres: Romain Rolland (p.124-39)

Título original: "Romain Rolland"

Traduzido a partir de: Stefan Zweig, *Europäisches Erbe*, org. Richard Friedenthal, Frankfurt am Main, Fischer, 1960.

Texto publicado no jornal *Neue Freie Presse*, de Viena, em 29 de janeiro de 1926, por ocasião, do 60º aniversário de Rolland. Inédito em português.

Os mestres: Sigmund Freud (p.140-5)

Título original: "Worte am Sarge Sigmund Freuds" ["Palavras junto ao ataúde de Sigmund Freud"]

Traduzido a partir de: Stefan Zweig, *Das Stefan Zweig Buch*, org. Knut Beck, Frankfurt am Main, Fischer, 1981.

Texto vindo a público pela primeira vez em 26 de setembro de 1939. Primeiramente publicado em português em *A marcha do tempo* (Rio de Janeiro, Guanabara, 1947).

O mentor, Theodor Herzl (p.146-53)

Título original: "Erinnerung an Theodor Herzl" ["Lembrança de Theodor Herzl"]
Traduzido a partir de: Stefan Zweig, *Begegnungen mit Menschen, Büchern, Städten*, Viena/Leipzig/Zurique, Herbert Reichner Verlag, 1937.
Texto publicado em 1929 na imprensa húngara. Primeiramente publicado em português em *Encontros com homens, livros e países* (Rio de Janeiro, Guanabara, 1938).

Jogo de espelhos: Hermann Hesse (p.154-61)

Título original: "Der Weg Hermann Hesses" ["O caminho de Hermann Hesse"]
Traduzido a partir de: Stefan Zweig, *Die Monotonisierung der Welt*, seleção Volker Michels, Berlin, Suhrkamp, 1976.
Texto de 1923. Inédito em português.

Joseph Roth, o superego (p.162-74)

Título original: "Joseph Roth"
Traduzido a partir de: Stefan Zweig, *Die Monotonisierung der Welt*, seleção Volker Michels, Berlin, Suhrkamp, 1976.
Texto de 27 de maio de 1939. Inédito em português. Uma versão em inglês foi publicada no dia seguinte no *Sunday Times*.

Assassinatos: Jean Jaurès, o socialista (p.175-84)

Título original: "Jaurès"
Traduzido a partir de: Stefan Zweig, *Europäisches Erbe*, org. Richard Friedenthal, Frankfurt am Main, Fischer, 1960.
Texto de 1916. Inédito em português.

Assassinatos: Walther Rathenau, o espírito de Weimar (p.185-96)

Título original: "Walther Rathenau"
Traduzido a partir de: Stefan Zweig, *Europäisches Erbe*, org. Richard Friedenthal, Frankfurt am Main, Fischer, 1960.
Texto de 24 de junho de 1923. Inédito em português.

O mundo insone (p.197-203)

Título original: "Die schlaflose Welt"
Traduzido a partir de: Stefan Zweig, *Die schlaflose Welt*, org. Knut Beck, Frankfurt am Main, Fischer, 1983.

Texto publicado originalmente em 18 de agosto de 1914. Primeiramente publicado em português em *Encontros com homens, livros e países* (Rio de Janeiro, Guanabara, 1938).

A tragédia do esquecimento (p.204-10)

Título original: "Die Tragik der Vergesslichkeit"
Traduzido a partir de: Stefan Zweig, *Die schlaflose Welt*, org. Knut Beck, Frankfurt am Main, Fischer, 1983.
Texto publicado originalmente no jornal *Prager Presse*, de Praga, em 27 de março de 1921. Inédito em português.

A monotonização do mundo (p.211-20)

Título original: "Die Monotonisierung der Welt"
Traduzido a partir de: Stefan Zweig, *Die Monotonisierung der Welt*, seleção Volker Michels, Berlin, Suhrkamp, 1976.
Texto publicado originalmente em 31 de janeiro de 1925. Primeiramente publicado em português em *Encontros com homens, livros e países* (Rio de Janeiro, Guanabara, 1938), é um dos dois únicos textos desse primeiro volume de ensaios que trata de questões contemporâneas.

Revolta contra a lentidão (p.221-6)

Título original: "Revolte gegen die Langsamkeit (Epilogue aux elections allemandes)" ["Revolta contra a lentidão (Epílogo às eleições alemãs)"]
Traduzido a partir de: Stefan Zweig, *Die schlaflose Welt*, org. Knut Beck, Frankfurt am Main, Fischer, 1983.
Texto de setembro de 1930. Inédito em português.

Um protesto na gaveta (p.227-31)

Título original: "Einige *Grundlagen* zu einem kollektive auszuarbeitenden Manifest" ["Algumas *bases* para um manifesto a ser redigido coletivamente"]
Traduzido a partir de: Amy Colin e Elisabeth Strenger (orgs.), *Brücken über dem Abgrund*, Munique, Wilhelm Fink, 1994.
Texto de junho de 1933. Inédito em livro. O rascunho do manifesto e a correspondência inédita Einstein-Zweig foram publicados em alemão pelo germanista americano Jeffrey B. Berlin ("The unpublished correspondence between Albert Einstein and Stefan Zweig", *in Brücken über dem Abgrund*, Munique, Wilhelm Fink Verlag, 1994). Jamais reproduzido em qualquer idioma ou antologia de ensaios.

A questão judaica: O que acontecerá com os judeus? (p.232-5)

Título original: "What will happen to the Jews?"
Traduzido a partir de: Joseph Leftwich, *What Will Happen to the Jews?*, Londres, P.S. King & Son, 1936.
Texto de 23 de abril de 1936, publicado originalmente em inglês. Original em alemão extraviado, jamais reproduzido ou traduzido.

A questão judaica: Medo e recuo (p.236-48)

Título original: "Eine Ansprache" ["Uma alocução"]
Traduzido a partir de: Stefan Zweig, *Die schlaflose Welt*, org. Knut Beck, Frankfurt am Main, Fischer, 1983.
Texto de 1935. O título adotado nas antologias póstumas é neutro: "Uma palestra inédita". Inédito em português.

A unidade espiritual do mundo (p.249-54)

Título original: "Die geistige Einheit der Welt"
Traduzido a partir de manuscrito em alemão hoje em poder de um colecionador paulista.
Texto de 1936. O original foi em seguida vertido para o francês (idioma que Zweig usou na conferência). No manuscrito, Zweig foi mais modesto – intitulou-o "A unidade espiritual da Europa", mas logo trocou a Europa pelo mundo. Jamais incluído em nenhuma antologia no Brasil.

A História como poeta (p.255-71)

Título original: "Die Geschichte als Dichterin"
Traduzido a partir de: Stefan Zweig, *Die schlaflose Welt*, org. Knut Beck, Frankfurt am Main, Fischer, 1983.
Texto de 1939. Primeiramente publicado em português em *A marcha do tempo* (Rio de Janeiro, Guanabara, 1943); na edição posterior (1947), o título não consta do sumário, mas o texto foi mantido no volume.

Aos que não podem falar (p.272-8)

Título original: "Das grosse Schweigen" ["O grande silêncio"]
Traduzido a partir de: *Das Neue Tagebuch*, 4 de maio de 1940, jornal dos refugiados alemães editado em Amsterdã.
Texto de maio de 1940. Primeiramente publicado em português em *A marcha do tempo* (Rio de Janeiro, Guanabara, 1943).

A Viena de ontem (p.279-96)

Título original: "Das Wien von gestern"
Traduzido a partir de: Stefan Zweig, *Das Stefan Zweig Buch*, org. Knut Beck, Frankfurt am Main, Fischer, 1981.
Texto de 1940. Primeiramente publicado em português em *A marcha do tempo* (Rio de Janeiro, Guanabara, 1943).

Nessa hora sombria (p.297-300)

Título original: "In dieser dunklen Stunde"
Traduzido a partir de: Stefan Zweig, *Die schlaflose Welt*, org. Knut Beck, Frankfurt am Main, Fischer, 1983.
Texto de 1941, jamais incluído em antologias de ensaios. Primeiramente publicado em português em Alberto Dines, *Stefan Zweig no País do Futuro* (Rio de Janeiro, Fundação Biblioteca Nacional/Casa Stefan Zweig, 2009; edição bilíngue, esgotada).

1ª EDIÇÃO [2013] 1 reimpressão

ESTA OBRA FOI COMPOSTA POR MARI TABOADA EM DANTE PRO
E IMPRESSA EM OFSETE PELA GEOGRÁFICA SOBRE PAPEL PÓLEN SOFT
DA SUZANO S.A. PARA A EDITORA SCHWARCZ EM AGOSTO DE 2021

A marca FSC® é a garantia de que a madeira utilizada na fabricação do papel deste livro provém de florestas que foram gerenciadas de maneira ambientalmente correta, socialmente justa e economicamente viável, além de outras fontes de origem controlada.